U0038579

現代中國學術論衡

錢穆

東大圖書公司

錢穆作品精萃序

錢穆先生身處中國近代的動盪時局，於西風東漸之際，毅然承擔起宣揚中華文化的重任，冀望喚醒民族之靈魂。他以史為軸，廣涉群經子學，開闢以史入經的嶄新思路，其學術成就直接反映了中國近代學術史之變遷，展現出中華傳統文化的輝煌與不朽，並撐起了中華學術與思想文化的一方天地，成就斐然。

三民書局與先生以書結緣，不遺餘力地保存先生珍貴的學術思想，希冀能為傳揚先生著作，以及承續傳統文化略盡綿薄。

自一九六九年十一月迄於一九九一年十二月，二十多年間，三民書局總共出版了錢穆先生長達六十餘年（一九二三～一九八九）之經典著作——三十九種四十冊。茲序列書目及本局初版日期如下：

中國文化叢談……（一九六九年十一月）

中國史學名著……（一九七三年二月）

文化與教育……（一九七六年二月）
中國學術思想史論叢㈠……（一九七六年六月）
國史新論……（一九七六年八月）
中國歷代政治得失……（一九七六年八月）
中國歷史精神……（一九七六年十二月）
中國學術思想史論叢㈡……（一九七七年二月）
世界局勢與中國文化……（一九七七年五月）
中國學術思想史論叢㈢……（一九七七年七月）
中國學術思想史論叢㈣……（一九七八年一月）
黃帝……（一九七八年四月）
兩漢經學今古文平議……（一九七八年七月）
中國學術思想史論叢㈤……（一九七八年七月）
中國學術思想史論叢㈥……（一九七八年十一月）
中國學術思想史論叢㈦……（一九七九年七月）
歷史與文化論叢……（一九七九年八月）

中國學術思想史論叢㈧……（一九八〇年三月）
湖上閒思錄……（一九八〇年九月）
人生十論……（一九八二年七月）
古史地理論叢……（一九八二年七月）
八十憶雙親・師友雜憶（合刊）……（一九八三年一月）
宋代理學三書隨劄……（一九八三年十月）
中國文學論叢……（一九八三年十月）
現代中國學術論衡……（一九八四年十二月）
秦漢史……（一九八五年一月）
中華文化十二講……（一九八五年十一月）
莊子纂箋……（一九八五年十一月）
朱子學提綱……（一九八六年一月）
先秦諸子繫年……（一九八六年二月）
孔子傳……（一九八七年七月）
晚學盲言（上）（下）……（一九八七年八月）

中國歷史研究法……（一九八八年一月）
論語新解……（一九八八年四月）
中國史學發微……（一九八九年三月）
新亞遺鐸……（一九八九年九月）
民族與文化……（一九八九年十二月）
中國思想通俗講話……（一九九〇年一月）
莊老通辨……（一九九一年十二月）

二〇二二年，三民書局將先生上述作品全數改版完成，搭配極具整體感，質樸素雅、簡潔大方的書封設計，期能以全新面貌，帶領讀者認識國學大家的學術風範、思想精髓。

謹以此篇略記出版錢穆先生作品緣由與梗概，是為序。

三民書局
東大圖書 謹識

序

文化異，斯學術亦異。中國重「和合」，西方重「分別」。民國以來，中國學術界分門別類，務為專家，與中國傳統通人通儒之學大相違異。循至返讀古籍，格不相入。此其影響將來學術之發展實大，不可不加以討論。

晚清之末，中國有兩大學人，一康有為，一章炳麟。其時已西化東漸，而兩人成學皆在國內，未出國門一步。故其學皆承舊傳統。康氏主今文經學，章氏則主古文經學。而世風已變，兩人雖同治經學，其崇儒尊孔之意實不純，皆欲旁通釋氏以為變。康氏著有《新學偽經考》、《孔子改制考》，並自號長素，其意已欲凌駕孔子。其為《大同書》，雖據《小戴禮記・禮運篇》「大同」一語為號召，但其書內容多採釋氏。惟康氏早已致力實際政治，謀求變法維新，故其宏揚釋氏者並不顯。章氏以為文排滿下獄，在獄中讀釋氏書，即一意尊釋，而排滿之意則無變。自號太炎，乃尊顧炎武之不仕清廷，而亦顯有凌駕顧氏之意。此下著書，皆崇釋抑儒，孔子地位遠在釋迦之下。

如其著《國故論衡》，一切中國舊傳統只以「國故」二字括淨。「論衡」則僅主批評，不加闡申。故曰：「中國有一王充，乃可無恥。」其鄙斥傳統之意，則更昭之矣。惟其書文字艱拗，故其風亦不揚。

章氏去日本，從學者甚眾，然皆務專門，尠通學。惟黃侃一人，最為章氏門人所敬，則以其猶守通學舊軌。康氏門人少，惟梁啟超任公一人，早年曾去湘，故亦受湘學影響，知尊湘鄉曾氏。先創《新民叢報》，後改為《國風報》。創刊辭中大意謂，國風相異，英法皆然，中國亦當然。其識卓矣。後為《歐洲戰役史論》，敘述當時歐洲第一次世界大戰之來源，提綱挈領，要言不煩。如任公，實當為一史學巨擘。惜其一遵師旨從事變法維新之政治活動，未能專心為學，遂亦未臻於大成。

及第一次歐洲戰役既畢，任公遊歐歸來，草為《歐遊心影錄》一書。大意謂，歐洲文化流弊已顯，中國文化再當宣揚。其見解已遠超其師康有為遊歐歸來所草《十三國遊記》之上，而亦與太炎大不同。惜任公為學，未精未純，又不壽，年未六十即辭世，此誠大可惋悼矣。

與梁任公同在北平講學者有王國維靜安。先治西學，提倡《紅樓夢》。新文學運動受其影響甚大。然靜安終以專治國故，名震一世。當時競治殷墟龜甲文，而國維教學者，應先通許氏《說文》為基礎。可謂當矣。惜靜安亦不壽，先任公而卒，亦大堪惋悼。

胡適之早年遊學美國，歸而任教於北京大學，時任公、靜安亦同在北平。適之以後生晚學，新歸國，即克與任公、靜安鼎足並峙。抑且其名乃漸超任公、靜安而上之。蓋自道咸以來，內憂外患，紛起迭乘，國人思變心切，舊學日遭懷疑，群盼西化，能資拯救。任公以舊學加入新思想，雖承其師康氏，而所學實有變。適之則逕依西學來講國故，大體則有採於太炎之《國故論衡》。惟適之不尊釋。其主西化，亦不尊耶。而其譏評國故，則激昂有更超太炎之上者。獨靜安於時局政事遠離，而曾為宣統師，乃至以留辮投湖自盡。故三人中，適之乃獨為一時想望所歸。而新文化運動乃竟掩脅塵囂，無與抗衡。風氣之變，亦誠有難言者。

舊學宏博，既需會通，又求切合時宜，其事不易。尋瑕索疵，漫肆批評，則不難。適之又提倡新文學白話文，可以脫離舊學大傳統，不經勤學，即成專家。誰不願踴躍以赴。其門弟子顧頡剛，承康氏「託古改制」義，唱為疑古，著《古史辨》一書，尤不脛而走，馳譽海內外，與適之齊名。同時有馮友蘭芝生，繼適之《中國哲學史》首冊之後，續為《中國哲學史》一書，書中多採任公諸人批駁胡氏意，其書亦與適之書同負盛名。對日抗戰時，余與芝生同在湘之南嶽，以新撰《新理學》手稿示余，囑參加意見。余告以君書批評朱子，不當專限「理氣」一問題，朱子論「心性」，亦當注意。又其論「鬼神」，與西方宗教科學均有關，似亦宜涉及。芝生依余意，增〈鬼神〉一篇。並告余，朱子論心性，無甚深意，故不再及。並在西南聯大作講演，謂彼治哲學，乃為神學；余治史學，則為鬼學。專家學者，率置其專學以外於不論，否則必加輕鄙，惟重己學有如此。於是文學、史學、哲學，及考古發掘龜甲文等各項專門之學，一時風起雲湧，實可謂皆自新文化運動啟之。

但適之提倡新文化運動，其意不在提倡專門，凡屬中國舊學，逐一加以批評，無一人一書足資敬佩。亦曾提倡崔東壁，然亦僅撰文半篇，未遑詳闡。適之晚年在臺灣出席夏威夷召開之世界哲學會議，會中請中、日、印三國學人各介紹其本國之哲學。日、印兩國出席人，皆分別介紹。獨適之宣講杜威哲學，於中國方面一字不提。則適之所主持之新文化運動，實為批評中國舊文化，為新文化運動作準備。當時有唱「全盤西化」之說者，而適之僅提倡「賽先生」科學與「德先生」民主兩項，於宗教則避而不談，又主哲學關門。適之有「大膽假設小心求證」一語。其所假設者，似僅為打倒孔家店，中國舊文化要不得。一意廣泛批評，即其小心求證矣。至「民主」、「科學」兩項，究當作何具體之開創與設施，則初未之及。亦別有人較適之更作大膽假設者，如線裝書扔毛廁、廢止漢字、改為羅馬字拼音等。又如陳獨秀之主張共產主義。適之對此諸端，則並無明白之反對。要之，重在除舊，至於如何布新，則實未深及。

不幸而日本東侵，又繼之毛政權上臺，政府播遷來臺，而一切情勢皆大變。在大陸，已無學術可言。臺灣惟科學、民主兩項仍在提倡。而中國舊文化、舊傳統、舊學術，則已掃地而盡。治學則務為專家，惟求西化。中國古書，僅以新式眼光偶作參考繙閱之用，再不求融通體會，亦無再批評之必要。則民初以來之新文化運動，亦可謂已告一段落。

繼此當有一大問題出現。試問此五千年摶成之一中華大民族，此下當何由而維繫於不壞？若謂民族當由國家來維繫，此國家則又從何而建立？若謂此一國家不建立於民族精神，而惟建立於民主自由。所謂民，則僅是一國家之公民，政府在上，民在下，無民族精神可言，則試問西方國家之建立其亦然乎？抑否乎？此一問題宜當先究。

又所謂分門別類之專家學，是否當盡棄五千年來民族傳統之一切學問於不顧？如有人謂，非先通康德，即無以知朱子。但朱子之為學途徑與其主要理想，又何嘗從先知康德來？必先西方，乃有中國，全盤西化已成時代之風氣，其他則尚何言。

早於治朱子必先通康德之說之前，已有人主張不通西洋史即無以治中國史。於是「帝王專制」與「封建社會」之兩語，乃成為中國史之主要綱領。又如謂非取法西方文學，即無以建立中國之新文學。於是男女戀愛、武力打鬥，乃為現代中國新文學必所共有之兩項目。以此而言，一切學術，除舊則除中國，開新則開西方。有西方，無中國，今日國人之所謂現代化，亦如是而止矣。

余曾著《中國學術通義》一書，就經、史、子、集四部，求其會通和合。今繼前書續撰此編，一遵當前各門新學術，分門別類，加以研討。非謂不當有此各項學問，乃必回就中國以往之舊，主「通」不主「別」。求為一專家，不如求為一「通人」。比較異同，乃可批評得失。否則惟分新舊，惟分中西，惟中為舊，惟西為新，惟破舊趨新之當務，則竊恐其言有不如是之易者。

此編姑分宗教、哲學、科學、心理學、史學、考古學、教育學、政治學、社會學、文學、藝術、音樂為十二目。其名稱或中國所舊有，或傳譯而新增。粗就余所略窺於舊籍者，以見中西新舊有其異，亦有其同，仍可會通求之。區區之意，則待國人賢達之衡定。

中華民國七十二年冬錢穆自識於臺北士林之外雙溪時年八十有九

現代中國學術論衡

目次

略論中國宗教 一

宗教為西方文化體系中重要一項目。中國文化中，則不自產宗教。凡屬宗教，皆外來，並僅占次要地位。其與中國文化之傳統精神，亦均各有其不相融洽處。此一問題，深值研尋，加以闡揚。

宗教重「信」，中國人亦重信。如孝、弟、忠、信，五常之仁、義、禮、智、信。惟西方宗教信在外，信者與所信，分別為二。中國則為人與人相交之信，而所重又在內。重自信，信其己，信其心。信與所信和合為一。孔子曰：「天生德於予。」〈中庸〉言：「天命之謂性。」《易・繫辭》言：「一陰一陽之謂道，繼之者善也，成之者性也。」孟子言：「盡心知性，盡性知天。」中國人觀念中之「天」，即在其一己性命內。所謂「通天人，一內外」者，主要即在此。離於己，離於心，則亦無天可言。故中國人所最重要者，乃為己之教，即「心教」，即「人道教」。

中國人亦非不重神，但神不專在天，不專屬上帝，亦在人在物。孟子曰：「聖而不可知之謂神。」則聖人即是一神。周濂溪言：「士希賢，賢希聖，聖希天。」是聖人之更高境界，即當為一天人，即神人。「聖」之與「天」與「神」，亦和合為一，故「尊聖」即可謂乃中國之宗教。

中國人亦非不信有靈魂。古人言「魂魄」，「魂」指心之靈，「魄」指體之能。又言人之死，骨肉腐於土，魂氣則無不之。則魂魄雖和合為一，亦可分別為二。魄附於身，魂在心，乃可流散於外，有不與其軀體以俱盡者。其實軀體腐爛，亦化為氣，同一流散。惟中國人之視心身則有別，即視魂魄有別，亦即視神物有別。中國人乃於和合中見分別，亦即於分別中見和合。雖有分別，仍渾然和合為一體。西方人天與人別，內與外別，僅主分別，不復和合。但謂中國人有和合，不再有分別，則亦失之。

人死為鬼，鬼與人有分別，鬼與神亦仍然有分別。人之生，其心能通於他人之心，能通於古人之心，又能通於後世人之心，則此心即通於天地而為神。但不能人人之心如此。不能如此，則為一小人，其死則為鬼，不為神。惟有共同之心，則生為聖為神，通於天，而無死生之別。中國古人稱之曰「不朽」。朽者在物在身，不在心。立德、立功、立言為三不朽，皆指心言。

人文之不朽，依於自然之不滅。中國人亦言心氣、性氣、生氣、魂氣、神氣。亦言天氣、地氣、山川之氣。凡言「氣」皆自然。又言才氣，而不言德氣。才亦人人俱有，見於外，屬自然；德存於內，學養所成，屬人文。韓愈言：「足於己，無待於外之謂德。」西方人亦言性，而不言德。德則為中國人獨有之觀念，而為其他民族所少見。神可有德，而鬼則無德。若其有德，則亦為神，不為鬼矣。

人死而魂氣無不之，生者之心則追念不已，而希其歸來，故有招魂之禮。又設為神位，希其魂氣之常主於此而不散。如生則魂氣常主於身，今則以木代身，希魂氣之常駐。至於軀體，則必朽腐，埋葬之而已。此為中國人重魂不重魄一證。但人死後是否有魂，此魂是否能歸來常駐此木，此則有待人之信。西方宗教，信不求證。如上帝，如天堂，如靈魂，信其有，斯止矣。在科學與生物進化論上有種種反證，但宗教信者可以置之一旁不理不論。則宗教與科學及生物進化論，可以顯相分別，而不害其各有存在，各有發展。但中國則不然。必求和合，凡信必求證，所謂「無證不信」是也。則人死之有魂氣存在，又於何證之？曰：皆信之吾心，無反證即可矣。以信在心，無反證，即心安而理得，故可信也。

生人見鬼，東漢王充疑之。謂人有生死，衣服無生死，何以生人見鬼亦穿衣服。此之謂「反證」。但鬼是一具體，而魂氣乃一抽象。具體可尋反證，抽象則不可求反證。魂兮來歸，無反證可得，則可信之而心安矣。骨肉葬於土，恐有發掘，故設為墳墓，歲時祭拜，斯亦心安。祠堂神主，魂氣所歸，則可晨夕敬禮，其侍奉較之墳墓骨肉，殷勤尤遠過之。

西方之上帝乃一具體存在，中國之天則屬抽象存在。具體必求證，而上帝之在人世，則無可證。故耶穌言：「凱撒之事凱撒管。」為其無可證，乃分上帝、凱撒而二之。耶穌釘死十字架上，乃凱撒事，上帝亦不能管。穆罕默德繼耶穌而起，故使其信徒一手持《可蘭經》，一手持刀，亦要管凱撒事，庶不致再上十字架。然而既持刀，而人世戰爭不必盡能勝，則上帝神靈豈不有反證。耶、回二教同一上帝，究竟孰真孰假，誰是誰非，此亦無證，但亦可互作反證矣。

西方人信上帝，又信有魔鬼。上帝具偌大神力，宜可使不再有魔鬼之存在。信有魔鬼，亦即信上帝一反證。西方人僅重其「所信」，乃不重「信者」。信者受魔鬼擾，則其靈魂受災禍。得上帝保佑，而災禍始免。中國人則信其己，魔鬼上帝皆在己之一心。己心不受魔鬼之擾，則魔鬼亦無以擾之。魔鬼上帝之於己心，亦和合為一。而外力所在，有所不計。乃有「殺身成仁，捨生取義」，惟尊一己之德性，置身之死生於度外者。

中國既更重在信者之自身，則生平行事，果使問心無愧，縱不侍奉上帝，上帝亦不加罰。即如為臣事君，果使盡日祈禱，希君加賞，使遇明君，則決當斥之，不使在朝矣。中國人所重乃在己之「道義」，不計身外之功利。以農事為證，己之耕耘，必配合之於天時地理五穀之性，己之所能盡力者有限，故但問耕耘，莫問收穫，惟求自盡己責。但業商者不如此想。其貿易謀利，乃是一種功利，非道義。功利則須仗不可知之外力，於是信仰其外在者，惟求於己有功有利。如上帝，能使己之靈魂死後上天堂，則其宗教信仰，亦屬一種功利觀。

《尚書．太甲篇》有言：「天作孽猶可違，自作孽不可活。」農夫三年耕，有一年之蓄；九年耕，有三年之蓄。則遇天時水旱，可以無患矣。是天作孽猶可違也。使己不負耕耘之責，則百畝之地，寧不荒蕪，是自作孽不可活也。商業民族則不如此想，貿易求利，其外在所遇不可知，此乃西方宗教信仰崇奉外力所由起。

印度釋迦所提倡之佛教，雖亦同是宗教，然與西方耶、回二教有大不同處。一則釋迦言「涅槃」，乃抽象辭，與耶、回二教之上帝、天堂為具體性者不同。二則釋迦言塵世「生、老、病、死」四苦，皆由生前作業來。生前作業，乃人類本身事，與耶、回二教之信靈魂非人世現實者又不同。三則釋迦乃以一皇太子離家出走，菩提樹下得悟，又經修鍊始成佛，與耶穌、穆罕默德之自始即由上帝命其傳教，初不經由其自身之特殊修鍊者尤不同。信佛教，同經修鍊，同得成佛。耶、回二教，信者僅得靈魂上天堂，決不得同成為耶穌與穆罕默德，此又大不同。又佛教雖信者同得成佛，而依信者各自之修鍊，又遞有階梯，如佛之下有菩薩，菩薩又分十地。耶、回二教信徒則一律平等，同此祈禱，同此歌頌。僅任職教會者，有地位之不同。教皇乃經選舉，已凱撒化。及其死，亦僅得靈魂上天堂而止。抑且諸佛乃在諸天上，即諸天亦來聽佛法。耶、回教中之上帝，則絕不來聽耶穌與穆罕默德以及歷代教主之傳道。故耶、回二教，乃於平等上有極大一不平等；佛教則於不平等上有絕大一平等。此皆其大不同處。

佛教來中國，乃於中國傳統文化有其近似處，但亦有一大不同處。佛教與耶、回二教同對人生抱「悲觀」，而中國人對人生則抱「樂觀」。佛教在中國已極盛行，宋代理學家起，周濂溪教二程尋孔、顏樂處，而生老病死不為苦，此即對佛教一反證。苟使反之吾心，信孔、顏儒道，亦在救世救苦救難，而吾心則樂，則何必效釋迦之逃避出世。中國人之由釋返儒，則仍在其一心。即理學興起前之中國高僧，亦知反之己心，則即身可以成佛，立地可以成佛，而無前世作業之為障。南北朝時，竺道生已闡其義。唐代禪宗，更盛唱其說，而天台、華嚴相與助成之。此為中國化之佛教。

印度地居熱帶，生活易足，人心懶於工作，易於厭世。中國地居溫帶，以農立國，勤勞節儉，乃為生之本。故佛教主「出世」，而中國人則安於「入世」，此乃中印雙方之大不同處。西方人入世必「尚爭」，中國人入世則「尚和」，此又中西雙方之大不同處。

和則生樂。中國人言「樂天知命」，樂天即知命。孔子曰：「五十而知天命。」乃知天之所命於己者，此即「為己」之道。中國人言「道」，有天道，有人道，人道之大者為仁。曾子言：「仁以為己任，不亦重乎？死而後已，不亦遠乎？」仁道即人道，亦即天道。以為己任，則即為己之道。死而己之責任方盡，乃得休息。惟仍有後人，繼續任此一大任。此為中國信仰之特殊處。

人之生必歸於死，此亦天命，人人易知。人之生必付以一番責任，此則非人人所知。天既付人以責，又必付人以能任此責之一番才能，中國人稱此曰「德」。孔子曰「天生德於予」是也。此德亦稱之曰「性」。〈中庸〉言「天命之謂性」是也。然人具此德性，未必能發揮為才能，以善盡此責，則必待於學。孔子曰：「十室之邑，必有忠信如丘者焉，不如丘之好學也。」「忠信」乃天命之性，而「學」則是為己之道。人必先學而後教。苟其不學，又何以教。孔子曰：「學不厭，教不倦。」學而不教，斯亦可謂之不仁。但學在先，教在後，故宗教之在中國不盛，而惟學為盛。《論語》二十篇，開首第一字即為一「學」字，此可證矣。故宗教信在外，而中國人則信在內，首當信己之能學。

己之學，首要則在「立志」。孔子「十有五而志於學，三十而立」是也。孔子七十，始曰：「從心所欲不踰矩。」故中國人之教，乃教人立志為學，其所學則為道。孔子曰「志於道，據於德，依於仁，游於藝」是也。其道則曰為己之道，以達於人道，通於天道。其發端則在己之一心，其歸極亦在己之一心。故若謂中國有教，其教當謂之「心教」。信者乃己之心，所信亦同此心。其實世界人類其他各宗教亦可謂同是一心教。歐洲人之心，在其各自之個人，本無心於斯世斯人，其所奉之教，乃猶太人耶穌所創立。耶穌已預為歐洲人留下一地位，曰：「凱撒事凱撒管。」但不僅耶穌上了十字架，直至近代之核子武器，皆屬凱撒事，上帝不能管，此亦見歐洲人之心。耶穌之言，亦久而有驗矣。

一手持《可蘭經》，一手持刀，此亦阿拉伯人之心。離家兀坐山洞中，或大樹下，此為印度人之心。修身、齊家、治國、平天下，則為中國人之心。凡教必本於心，此亦中國古人所創之「人文大道」，可以證之當前全世界之人類而信矣。

近代國人則惟西方是慕，然不熱中於其宗教，獨傾心於其科學，此選擇亦可謂妙得其宗矣。科技為今日國人所競崇，先以賺人錢，最後必達於要人命。核子武器誠屬科技之最尖端，果使第三次世界大戰幸不發生。而科技繼續進展，則必有不上戰場，核武器不待使用，而更有不見痕跡之新殺人利器之出現。如是則世界真有末日，而死者靈魂盡得上天堂，一切事盡由上帝管，更不由凱撒管——耶穌之言，亦久而有驗。耶穌之最先宗旨亦或可由此而達矣。我誠不勝其為靈魂界慶賀，但亦不勝為生命界悲悼矣。然果使人心能變，人同此心，孔子魂氣依然流散天地間，則或有中國人所崇奉之心教之所想像之一境之出現。縱不在中國，或可出現於西方。夷狄而中國則中國之，亦安知其必無此一可能。此其為中國信仰之最後希望乎？我日禱之，我日禱之。

一神多神，又為近代國人衡評中西宗教信仰高下一標準。惟中國之多神，亦中國人心一表現。凡中國人所親所敬，必尊以為神。如父母生我，乃及歷代祖宗，皆尊以為神。立德、立功、立言三不朽人物，縱歷數千年以上，中國人亦必尊以為神。士、農、工、商四業，除商業外，孔子為至聖先師可不論，如稷為農神，夔為樂神，其他百工尊以為神者難縷舉。自人文界推至自然界，吾心亦莫不有敬有親。敬而不親，於心有憾；親而不敬，於心有愧。故天地亦如父母同尊為神。敬之與親有間，則禮生焉。「禮」者，體也。天地萬物，實與心為一體。而此體之本，則在我之心，此即孔子之所謂「仁」，而〈中庸〉則謂之「誠」。「誠者天之道，誠之者人之道。」於我心而見其真實不二，斯得之矣。故孔子曰：「人而不仁，如禮何？」然非禮亦無以見仁，猶之無軀體亦無以生魂氣。故中國人言天必言地，苟非有地，則亦不見有天之存在。故子貢曰：「夫子之文章可得而聞，夫子之言性與天道不可得而聞。」而夫子之自言則曰：「弟子入則孝，出則弟，謹而信，泛愛眾，而親仁。行有餘力，則以學文。」夫子之文章亦惟子貢之徒乃始得聞。故中國人之教，以心之親為先，以心之敬為後。知其親，仁也。知其敬，則為智。而教親教敬，則重在行。行之真實不虛，則禮是矣。禮不僅在人與人之交往，又必遍及於凡可親而敬者。故在家有竈神，鄉村有土地神，城區有城隍神。名山大川，所至有神。遠之有太陽神、月神、北斗星神。吾生四圍，凡所接觸，多所敬，多所親，遂多尊以為神。孔子曰：「祭神如神在。我不與祭，如不祭。」則心與神為一。通天人，合內外，皆此心，皆有神，皆有禮。則天地亦只是一篇大文章，故中國人之教亦稱「文教」，又稱「禮教」，則多神又何鄙夷之有？

中國人又常「神聖」連言。「聖」言其德，「神」言其能。如謂神工神能是也。工能見於外，而德則存之內。然苟使無德，又何來此工能？西方人重能不重德，凡神皆以其工能言，而不稱其德。近代國人則以己所尊崇之德，轉以奉之西方。如耶穌誕稱聖誕，《新舊約》稱《聖經》。其他凡耶教中一切皆稱聖，如稱聖約翰、聖彼得、神聖羅馬帝國等是矣。甚至奧林匹克運動會傳遞火把，亦稱聖火。但中國觀念神在外，聖在內，惟通天人、一內外，乃以神聖連稱。如中國人稱「天地君親師」，縱亦言天地之大德，終不言聖天聖地，亦不言天聖地聖。司馬遷所謂「天人之際」即在此。人有聖德，而可上通於神，則在其魂氣，不在其軀魄。故中國人之於政治領袖，亦只希其為聖，斷不以神望之。至如父母，則不必盡為聖，所謂「父子不責善」是也。而親之更勝於天地。親之，斯亦敬之矣。父母可與天地同敬，而君王天子則決不能與父母同親。至於師，則可敬亦可親，所謂心喪三年，則師之由敬得親，而其親乃可等於父母。君雖當敬，但親不如師。猶之地之可親，亦勝於天。此其當親當敬，可親可敬，豈非皆一本於己心。故中國之教亦稱「名教」。天、地、君、親、師，皆於其一體中分別所立之名。惟此體則本之一心。而此心則即古人之所謂魂氣也。由是言之，故惟孔子魂氣不散，宜為吾國人惟一之信仰所在矣。則果謂中國亦有宗教，宜稱為「孔教」，亦無疑。

略論中國宗教　二

中國自身文化傳統之大體系中無宗教，佛教東來始有之，然不占重要地位。又久而中國化，其宗教之意味遂亦變。

中國文化最重教育，即政治亦教育化，周公之制禮作樂是也。周公用之於政治，孔子播之於社會，儒家精神乃以教育為主。為儒則必為師，尊師重道，又為中國文化傳統主要精神所在。

中國人之教，為師者必為其弟子留下地步。中國人之政，在上者亦必為在下者留地步。君臣相處有禮，庶可樂。禮之流衍，有各種制度。一切限制與度數，皆為對方留地步，與掌握權力以把持其下之意義大不同。

禮者，於分別中見和合，於上下間見平等，而猶貴於死生人鬼之間得其通。周祚啟於武王，但上推文王，又必上推后稷，以見大業之由來。故有宗廟之祭，乃教為君者勿存自尊自貴之心。先有列祖列宗，傳遞此業，又其上則有天。天人相通，先後相承，豈任一人所能獨擅此大業。然則中國之禮，即中國之宗教，其原始尚遠在周公之前，而傳遞則直達於近世。故亦可謂中國有宗教，而無教主。為之主者，即天，即上帝，即列祖列宗。其教直達於吾心，使吾心能上通於列祖列宗，以達於天，達於上帝，斯此大業乃可保持而弗失。非我能保持之，乃吾之列祖列宗得天與上帝之同意而始獲保持之。

天子宗廟之祭，列國諸侯皆來陪祭。諸侯亦各有國，乃由中央天子之列祖列宗所封建。而得此封建，亦不在己，乃在其列祖列宗。故諸侯之歸其國，又必各自祭其祖宗。更下至於庶民之受百畝而耕，亦祭其祖宗。尊祖敬宗之禮，固已下達於天下。禮不下庶人，非指此。此之謂宗法社會。

人之對其祖宗死者有禮，人與人相處亦有禮。父子兄弟夫婦相處，必各為其對方留地步。君臣朋友相處，亦必各為其對方留地步。故五倫之間亦各有禮。禮者，體也。有禮則相互各有地位而共成為一體。父子相與即一體，慈孝主在心，見之行事即成禮。夫婦亦然。其他諸倫莫不然。

中國人所信在天，在上帝，在各自之祖宗。其所奉行，在各自當身人與人之間。而天帝祖宗，亦必為當世人群留地步，如是信，如是行，由此乃有人道。人道由天道來，亦由鬼道神道來。鬼亦人也，雖已死，而有其不死者仍留在人間。故此世界乃人鬼合一之世界。鬼世界即融合於人世界中，其主要乃在人之一心。身必有死，心可不死。此心寄在己之一身，亦寄在父子夫婦五倫大群間，並可寄在前世及後世之人間。周公孔子之心，即上承其前世人心來，亦仍寄在後世之人心。

孔子繼周公而起，即周公之心以為心。孔子之心與周公之心相通，故時夢見周公。此心孔子稱之曰「仁」。故孔子曰：「人而不仁，如禮何？人而不仁，如樂何？」「繼周公」，即敬周公之心。故周孔之教，亦可謂之「心教」。周公禮樂，主要使用在政治。孔子仁道之教，則推廣以及於全社會、全人群。周公、孔子非為宗教主，而後代中國人信奉周公、孔子，至少當不下於佛教之信奉釋迦，耶教之信奉耶穌。

在朝當政，則當信奉周公以為政；在野不當政而當教，則當信奉孔子以為教。中國儒家畢生所志即在此。政教對象在於外，而治之教之之大任，則歸本於己之一心。其他民族之宗教，其所信，皆在外。中國宗教，則既信外，亦信內，而毋寧所信於內者當更重。其他宗教，莫不教其信者奉獻其身於所信。而中國人之教，則教其修養所信於己身己心，而加以表現、加以發揚，不啻教人各以釋迦、耶穌自任。此則其大異處。

佛教來中國，教人先出家。中國人生重家，其道大異。但後世中國社會，父母死必邀僧侶來家誦經唸佛，超渡亡魂，僧侶亦樂為之。實則僧侶心中亦各有其父母之存在。此即佛法中國化之一證。又佛教主人身地、水、風、火，四大皆空，既不主有人世界，自不主有鬼世界。但以此心悟此法，佛心佛法，則可常存宇宙間。中國佛教乃專從此方面來加發揮，來加宣揚。此心此法即此道，此道瀰滿天地間，則為佛教中國化之更大表現。此心此道，則以己為之主，故曰「即身成佛」、「立地成佛」，則人世界即可為佛世界，實即人世界即可為聖賢太平世界。此又中國人生理想之所在。

每一宗教各奉一教主，耶、回兩教皆然。佛教分大乘、小乘。釋迦最先所說或僅屬小乘，此後異說宗派紛起，遂有大乘。我愛吾師，我尤愛真理，大乘佛學已趨哲學化。但說法日分，則教主被信奉之地位亦日降。佛教在印度，終於衰落，亦此之故。其來中國，則惟傳大乘，宗派更日增，而益見佛教之盛。此亦中國民族性情使然。

中國先秦有諸子百家，一師授教，學者稱弟子，其教稱為「家言」。家言亦有分歧，儒分為八，墨分為三。此如子孫分家，但共戴一祖。祖下又分宗。合中有分，分中有合，此乃中國之宗法精神。中國僧侶又為佛法「判教」，各宗各派盡認為釋迦之說，但有先後之別。判法各不同，然仍同為一教，則不啻合西方之宗教與哲學而一之矣。此誠中國文化一大特色。

凡宗教，必為天下古今全人類立教，不為俗世一時一地一事立教。故成為一宗教，皆主出世。中國人則主要為俗世人立教，曰夫婦，曰父子，曰家國天下，斯亦古今人類共同皆然。惟中國之教更重在各自一己之奉行，孔子謂之「為己」之學。故中國人學尤重於教。孟子曰：「乃所願，則學孔子也。」稱「願」，則是學者之「自由」。孔子已逝世，聖人先得吾心之同然，求之己心，即得先聖人之教矣，故又曰：「歸而求之有餘師。」此則教者與學者相「平等」，而喫緊則更在學者。孟子又曰：「人皆可以為堯舜。」但不言人皆可以為孔子。此因尊師重道，孔子始立教，故後世尊之曰「至聖先師」。而自孔子以下，再不尊奉人為聖。顏子、孟子皆稱亞聖，則孔子不啻為中國人之教主矣。實則人人胥學，斯人人胥可為。故周濂溪曰：「士希賢，賢希聖。」佛教中國化，亦稱即身成佛，立地成佛，皆在一己，此即獨立義。其為教，則主在淑世，此即博愛義。近代國人競慕西化，群言自由、平等、獨立、博愛，實則中國人之為教為學，已盡此四者而有之。

孟子又曰：「可欲之謂善，有諸己之謂信，充實之謂美。」西方哲學探求真、善、美，皆在外。如孟子言，則真善美三者同在己之一身一心，無待外求。則中國之教與學，已併西方之哲學與宗教而一之。而在中國，則無宗教，無哲學，此誠中國文化之深義所在。當商量，當涵養，不憚邃密深沉以求之。

〈中庸〉言：「天命之謂性，率性之謂道，修道之謂教。」人同此性，即同具一天。耶教言天堂，與塵世別。中國人觀念，天堂即在塵世，同在人之心。故孔子曰：「十室之邑，必有忠信如丘者焉。」是即人人已同得為一真實之信徒矣。修道之謂教，則如孔子。孔子無常師，又曰：

「三人行，必有我師。」三人中，一人即己，其他兩人或有善或有不善，擇其善者而從之，其不善者而改之，則人盡吾師也。何以知其善不善，則比較同行之二人而即見，故曰三人行。俗語「不怕不識貨，只怕貨比貨」是已。孟子謂「舜善與人同，樂取於人以為善」，若就宗教言，豈不先有信徒，始有教主。為教主者，乃學於信徒以為教。濂溪言「聖希天」，實則天已散在各人身上，各人心中，此所謂「通天人，合內外」。惟必以一己好學之心為之主，故〈大學〉言：「自天子以至於庶人，一是皆以修身為本。」

唐以前中國人皆同尊周公孔子，則獻身政治終為人生一大事。惟政教合，故孔子與周公同尊。及宋以後，乃改周孔為孔孟，又增以〈大學〉、〈中庸〉定為「四書」，為人人所必讀，其重要似猶過於「五經」。則教尤尚於政，學尤尚於仕。不必出身為仕，而人生大道亦可盡於己之一身。但終不謂凱撒事凱撒管，政治仍在此人生大道中。如信佛教，亦可不出家，為一居士。此見中國人性情之廣大融通處。故中國人能信佛教，同時又能信回教耶教，而和平相處無衝突。莊老之徒，其後亦創為一道教。儒家則終不成為一教，更見為廣大而高明矣。

中國民俗又有土地城隍，及其他諸鬼神之奉祠，並及於妖精百怪。此皆非道非釋，不成為教。在上者或斥以為淫祠，但亦不嚴加廢禁。亦見中國人性情之廣大融通，不僅合天人，又合大地山川，並及宇宙萬物而為一。要之，則主在人之一心。能慈、能孝、能忠、能信，則隨其宜而並容之。今國人則必斥之謂非宗教，非科學，非哲學。但就文學論，則此等亦有可為文學題材者。即如清初《聊齋誌異》，乃民間一流傳甚廣之文學作品。以文學眼光視之，亦終不宜盡斥為迷信。故為中國社會來寫一部中國宗教史，此等亦為中國文化體系中之一鱗一爪，不當擯棄不述。

孔子曰：「敬鬼神而遠之。」又曰：「祭神如神在，吾不與祭，如不祭。」是孔子於鬼神，非信非不信。宗廟社稷，以至祖先祠堂，祭拜之禮，特以教敬，斯已矣。敬則仍在己之一心，務使己心能敬。「知之為知之，不知為不知，是知也。」知與不知分，則信與不信亦難定。又「子不語怪、力、亂、神」，此四者，西方文學，一切小說戲劇多好言之。西方宗教則惟上帝一神，與文學中言神有別。今人謂西方宗教乃一神論，實亦可謂之無神論。中國古詩三百首，以及〈離騷〉、《楚辭》，皆言神，但與西方文學中之神不同，以其與怪、力、亂不同。故若謂中國有宗教，乃多神教，而孔子亦近神。漢賦及樂府，下至詩詞散文，以及小說傳奇，雖亦間有怪、力、亂，然皆非言怪、力、亂，乃別有所指。如《水滸傳》乃以忠義為言，非唱亂。《金瓶梅》則及於亂矣，非亂於上，乃亂於下；非亂於國，乃亂於家，斯尤亂之甚者。然《金瓶梅》終為禁書，不得流傳。《聊齋誌異》言怪，亦非言怪。凡中國文學中言神，則莫不涵敬意。此見全部中國文學雖言怪、力、亂、神，亦無大違於孔子之教。近代國人乃以西方文學為宗，提倡新文學，怪、力、亂皆不排斥。而《金瓶梅》則以新文學觀念再獲提倡研究。亦有人言，提倡新文學勢必達於非孔反孔，此亦一例矣。

又如平劇中有「白蛇傳」一劇，白蛇為怪為亂，而法海則為神為力，雙方鬥法，白蛇負，被幽雷峰塔下。白蛇夫許仙官，乃一極平常人。然劇中表演，毋寧同情許仙官與白蛇精，而於法海之神通廣大則轉少贊賞。尤其是「祭塔」一幕，白蛇與其子相晤，唱辭哀怨，可使聞者泣下。夫婦母子，人倫大道，劇中寓意，亦不失中國文化大傳統。惟偏在怪、力、亂、神方面，乃終成為一小說一戲劇，終非中國文學之正統。

今再言孔子何以不語怪、力、亂、神。姑再舉一小例。余幼時親見鄉間有招魂術，一村婦口念咒語，能招亡魂附體發言。其言非亡魂親人絕不知，而此村婦能言之。此術遍布中國全社會。類此術者尚多，今不縷舉。凡此皆屬神而怪。今國人盡斥此等為迷信，又謂其是一種低級信仰。中國人言魂魄，魄附體以俱滅，魂氣則無不之，如孔子之魂氣，豈不仍流布存在於今日之中國。村婦招魂及其他怪術，實皆有關魂氣方面。若認此即為中國之宗教，則中國宗教中實涵有極多科學成分。即須有此下一種新科學加以深究與詳闡，不得以西方科學所無，即盡斥之為不科學。但非積長時期多數人之研尋，不易遽得定論。孔子則志在人道，志在教人心能有信，能有敬，求之內，不求之外，所以不語怪、力、亂、神，並其言性與天道亦不可得而聞。

後起如道家、陰陽家，多言自然，言宇宙萬物，遂多轉入人間迷信。儻能深究，實皆有關科學。英人李約瑟著《中國科學史》，乃謂中國科學源於道家。惟孔孟儒家則所重不在此。中國文化大體系偏重儒家一途，自然科學乃不能如西方之暢盛發展。若以為此乃中國文化之所短，實亦即中國文化之所長。蓋中國亦自有科學，自有發展，特其途向不同，此亦中西文化體系之相異處。

孔子所常語者為禮，禮中必有鬼神，又所尊奉。惟禮非為鬼神而有，乃為己心而有，故孔子言：「人而不仁，如禮何？」禮者，體也。主於中屬於內者為心，見於外則為體。故禮必隨時隨地隨事而有變。心則一，無變。然必合內外乃成體，乃為一，而必多變，而變必歸於一。故孔子之教，可謂之「禮教」。中國之政治，亦可謂之「禮治」。即中國之文學，亦必有禮之意義存其間。禮即此人文大體。亦可謂凡屬宗教皆即禮，乃於人文之禮中求別創一禮，故宗教遂成為文化中之另一體。中國之禮，皆大通合一，故中國宗教，亦同在此文化大體系中，而可不別成為一體。

中國有吉、凶、軍、賓、嘉五禮，治軍亦一禮，故亦無力、亂可言。若如今世西方之有核子武器與太空飛行，以中國觀念言，則怪而進於神矣。其神為可尊乎？不可尊乎？要之，已不在禮中。禮必「有常」，又必合內外以「成體」。核子武器乃分裂敵我，顯為二，不為一，又不可常。故治軍果有禮，核子武器絕不在其內。周孔之言禮，亦可謂其非宗教，非哲學，非科學，非文學。非我族類，其心必異，以其他民族之文化來相繩糾，則宜見其為無一而有當。

西方文化乃求合諸體以成體，而此諸體則皆各求發展，不易合成為一體。中國文化則從一體中演出此宗教、科學、哲學、藝術之諸項，凡此諸項，皆不得各自完成為一體，此其異。

惟其西方人文不易合成為一體，故必以法維持之。中國非無法，但言「禮法」，不言法禮，則法亦必統於禮。乃從一體中生出法，非由法以摶成此一體，亦已明矣。中國人又言「道法」，則法必統於道。法則為一種力，其力在己之外。禮與道則為一種情，一種意，此情意則在人之心。故曰「王道不離乎人情」，則不能外於人情而有法，亦即此見矣。而成為一宗教，又豈可外於人情乎？西方教會組織實亦是一種法，一種力。中國不尚法，不尚力，故若中國無宗教。西方一切組織，一切系統，乃盡在外形上作分別。中國則在各己之內心上摶成為一統。此為中西文化之最大相異處。

今再由教而言學。西方學校亦尚組織，有系統。每一人由小學中學至大學，分科受教，其所師，當在百人上下。故西方人無尊師重道觀，惟求自創造，自發明，自為一專家。中國有私塾，有書院，皆一人掌其教。故來學者必知尊師。其自居則為門人，為弟子。故西方宗教有教主，而學校之教則無主。中國則無宗教，而教必有主，有師道。天地君親師，師居其一。亦可謂西方乃有教而無師，中國則凡教必有師，斯又一異。

中國人崇尚人性，性亦可流為不德，而德則必從性中來。藝術亦必本之性。西方人言真、善、美，皆從外面著眼。中國人則一返之己性。孔子曰：「知之者不如好之者，好之者不如樂之者。」

知屬真理，好成道德，樂則藝術。若就此意言，科學在人生中，必進而為道德，尤進乃為藝術。此為中國人觀念。西方宗教主原始罪惡論，善德則一歸之天，但人為不善亦本之性，則其於道德既不好之，亦不樂之矣。宗教信仰乃是一種畏天命，非知天命。既不知之，又何好何樂。自中國人言之，則亦一種功利觀而已。故西方宗教乃分天與人為二。世界必有末日，科學乃求以反天，人憑其知識技能來利用天，征服天。中國人之道德藝術則「通天人，合內外」，而自人性、人情、人心為出發點。東西文化分別，可謂主要正在此。

略論中國哲學 一

「哲學」一名詞，自西方傳譯而來，中國無之。故余嘗謂中國無哲學，但不得謂中國人無思想。西方哲學思想重在探討真理，亦不得謂中國人不重真理。尤其如先秦諸子及宋明理學，近代國人率以哲學稱之，亦不當厚非。惟中國哲學與西方哲學究有其大相異處，是亦不可不辨。

中國人好人與人相處，不願把自己割裂人外，高自標置，輕視他人。此一種謙恭退讓之心理積習，乃於中國學術有大影響。即如孔子，近人每稱孔子思想、孔子哲學，此亦有宜。但孔子最喜提出一「仁」字，卻謂：「若聖與仁，則吾豈敢。」此固見孔子之謙恭退讓，但孔子於此仁字雖加解釋，而未作詳細之闡申。只答他人問，或自偶言，《論語》所載，逐條不同。近人又好為孔子仁的思想、仁的哲學等論文，多就《論語》各條彙集為說，自加發明。但謂孔子思想不邏輯，無組織，無條理系統，則又不然。此顯見中國哲學與西方哲學之有不同處。

孔子提出此仁字，後代國人遞相傳述，亦特為作註。東漢末鄭玄曰：「仁者，相人偶。」此「相人偶」三字乃仍須後人更為解釋。康成意特謂人與人相偶而仁始見，若非人相偶，將不見有此仁。唐代韓愈又曰：「博愛之謂仁。」中國人每「仁愛」連言，以愛說仁，宜無不當。但人之愛各有別，又如何乃為博愛，此則仍須有說。南宋朱子註此「仁」字則曰：「仁者，心之德，愛之理。」康成「相人偶」從外面說，昌黎「博愛」從內心說，朱子則說內心之愛亦有條理不同，則三人說實一貫相承。惟朱子言「德」字、「理」字，若非詳加闡說，仍不易明。余只就近代通俗語說：仁只是一種同情心，人與人有同情，即是仁。但不知此說究有當否，又不知此後人更將如何來說仁。然則只一「仁」字，乃成中國兩千五百年來一項共同思想、共同哲學，而似乎仍未達於一定義之完成。此又中國哲學與西方哲學之一不同處。

孔子又每「仁禮」連言。「禮」字似乎不專屬思想，而中國此一禮字，卻愈推愈廣，愈傳愈久。直至清代秦蕙田編為《五禮通考》一書，分為吉、凶、軍、賓、嘉五禮，尚僅專就上層政治方面，根據歷史事實加以纂修，而卷帙之浩繁，內容之複雜，已足驚人。今不得謂孔子哲學思想不重禮，而禮之考究，則又似乎不宜盡納入哲學範圍內。此則又是中國哲學與西方哲學一不同處。

孔子又每「仁智」連言。此「智」字似當屬思想範圍。何等思想始屬智，此似一思想實質與方法問題，但孔子又似未加詳言。中國後人常以「仁、義、禮、智、信」五字並言，《論語》固亦言及「義」字、「信」字，但專以「仁禮」、「仁智」並言，似乎已占孔子思想之最主要部分。〈中庸〉又以「知、仁、勇」為三達德，「智」與「知」宜當作何分別？今人言哲學，似專歸之思想與知識方面，而於孔子之言禮、言智、言勇、言信，有所不顧，則宜不能得孔子真意之所在。此又中國哲學與西方哲學一不同處。

繼孔子而起者有墨翟。儒、墨成為先秦思想之兩大派。墨翟言「兼愛」，與孔子言「仁」有不同。孔子言愛有分別，朱子言「仁者，愛之理」是已。兼愛則是一無分別愛，故曰：「視人之父若其父。」既不主分別，乃亦不言禮。發明孔子言仁，不得忽略此禮字。墨子非禮又「尚同」，孔子則「尚別」，其言「君君、臣臣、父父、子子」是也。故孔子又曰：「必也正名乎。」名即其別也。若謂視人之父若其父，則父之名已不正。於是墨家之後乃又有名家，其論名，則與孔門儒家言又不同。然則討論孔子思想，必當以與孔子相反之墨家作參考。而衡量墨家思想，又當以後起儒家之與墨家相駁辨者作論點。要之，中國思想屬「共同性」，屬「一貫性」，即儒墨相反，亦猶然。而後起儒家言禮又有主張「大同」者，則在儒家思想中又滲進了墨家義。孟子曰：「能言距楊墨者，聖人之徒也。」乃後起儒家，又轉引墨義來廣大儒義，即大同之說是也。此見中國思想特富「和合性」。故治中國思想必當就中國思想之發展與演變中來說。苟以治西方哲學之態度與規則來治中國思想，則實有失卻真相處。

儒墨之後又有道家，茲據《老子》為說。老子曰：「道可道，非常道。名可名，非常名。」老子特舉「道」與「名」兩詞，其實即據儒墨之所爭而言。不通儒墨，即無以通《老子》。老子又曰：「失道而後德，失德而後仁，失仁而後義，失義而後禮。夫禮者，忠信之薄而亂之首。」此處老子所用道、德、仁、義、禮各詞，皆承儒家言，而意義各不同。又老子此處反禮則同墨，是則儒、墨、道三家，在當時實同具有共通性、一貫性，而亦並有其和合性，與西方哲學之各自成為一專家言者，又大不同。

繼《老子》之後有〈中庸〉，其書當出秦代，為治中國思想哲學者所必究。而其書收入《小戴禮記》中，則治中國思想哲學者，絕不當置禮於不問，此又一證矣。〈中庸〉言：「天命之謂性，率性之謂道，修道之謂教。」此天、命、性、道、教五字，皆前人所熟論，而〈中庸〉承之。子貢言：「夫子之言性與天道，不可得而聞。」但孟主性善，荀主性惡，皆力言性。天命猶言天道，孔子所不言，墨與道始言之。莊老道家不言性，專言道。荀子言莊子「知有天不知有人」，則莊老所言皆天道，非人道。老子曰：「人法地，地法天，天法道，道法自然。」則莊老言道，即言自然。孟子曰：「莫之為而為者，天也。」則此天字亦猶指自然。〈中庸〉言：「天命之謂性。」斯性亦猶自然，是在儒家言中已融入了道家義。又〈中庸〉言：「率性之謂道。」此道始是人道，而連上句言，則天道人道亦一而二，二而一矣。是則雖同用此「天」字、「道」字、「性」字，而內涵意義則各有別，此即老子「道可道，非常道。名可名，非常名」之旨也。是則儒家之顯用道家義，又益明。

又有兩書為治中國思想哲學者所必究，一為秦相呂不韋之《呂氏春秋》，一為漢代淮南王安之《淮南王書》。兩書皆會集賓客通力為之，又皆會合以前諸家言，而求和通成一定論。此又中國思想有其共通性、一貫性、和合性之一明證。其實孔子以下兩千五百年來之中國思想，莫不求會通和合以臻於一定論，一如《呂氏春秋》、《淮南王書》之所為，而豈欲各自獨立，以各創一新見，以求異於他人之謂乎！此尤是大值研討一大問題之所在也。

繼此再言宋明理學。朱子力言「理氣」，近人依據西方哲學術語，謂朱子乃主理氣二元論。實則朱子明言：「氣中必有理，理即見於氣。」則理氣亦二而一，一而二。朱子又言：「必分先後，則當理先而氣後。」據是言之，可謂朱子乃「主理氣一元論」。其實朱子「理氣」二字，採自莊老道家。佛家華嚴宗亦用此「理」字，故有事法界、理法界、理事無礙法界之分別。朱子編《近思錄》，第一卷為〈道體〉，可見北宋周、張、二程尚用「道」字，不用「理」字。朱子用「理氣」二字乃後起，採之道、釋兩家，但朱子又確是儒家之嫡傳正宗。此可見中國思想、中國哲學，不主獨自創造，特立一新說，乃主會通和合，成一共同的，一貫的，有傳統性的定論。此乃中國思想中國哲學之與西方大不同處。

同時與朱子樹異者有象山。後世稱「朱陸異同」。朱子主「性即理」，而象山則主「心即理」。孔子七十而從心所欲不踰矩，此可謂之心即理。然自十有五而志於學，經五十五年工夫，而始達到此境界。而孔子之所謂學，顯然不專指思想，故曰：「學而不思則罔，思而不學則殆。」學與思分作兩項工夫言。此又中西一大不同處。朱子在此上亦言之極謙遜，說象山偏在「尊德性」，自己偏在「道問學」，戒學者當兼取象山講學長處。西方哲學則既非尊德性，亦非道問學，又顯與中國學問途徑有別。

象山之後又有明代之王陽明，理學遂分程朱與陸王。相傳陽明晚年有天泉橋四句教，陽明曾告其門人錢緒山：「無善無惡心之體，有善有惡意之動，知善知惡是良知，為善去惡是格物。」其實此四語，只是在解釋〈大學〉。象山教學者先「立乎其大者」，則本孟子。陸王乃理學大師，又是理學中最富創闢性，最不喜拘守舊說，敢於自立己見，自信己意，與程朱有不同。實則此兩人亦仍是為前人作解釋而已。或認為陸王近禪，多釋氏義，則朱子何嘗不近莊老，多道家義。中國學人必前有所承，必主會通和合。而陸王之與程朱同為儒學，則大體無疑。今吾國人喜據西方傳統來作批評，則中國古人全無是處，又何必作程朱、陸王之分，又何必作儒、釋、道之別乎！

錢緒山以陽明四語告之同門王龍溪，龍溪不以為然，謂：「心體既無善無惡，意亦無善無惡，知亦無善無惡，物亦無善無惡。」兩人以此相爭，告陽明。陽明則曰：予本有此兩意，龍溪之語可以開示具上根性人，緒山語則以開示上根性以下之普通人。實則緒山四語明明聞之其師，龍溪對之持疑，陽明聞之乃謂本有此兩意，龍溪語乃以告上根人。此兩番話乃啟此下大爭論。今就另一方面言，豈得謂緒山僅一普通人，不具上根，故陽明只告之如此，龍溪獨具上根，故告之如彼。今當謂龍溪語本非陽明所告，陽明乃聞而欣然，加以同意。此其心胸之寬闊，意態之和平，亦見陽明平日為人之真可愛矣。中國人論人，尤重於論學。象山陽明，論其人則亦確然儒者。論其學，論其所言，縱有失當，而不害其為人。此尤中國文化傳統一大特點，烏得專據學而不論人，亦如專據思而不論學，皆非其正。

孟子言「知人論世」，今人則謂欲究一家之思想與哲學，必同時討論其時代背景。此即見用心廣狹之不同。西方哲學只重其思想，中國則更重其人。無論為老為釋，其人則均可重。無論為漢儒宋儒，其人亦俱可重。無論其為程朱與陸王，其人亦同可重。不僅哲學如此，一切學皆如此。如史學，如文學，如藝術，為一書法家，為一畫家，皆如此。今人則不論其人，專論其學，則宜與中國自己傳統必有大相違背處。抑且時代背景，人各有別，而中國則又必有一共同傳統。學由人來，人由天來。此又其一大相異處矣。

抑且西化東漸，乃最近百年之事。以前中國人只讀中國書，只想做一中國人，其有與西方不合處，宜皆可諒可恕。中國人亦非專己自守。佛法東來，中國高僧信其法而傳之者多矣。然凡為高僧，皆言佛法，卻不來反儒教。佛法傳則儒教自息，不待先闢儒始傳佛，此亦中國人意態。如韓愈力闢佛，但其遇見大顛亦加喜好。其徒李翱，則多採佛說，但亦於愈未嘗稍加以闢斥。亦有力加以闢斥者，則如顧亭林之於王陽明。然知人當論世，晚明以下之王學流弊，則洵有可斥矣。

又余嘗謂中國人自居必知謙恭退讓，故其待人則必為留餘地。發言自抒己見，每不盡言。若對方是上根人，我自不煩多言。若對方係普通人，則我雖多言亦何益。中國人做人，本非由單獨一己做，康成之所謂「相人偶」是也。如孝，則必對父母，而父母各異，如何孝其父母，亦何一言可盡，故必求人之反之己性，反之己心，以自盡其孝，則不必亦不能寫為「孝的哲學」一書。此猶孔子並不寫為「仁的哲學」一書是已。故若謂中國有仁孝哲學，則必人人自為之，又必待此下百世人同為之。中國哲學之必為有共通性、一貫性、傳統性，而不成為專家言者在此。則又何必強中國人必為一西方哲學家，乃始謂之是哲學乎？道不同，不相為謀。若他年西方哲學其道大行，則中國古人言自亦無人理會，不必特加以申斥也。此亦是一套自然哲學。不知今日專心慕好西方哲學者，意謂如何？

略論中國哲學 二

西方思想重分別。如黑格爾辯證法，有甲則有非甲，合為乙。又有非乙，合為丙。始此以往，則永無止境。故西方思想有始而無終，有創而無成；有變有進，而無完無極。中國則不然。乾道生男，坤道生女。男不稱非女，女不稱非男。男女和合為人，既具體又確切。人又與禽獸別，但人與禽獸合稱動物，以與植物相對。有生物則與無生物對。萬物與天地對，合成一大體。在此一體中，天地萬物亦各有止有極，即有成有終。

人有男女，禽獸亦有雌雄牝牡，則正反合一形式，已臻複雜。又如男女結合為夫婦，則夫婦即成為一體。此非於一男一女之外別有增加。又如死生為一體，生可以包括死，死可以融入生，亦非於生之外別有死。即如天地，地可以附於天，非天之外別有地。一陰一陽之謂道，其實陰亦即歸納於陽，非於陽之外別有陰，亦非於乾之外別有坤。曰天，曰乾，曰陽，即可以盡此宇宙矣。

乾道成男，坤道成女，則婦從夫，乃天道。今人則譏此為中國之重男輕女。然英國至今始有一女首相，美國至今尚無一女總統，則西方豈不亦重男而輕女。又如宗教信仰，上帝亦屬男性，獨陽無陰，豈不亦是重男輕女之一證。而耶穌終有一聖母，則亦如中國雖重乾而終有一坤與為對立矣。

《易・繫辭》有言：「夫乾，其靜也專，其動也直，是以大生焉。夫坤，其靜也翕，其動也闢，是以廣生焉。」是《易》以「動靜」配「乾坤」，而乾之與坤，又各有動靜。又言：「闔戶謂之坤，闢戶謂之乾。一闔一闢，謂之變。」是則又謂坤之闢即乾，乾之闔即坤矣。此與西方哲學中之辯證法又大不同。即如男女，亦可分動靜。男偏動，女偏靜，而男女雙方又各有動靜。固不得謂男性無靜，女性無動。《易》義至顯且明，具體可證，無可非難。則黑格爾之辯證法，可見其疏略而不備。

《易》謂：「夫乾，其靜也專。」專者專一，即專於天，亦即自然。在〈中庸〉則謂之誠。誠則必專必一，否則不見其為誠，故曰：「誠則一。」盡宇宙間，惟其為至專至一，乃至無可名，故道家又稱之曰「無」。無之對稱則曰「有」，而一切有則可盡包涵於無之中。故有無正反之上，更無一合。合即合於無，猶天地正反之上，即合於天。西方哲學則不能有中國人「天」之一觀念。

如科學中之天文學，研究太陽系乃及諸星群，自中國人觀念言，皆應屬地不屬天。又如宗教言上帝管理天堂，自中國人觀念言，此天堂亦應屬地不屬天。此上帝乃一超人格之至高之神，但仍有其人格性，仍非中國人之所謂天。上帝管理天堂，宰制靈魂，則上帝與天堂靈魂非專非一，非可謂上帝即天堂靈魂內在所存之一誠。若謂西方有此誠，即西方哲學所謂之真理。此真理之誠，則在外不在內，故不專不一，而非中國之所謂誠矣。

惟此專一之誠，其動乃能直。直之反面為曲。而依中國觀念，則曲仍包在直之內。故《易》曰：「直方大。」直向前，遇阻而改向，然仍是直向，則直與直之間乃成一曲，中國人稱之曰「方」。方者直之改向，而仍不失其直，乃成一曲。〈中庸〉曰「其次致曲」是也。能直能方，則能大矣。故中國所謂之「一曲」與「大方」，仍是一體。依西方幾何學言，方則已成一面，而其實只是一線，線則是直。直只是一線，而其實只是一點。依中國觀念言，點始是一專。所專則只在一點上，而此一點實亦可謂之無。孟子曰：「莫之為而為者，天也。」故天屬「無為」，即屬自然。而無為自然，乃屬動靜而一之。

至於坤之靜則曰「翕」，其動則曰「闢」。翕者收斂凝聚義。不專不一，則其勢必分散。凝聚此分散，而使歸於一，則曰翕。既翕而為一，則其動向前，如門之翕而闢。翕者向內，成一「中」。闢者向外，成一「和」。故莊周言：「得其環中，以應無窮。」

西方人好言「創造」，而中國人則言「保守」。其實創造必求一「成」。使其有成，自當保守。故中國政府每一朝代有創始開國之君，亦必有繼統守成之君。若如西方人，永求創造，而終不有成，則此創造為無意義無價值，復何可貴。

希臘人能創造一希臘，但不能守。羅馬人能創造一羅馬，但亦不能守。現代國家雖亦各有創造，但迄今亦各不能守，於是乃轉而為今日之美蘇對立。但核武競賽，今日之局面，此下將仍不能守。故西方歷史乃一有創無守之歷史，有進而無止，有始而無終。此為有直而不專，有闢而無翕，有動而不能靜，則無「正反合」可言矣。

中西文化之不同，其實起於農商業之不同。中國以農立國，五口之家，百畝之地，幾於到處皆然。父傳子，子傳孫，亦皆歷世不變。日出而作，日入而息，夫耕婦饁，老人看守門戶，幼童牧牛放羊，舉家分工合作。春耕夏耘秋收冬藏，同此辛勞，亦同此休閒。其為工人，亦與農民同有規律保障之生活。一家然，一族一鄉同然。同則和，安則樂。《論語》二十篇之首章曰：「學而時習之，不亦說乎？有朋自遠方來，不亦樂乎？人不知而不慍，不亦君子乎？」孔子之所以教人，實即當時中國農民之同然心理也。而後人之所想像「一天人合內外」之境界，則從來農人之生活境界也。

西方古希臘亦有農民，擯之在野，淪為農奴。商人則居都市中，越洋跨海，遠出經商。然買賣雙方，須各同意，乃得成交。購與不購，購價幾何，皆決定於購方，乃購方之自由。故售方亦如賭博，在己無確定之把握。同隊而出，贏利厚薄有不同，故亦不免有妒爭之意。歸而家人團聚，則別求一番快樂以自慰。故其為生，雜而無統，分別而不和，向外多變，不安而爭，不和不樂，而亦前進無止境。於是乃成其所謂「個人主義」與「唯物史觀」。先則爭利，繼以尋樂。而利非真利，樂亦非真樂。人生乃在尋與爭之中，究竟目的何在，則尋不到，亦爭不得，乃惟新惟變之是務。

西方人重創造，並不許模倣。商業貨品必有商標，一家專利，不許他家冒用。標新立異，花樣疊出。此風影響及於學術界，於是哲學家中，乃有「我愛吾師，我尤愛真理」之名言。真理同為哲學家所尋求，但前人所得，後人亦不貴承襲。故開新始可賞，守舊不足珍，否則乃無一部西洋史。而中國人則謂，天不變，道亦不變，師法相承，循規蹈矩，不貴新創，始合理想。此又其大不同處。

又如近代西方生物進化論言：「物競天擇，優勝劣敗，適者生存。」中國人好言龍，龍乃古生物，今已失其存在，豈為劣者；如蠅如鼠，豈為適而優者，乃得迄今生存。中國人則僅言：「天地之大德曰生。」又曰：「勝敗兵家之常事。」又不以成敗論人。如諸葛亮、司馬懿，五丈原對壘，諸葛病死軍中，西蜀亦即滅亡；司馬一家，開創西晉。而中國後人極尊諸葛，司馬氏豈能相比？又如關羽、岳飛，尊為武聖。以其事敗，恐人不知敬，故乃特加崇揚。今人則謂乃崇揚失敗英雄，不知關岳之所成，乃有更大於其失敗者。此亦崇敬其成，非崇敬其敗也。中國人主和合觀，不主分別觀。會通於他時他地而觀其大，則關岳有成功。分別於他時他地而單獨觀之，則惟見關岳之失敗矣。

故中國人言思想貴主「通」，西方思想則貴有「別」。西方人須一家有一家之特出思想，而中國人則貴在共同問題中有共同態度、共同思想。故西方人貴有一人內心思想之獨特異人處，中國人則貴觀察於外而有其共同之標準與尺度。孔子曰：「述而不作，信而好古。」但孔子生時已非古人之時，故雖信而好古，但亦有變。所謂「述」，乃亦孔子之新，而無背於古人之舊，此之謂「通」。兩漢亦通於三代，唐亦通於漢，五千年歷史相承，仍貴有一通，仍不失其為一中國。哲學史學，亦貴通。故孔子作《春秋》，謂之史學，而不謂之哲學。孔子作《春秋》，實述舊史，仍守舊法，故史學又與經學通。又謂經史皆是文章，則文學亦與經學、史學通。而出於孔子之手，為孔子一家言，則經、史、子、集四部之學，在中國實皆相通，而學者則必稱為「通人」。

人類相同，故可信。孔子曰：「後生可畏，焉知來者之不如今也？」此猶謂焉知來者之不有如丘其人者出也。揚雄亦言：「後世復有揚子雲，必好之矣。」則中國人既信古人，亦信己，又信後人。守舊即以開新，開新亦即以守舊。孔子守周公之舊，乃即所以開己之新。故孔子乃承周公之傳統而現代化。周公乃如一舊孔子，孔子則如一新周公，新舊之間，變中有化，化中有變。變屬地，化屬天。中國人觀念中之「天」，乃為一「大化」。西方人則知變不知化。故就雙方歷史言，可謂春秋戰國化而為秦漢。西方歷史，則希臘變而為羅馬，乃從頭新起，不得謂希臘之化而為羅馬。中國人言「人文化成」，西方人實無此觀念。即如西方一部哲學史，亦僅可謂由柏拉圖變出亞里斯多德，由康德變出黑格爾，不得謂亞里斯多德與黑格爾乃由柏拉圖與康德化成。故一部西洋哲學史，可謂創新立異，有無窮之變。而一部中國思想史，則上下古今，一體化成。此乃其大相異所在。

西方人言「變」，則謂之「進」。然進之反面為「退」，西方人又知進不知退。農業社會，百畝之地，不能再進。而三年耕有一年之蓄，九年耕有三年之蓄。春耕夏耘，在進在取；秋收冬藏，在守在退。而三年之蓄，則更在進中預求退，此乃中國人進退之合一。而西方商業社會進展至資本主義，富則求愈富，進則求愈進，乃不知所謂退。

孔子志在學周公，乃及其老，則曰：「道之不行也，我知之矣。」又曰：「久矣，吾不復夢見周公。」是孔子志在進而知退一大證。漢唐儒以周孔並尊，宋明儒乃以孔孟並尊，以孟子易周公，此亦求進而知退之一例。大體言之，儒家主進，道家主退。乃中國儒學自《中庸》、《易傳》以下，無不兼融道家言，故知進必知退，乃中國人文大道之所在。顧亭林有言：「國家興亡，肉食者謀之。天下興亡，匹夫有責。」是中國人之退，亦即所以為進矣。此義尤值深求。故曰進曰退，一正一反，其合則在退，但亦可謂之在進，此乃中國之大道，非簡單申衍可明矣。

今人言進，則曰「進取」。中國古人言退，則曰「退守」、「退藏」。「取」之與「守」與「藏」，亦正反相對，而其合則當在守與藏。但西方人則知取，不知守，不知藏。大英帝國數百年來，其所進取於全世界者，亦可謂既久且廣矣。但其所守所藏，今又何在？中國人言「開花結果」，實則開花是在進，而結果則已在退在藏。由舊生命展演出新生命，其主要機栝即在此所結之果。西方人生，則似惟主開花，而不知求有結果。希臘羅馬之與英法現代國家，都曾開花，但皆無結果，即由其不知有退藏一面。一切西方哲學，亦如正在開花，故一部西洋哲學史可謂繁花盛開。而一部中國思想史，則惟見其果實纍纍，不見有花色之絢爛。此亦一大異。

《易‧繫辭》言：坤之靜為翕，動為闢。翕即退藏於密也。其闢仍是所翕之闢，非向外有進取。〈中庸〉：「君子之道，闇然而日章。」闇與章又一對立，乃其闇之日章，非棄其闇而進於章。故西方進取，必見為異體。而中國之退藏，則仍屬同體。中西之異即在此。

又如中國人言「魂魄」，亦一對立。魄屬體，魂則屬心，而體則統於心。體相異而易壞，心則同而常存。體壞則魄不存，心存則魂常存。孔子之體已壞於兩千五百年之前，故孔子生前之魄已散。孔子之心則一成不壞，故孔子之魂則猶存於兩千五百年之後。中國人謂此為「不朽」。故死生對立，一正一反，亦可謂之以死合生。惟其死中有生，生能合於死，故得死後有不朽，而中華民族乃歷五千年而長存。中國之國土，則即成為中國之天堂。西方亦死生對立，其和合則又另為一事，即其宗教信仰之靈魂與天堂，故此世界乃必有末日之來臨。西方近代科學之核武器創造，則不啻為促成此末日來臨作準備。

西方哲學如黑格爾，其主「正反合」，乃於合一後仍有其新的對立，則此世界，無止無歇，永成一對立。中國觀念則正反本屬一體，天人內外本屬和合，乃由和合中展演出對立，而終無害於其和合之一體。故在西方學術界，乃有科學哲學之對立，在中國則並無此對立。西方又有宗教與科學之對立，中國則仍無此對立。

西方科學宗教，一主物，一主神，然皆具體落實。惟主神則在可信，主物則在可證，其先皆屬一種大膽之假設。哲學則架虛乘空，不具體，不落實。如柏拉圖之理想國，即烏托邦，絕不從當時希臘實況或雅典實況建議設計，乃僅從其一己意見發言，故與中國古人之政治思想如周公如孔子者大異其趣。故西方哲學重客觀，不重主觀，於此哲學家本身之時代與地區，乃絕不介意。即如康德，其人生平，記載備詳，但與其哲學無關。在中國，則讀其書貴能知其人，如《論語》、《孟子》是矣。讀《莊子》書，雖不能詳見莊周之為人，但亦可從其書約略推想。讀《老子》書，則書中惟見老子之思想，不見老子之為人，乃始與西方哲學家有其類似處。讀中國文學亦然。如讀屈原〈離騷〉，可知屈原其人。讀司馬相如諸賦，則作者其人不在內，故揚雄譏之為雕蟲小技。讀李杜詩，則知李杜其人。讀韓柳文，則知韓柳其人。讀《水滸傳》與《三國演義》，並不能知施耐庵與羅貫中，故小說不為中國文學之正宗。即如讀《史記》，亦可備見司馬遷之為人。讀《漢書》，則班固為人較少見。而《史》、《漢》兩書高下，亦於此判矣。此亦中國學術傳統精神之所在。今人乃一切以西方為衡量，乃謂不先讀康德哲學，無可明朱子之思想。是朱子在康德前，已預知其後世西方有康德而先與之同，斯亦出神入化，可謂極人類聰明之至矣。否則一切思想必以康德為宗主，同則是，異則非，儘可專讀康德書，專治康德哲學，何不憚煩必再及於朱子。

近代人嚴復，譯西方哲學書，有《群己權界論》。群與己亦相對立。然依中國人觀念，中外古今，群中只有己，群為其大共相，己為其小別相，大共中有小別，仍為一體，非對立，則何權界可言？中國人一切學術思想行為只一「道」。堯舜之禪讓，禹之治水，稷之教稼，契之司教，夔之司樂，皋陶之司法，盛德大業，其道則同，皆本於天，此亦可謂乃中國之宗教。旁及於農田、水利、音樂、律法、教育諸端，則科學、藝術胥融納其中矣。此亦可謂中國傳統哲學思想之主要精神所在，而實亦無獨立之哲學。近代國人必崇西化，特據西方哲學，求為中國古人創立一套哲學，而又必據西方哲學作批評，使中國哲學乃一無是處，終亦不成為哲學。斯誠不具體不落實，亦西方哲學架空乘虛之一端矣。

茲再言「抽象」與「具體」，亦相對立。西方則認為先有具體，乃有抽象。中國人觀念則先有抽象，始有具體。如乾為象，坤為形。乾屬天，坤屬地。象必先於形，即天必先於地。故中國觀念，具體即在抽象中。雖對立，非對立。如人身屬形，必先有人，乃始有此身之形，但非此形之即為人。亦如天之生人，必先生群，始有己，非天之先生各別之己，乃始合之而為群。故西方有個人主義而中國無之。依中國觀念，亦可謂先有家，乃有己；先有國，乃有家；先有天下，乃始有國。先有一共通之「大同」，乃始有各別之「小異」。故各別之小異，必回歸於此共通之大同，乃始得成其為一異。西方人則認為先有異，始有同。先有己，始有群。群縱有同，而己之各別之異則更重。然則使無人類共通之群，何來而有此分別各自獨立之小己乎？故西方人乃認為可以無此天下，而仍有一大英帝國之存在。則大英帝國之不可長存，亦不煩言而知矣。

故言學術，中國必先言一共通之大道，而西方人則必先分為各項專門之學，如宗教、科學、哲學，各可分別獨立存在。以中國人觀念言，則苟無一人群共通之大道，此宗教、科學、哲學之各項，又何由成立而發展。故凡中國之學，必當先求學為一人，即一共通之人。而西方人則認人已先在，乃由人來為學，宜其必重一己之創造矣。但人各不同，如康德與盧騷同為一哲學家，而其人則大不同。亦如同為一夫婦，而其為夫婦者則大不同。同為一國，而其國則亦可大不同。今人則又喜稱漢帝國、唐帝國，此亦泯此中西雙方之立國精神矣。

今人又盛言科技。莊子曰：「技而進於道。」孔子曰：「志於道，據於德，依於仁，游於藝。」是中國古人無論儒、道兩家，莫不以道為本，以技與藝為末。志道、明道、行道，是其本。技與藝，皆包涵在道之中。游於一藝，可相分別，會通和合，則皆一道。此可謂是中國哲學，道與技亦相對立而和合為一。而西方人則知有技有藝而不知有道，亦可謂西方人乃認技與藝即是道。即如近代之核武器，乃為西方之尖端科技，大量殺人，亦即道。故西方哲學必異於宗教，異於科學，異於藝術，乃始得成其為哲學。又必各自相異，不相會合，乃始成為一專家。是哲學亦成一技，而非道。一切學術合成一無道，則多技亦合成為無技。即如當前美蘇核武競賽，又焉有其他一技可加以遏止。縱使復有一新技出，能對近世之核武器加以遏止，則仍必有一新技與之相對立，其為一無止無歇之無道世界則依然耳。

略論中國科學 一

中西科學有不同。中國科學乃人文的，生命的，有機的，活而軟。西方科學乃物質的，機械的，無機的，死而硬。有巢氏構木為巢，燧人氏鑽木取火，建築烹飪長期發展，亦人文，亦藝術，但不得謂之非科學。自房屋建築，進而有園亭，有山林名勝，有河渠橋梁，深發自然風情之結構，遍中國精美絕倫者到處有之，謂非有一種科學精神貫徹其中，又烏克臻此。但在中國學術界，無獨立科學一名稱，亦曰「人文化成」而已。故在中國，乃由人文發展出科學。在西方，則由科學演出為人文。本末源流，先後輕重之間，有其大不同。

烹飪為中國極高一藝術，舉世莫匹。但烹飪中亦自有科學。即論茶之一項，自唐以來千數百年，其種植、其剪採、其製造、其烹煮，又如茶罏、茶壺、茶杯種種之配備，以及各地泉水之審別，茶品之演進，與夫飲茶方法之改變，飲茶場所之日擴日新，苟寫一部中國飲茶史，亦即中國社會史人文史中重要一項目。其處處寓有科學方法貫徹其內，則亦可謂與中國科學史有關。

神農嘗百草，為中國醫學之開始。中國醫學之對象，為人之整體一全生命。西方近代醫學則必自屍體解剖入門，其視人身亦如一機械。各器官則如機器中各零件，醫學即修理此各零件，而似乎忽視了整體生命一認識。西方醫學亦知有血脈，但無「氣」之一觀念。人之一切知覺記憶，則在人身之腦部，而無中國「心」之一觀念。中國人所謂心，非指胸口之心房，亦非指頭上之腦部，而所指乃人之整體全生命之活動。此觀念亦為西方人所無。

依中國人觀念言，一身之內，氣屬形而下，心屬形而上，此則仍是一種人文觀。若就自然方面觀，以宇宙整體言之，則氣屬形而上，心應屬形而下。此則中國醫學可通於西方之哲學神學，而與西方醫學轉有不同。司馬遷言「究天人之際」。人身為一整體全生命，此屬小生命。宇宙亦為一整體全生命，則屬大生命。故中國醫學屬生命的，即猶謂中國科學乃生命的。而西方科學則顯屬非生命的，此則中西科學之大異處。

中國醫學主要在切脈，方寸之脈之跳動，即可測知其全身，而病況由以見。西方人診病則必分別人身各部位各器官而加以判定。故中國醫學乃生命的、有機的，而西方醫學則屬機械的、無機的。

中國醫學之用藥亦主有機的。神農嘗百草，百草亦各有其生命，生命可與生命相通，故用草為藥可以治人病。西方人視人身如一機器，屬無機的，故其用藥亦用無機的，由化學製成。此「有機」、「無機」一分別，依中國人觀念言，可謂科學亦當本源於哲學，但西方則分別為兩種學問。中國乃無獨立之科學，亦無獨立之哲學，一切知識貴能會通和合，乃始成其為學問。

中國人又有靜坐養氣養神，以延年益壽之術。養神即養其心，心亦即是神。西方人則惟知運動健身，不知靜坐養神，此又觀念不同而方法亦隨之不同之一例。中國人又能在靜坐中預知外面事，如賓客遠道來訪，未到門，而坐者早知之。此事古今皆有，但既非科學，亦非哲學，今人則稱之謂神祕。惟生命既可與生命相通，則預知賓客來訪，亦非神祕。但中國人則認為非人文要道所寄，故雖有其事，惟任其偶而有此發現，置不深究。

人之心神既可與遠道賓客相交接，乃亦可與死者心神相交接。死生界限，迄今仍難定。又如客死他鄉，其生命機能或未驟絕。中國有辰州符，念咒焚符，使死者隨其步行，歷數日數百里之遙，抵達死者家門，乃始倒地不起。此事極神祕，但非人文要道，中國人乃亦置不深究。但論其始，必有人先通此術，乃以傳人。其如何得通此術，倘詳述經過，亦一絕大科學問題，不得謂之乃神怪。

今姑稱之為通神之術，此種通神之術，中國到處皆有。即如堪輿風水，選擇墓地，皆用之。

余有一友，學西方交通測量之術。有一儀器，持在手中，可測地下水道水量。對日抗戰時，奉命測量雲南道路，逢古墳墓，樹木旺盛者，試測之，乃知其地下必有大量水流。詢其子孫，必尚旺盛。逢古墳墓，樹木凋枯者，試測之，其地下水流必已枯竭。詢其子孫，亦必凋零，或無後繼。然則墳墓風水豈不顯與後代子孫有關？但堪輿家又何從得知？豈不近似西方近代之科學？但中國無科學之名，故亦可稱之為一種通神術。而今人則一依西方科學觀念，稱中國堪輿風水為迷信，為不科學。今稱通神二字亦不科學。實則中國即人文大道，亦主通神。宋儒張橫渠所謂「為天地立心，為生民立命」是也。此乃「往聖之絕學」，所以「開萬世之太平」者。是則中國之人文大道，聖學精華，亦可謂乃是一種通神之高層科學矣。

大禹治水，又是中國科學史上一絕大工程。中國以農立國，農田灌溉，水利工程，最所重視。洪水氾濫則為害。在大禹前，當早知有水利，而洚水乃益見其為害。此下水利水害問題，乃中國人文學中一大條目，亦即中國科學史上一大要項。戰國秦李冰父子，為四川岷江鑿離堆，除水害，興水利。兩千年來，承續修理，史蹟昭然。胡渭之一部《禹貢錐指》，中國四千年來，黃河之水利水害，亦昭揭可知。又如自元以下之運河，北起通州，南迄杭州，運河之水或自高向低，或自低向高，五、六百年來之國計民生，所賴實大。此非中國科學史上之一絕大成就乎？惟中國學者則一以此等盡納入治平大道中，而不成為一項獨立之科學工程，如是而已。

大禹治水以下，周公制禮作樂，又為中國人文史上一絕大創造。禮樂中皆涵有科學。有禮器，有樂器。禮器有鼎彝，永傳為中國之最佳藝術品。樂器有金、石、絲、竹、匏、土、革、木八項，逐項製成樂器，皆賴科學。但何以必「金聲而玉振之」，則乃藝術，非科學。但中國僅稱一「樂」字，無藝術科學之名。後人又謂「絲不如竹，竹不如肉」。因絲屬器聲，竹則人與氣經竹管以成聲，肉則純是人聲。貴能從人心中直接露出，乃始為音樂之上乘。中國音樂，人聲為主，器聲為副。西方音樂，則似以器聲為主，人聲為副。本末源流，先後輕重，又各不同。

中國音樂又以辭為主，聲為副。古詩三百首，皆求語語直接出自人心肺腑中，又能語語深入人心肺腑中。傳至今三千年，讀其辭，仍能感人心，不啻若自其口出，亦不啻若自其心出。〈離騷〉、《楚辭》繼之，亦然。漢樂府及五言古詩、唐詩、宋詞、元曲亦莫不皆然。皆配以聲，附以氣，但必以辭為主。辭則必以心為主。如漢賦之務為堆砌炫耀，所爭在字句上，則雕蟲小技，壯夫不為。此則中國一套大哲學，科學、藝術、文學一以貫之，而科學轉見為末矣。自明代崑曲以至近代之平劇，亦一貫相承，樂聲僅為副，人聲、心聲、歌聲始為主。一歌一唱，皆能深入人心。劇中人事，亦皆由此選定，皆重在劇中當事人之心，而遂以感通聽眾之心，此乃成為中國之藝術。劇場中一切表現，皆配有科學，隱於一旁，似可無見。

抑且古代少事物侵擾，其心純深，故易感。後世事物侵擾多，其心雜而浮，則不易感。今則為科學世界，惟見物，不見心。而又提倡通俗白話新文學，皆由當前事物充塞，不見作者心，又何以感讀者心，今人乃竟有稱之為短命文學者。非求通神，僅求過目。能傳數十年，斯可名震一世矣。文學如此，其他亦然。

禮又有衣裳冠履之制。衣裳冠履皆成自科學。中國之絲織品亦科學，而成為一種高尚之藝術。西方人亦有衣裳冠履，但多成為商品。中國人衣裳冠履從人文大道中來，亦修齊治平一要項，非為經商。如觀平劇，衣裳冠履皆以見人品，非可隨便使用。又如女性美，在其一顰一笑，一顧一盼上，不在其塗唇畫眉上，服裝則尤其次。故平劇化裝，乃可一成不變，蓋亦有禮意存焉。故周公之制禮作樂，其深意所存，乃在後代中國人之永久追尋中。

先秦諸子早期有墨翟，公輸般為攻城之器九，而墨翟九破之。墨翟又能為木鳶飛空，三日不歸，則墨翟乃中國當時一大科學家。《墨經》中所傳有關科學之義理，頗有與近代西方科學相似處。然攻城滅國，非中國人文大道之所重，後世遂少公輸般、墨翟其人。三國時諸葛亮鑿修劍門棧道，又為木牛流馬，以利運輸。道路交通，古今所重，劍門棧道今猶存在，木牛流馬則終廢棄。可見中國科學上之發明，有遞相傳襲，續有進步者；有棄置不理，終成絕響者。此見科學亦必融入人文大道中，不能獨立見重。

先秦諸子中期有鄒衍，會通儒家人文，道家自然，創為陰陽家言。一陰一陽之謂道，其言實求本於天道以言人道，主要在言金、木、水、火、土五行，實皆科學。惜其書已失傳。今姑據《呂氏春秋．十二紀》、《小戴禮記．月令》及《淮南子．時則訓》言之，此亦五行家言之主要一端。匯合天文、地理、有生、無生，而一以人事為主，又一以農業為主，本於曆法，分一歲十二月為二十四節氣，使務農者知所從事，而其他生產工業亦旁及焉。又推而上之於國家之政令。自然科學、人文科學、社會教育、日常人生一體兼顧，亦可謂中國學術思想共同理想所在之一例。宜其言為此下儒道雜諸家均所採用，而有迄今兩千年仍奉行不輟者。

又如曆法，西方用陽曆，中國用陰曆，但亦不得謂陰曆不科學。抑且陰曆中亦兼用陽曆。若依陽曆，日南至日長至當為一年之首。故中國俗言冬至夜大過大年夜。但中國重農事，春耕、夏耘、秋收、冬藏，一年必以春為開始，而冬至則冬未盡，春未到。故孔子言「行夏之時」。漢以後，歷代正朔皆奉夏曆。觀於《呂覽．十二紀》、《小戴禮記．月令》、《淮南子．時則訓》，則中國之曆法不僅與人生習慣息息相通，亦與政府法令處處相關。中國之陰曆，其意義價值，已融入中國之全人生。惟陰曆亦有其缺點，如一歲十二月，又補以閏月是已。今改用陽曆，亦非不科學，而於中國之傳統人生則終有失其調和處。故政府雖行陽曆，而民間則仍多沿用陰曆。毛澤東一尊馬、恩、列、史，而民間亦仍過陰曆年，不過陽曆年。則人文傳統之難合處，有不知其然而然者。西方陽曆應以冬至為易歲大節。而耶教盛行，乃改尊耶穌誕辰，其距冬至不過數日之遙。則西方之尊耶誕，其為科學，抑為人文？尊科學，又豈得拒外人文於不顧？此又深值討論一問題矣。

鄒衍又言「五德終始」，其指導上層政治者，謂自古無不亡之國。其言深有理，乃在勸帝王之禪讓。而權臣乃利用之以篡弒，先之有王莽，繼之有曹操、司馬懿，為世大詬病。其學因此不行，其書亦失傳。然其流傳社會下層者，則如上述醫學、堪輿之類，及其他諸端，仍傳習不衰。今日國人之所譏為迷信不科學者，則幾乎胥與舊傳陰陽家言有關。

孔孟儒家主言人道，莊老道家主言天道。〈中庸〉、《易傳》則主以人道上通於天道，兼採道家言，猶不失儒家之正統。故兩書皆主提挈向上，發揮一共通道理。陰陽家言則主以天道下通人道，然捨人道，則天道又何由定？故其言多放散向下，流於逐事逐物之博雜上去，而不免於人類內心之深處有疏忽，此則其缺失所在。西方自然科學，無以定人道，僅求供人用。西方宗教家言，亦無以定人道，僅求滅人之罪惡。而政教分離，終成一大病。中國陰陽家言，其大路向已不如儒道兩家之精深而宏大。然人文終不能脫離自然而獨立。生由自然，死歸自然，人生終在大自然中，同是一自然。陰陽家本自然講求人生，其說而中者仍不少。即上論中國通神之學，亦多本於陰陽家言。雖宗主有失，但亦不得謂其全無得。今求研討中國科學史，則中國陰陽家言亦仍值再作研討。

秦代有蒙恬，傳為筆之發明人。筆之發明當在前，而在不斷發明過程中，蒙恬或為其一人。中國有文房四寶，曰筆、曰墨、曰紙、曰硯，此亦皆一種科學發明。如筆有羊毫、有狼毫、有兔毫、有兼毫，於多獸中獨取此羊、狼、兔三獸之毫。〈中庸〉曰：「率性之謂道。」諸毫皆有性，擇其性相宜者以製為筆，以通於操筆作書者之性，則此造筆者亦可謂其有通神之技矣。

又紙與墨與硯，皆必與筆之物性相通，乃得成其妙用。而造紙之術則尤多變。觀於中國之文房四寶，乃知中國人之善於會通配合，乃有不知其然而然者。造墨、造紙、造硯者，皆未必通書法，亦未必能互相通。而書法家則兼用此四寶，以成其書法之妙，此非一種神通妙用而何？書法為中國人一種特有藝術，內可以代表書家一己之德性，外可以傳百千年而仍得後世人之愛好模仿，此亦一種神通妙術矣。中國人之所謂神通，當於此等日常具體事上求之，斯不失其妙。

群言中國在科學上有三大發明：一指南針，一印刷術，一火藥。此三者，惟印刷術為用最大。余嘗謂宋代乃中國歷史上之文藝復興時代；論其都市工商業，則遠遜於唐。但印刷術發明，書籍傳播易，理學家乃能會通群說以定一是。其言愈簡，其所包涵之意義則愈見有神通之妙。此誠學者所宜細心潛玩。

北宋又有邵雍康節，與二程同時。遠得華山道士陳摶之傳，乃欲以數理闡釋歷代之治亂興亡。其學頗似陰陽家，亦欲本天道以貫通之於人道。後起理學家擯不列之於理學之正統。然其言

《易》，頗多妙理。其數學之流衍，如民間算命之術，亦多上推之康節，乃亦頗有奇驗者。上之有鄒衍，後之有邵雍，實皆可謂是中國之大科學家，同時亦可稱為中國之大哲學家。而邵雍猶然。此兩人皆曾於中國學術史上有大影響，尤多流布於下層社會。近人皆譏之為迷信不科學。而要之，如鄒衍，遠在古代，已難詳論。而康節，亦終可謂是一神通之妙人。其遺文軼事，實大可珍玩，而可從一新途徑、新觀點以重為闡發者。明初有劉伯溫，讀其詩文集，當為一文學家。乃民間相傳，則儼以繼邵康節，此仍待詳考。但其在學術史上，則斷不能如鄒邵兩人之所影響。

中國方士神仙長生之術，發明有鉛汞配合之方，流入西方，遂有今日之化學。中國人發明火藥，已知用砲，流入西方，遂有近代西方槍砲火器之開始。明初三保太監鄭和下西洋，先西方人直達非洲。西方之有遠洋航行，亦自中國指南針之傳入。可謂近代西方之殖民政策帝國主義，則胥得中國科學之翼助。然在中國則止而不前。可以富、可以強，而中國人乃終認其為於人生大道利少而害多，乃不更進一步加以運用，以成如近代西方富強所賴之科學。此豈誠是中國人之愚而無知，抑故步自封，守舊好古，而不求進步之謂乎？此非會通全部中國史，深知其文化傳統之神通妙用所在，則無以釋之矣。

近代國人極慕西方科學，然中國亦自有之。英人李約瑟撰為《中國科學史》一書，乃國人亦未能深玩。還就本國史本國文化傳統，則李書之未加詳發者亦多矣。其終將有人焉，重為撰述一書，以發明中國科學之真意義、真價值所在，而使國人繼前軌而續有開新。余日望之，但恐終不能當余之生而見之矣。天乎，人又何尤！

略論中國科學　二

(一)

近代國人有自然與人文學之分，此亦承西方來。然此「自然」與「人文」兩名詞，則遠在兩千年前，為中國所固有。但用以譯述西方學術，實大有問題。「自然」乃莊老道家語，義謂「自己如此」。西方科學則主反抗自然，戰勝自然，其最要發明則為各種機械。機械非自然，則烏得稱西方科學為自然科學？

「人文」二字，則源於儒家經典《周易》，所謂「觀乎人文，以化成天下」。「人文」猶稱「人生的花樣」，如夫婦、父子、兄弟、君臣、朋友皆是。自有巢氏、燧人氏以前當已有父子一倫，迄今不能免；亦可謂自石器時代至今電子時代，同有此父子一倫。此為人文即自然，而與自然終有別。中國極看重此一別，西方則不然。如電燈、自來水，依西方觀念言，同屬人文；而中國觀念，則所謂人文，當有更高駕出於使用電燈、自來水一類之上者。故雖同樣使用電燈、自來水，而人文仍可大不同。

大抵從中國言，道家重自然，儒家重人文，而兩者仍有其相通處。如儒家言「性命」，亦即自然。人生天地間，生命所賴在一身，此身之食衣住行，則種種有賴於身外之物，故人生亦只是天地萬物中一自然。但由自然展演出人文，而人文亦終不能脫離自然，仍必以自然為依據、為歸宿。姑以食衣住行言，中國在此四方面種種講究，種種成就，其極多處可謂已冠絕人寰。但只可說是人文進步，不能說是自然進步。

先言飲食。中國烹調飲膳之美，舉世稱羨。但中國人最稱羨者，孔子之「飯疏食、飲水」，顏子之「一簞食、一瓢飲」，兩千五百年來傳在人口。蓋中國人生重禮，禮屬人文，非屬自然。飲食亦必有禮。孔顏之飯疏瓢飲，有大禮存焉。姑言飲。李白詩：「舉杯邀明月，對影成三人。」酒貴酬酢，李白則莊老道家中人，但其隨時隨地隨口流露，一人獨飲，何等閒暢，乃必謂月下影前，儼成三人。中國人文精神之陶冶，真可謂無微不至矣。唐詩又曰：「勸君更盡一杯酒，西出陽關無故人。」故人對飲，此又一種人文精神。又曰：「清明時節雨紛紛，路上行人欲斷魂，借問酒家何處有，牧童遙指杏花村。」思鄉則思飲，而此酒家則在杏花村裏，飲酒而對杏花，猶如飲酒而對明月，此是何等情調。明月、杏花皆屬自然，而飲者之情調則屬人文。其實則自然亦融入人文精神中，不能脫離自然以獨成其為人文。又云：「欲飲琵琶馬上催。」此又是何等情味！非有此一種人文精神，則一切自然無意義、無價值，皆為之變色矣。

又如衣。中國錦繡之美，亦豈不為舉世稱羨。然而衛文公大布之衣、大帛之冠，更稱美一世，傳誦千古，故「衣錦則尚絅」。而晏子一羊裘三十年，亦受人崇敬。此則人文價值之遠勝於自然價值可知。《呂氏春秋》載一故事：一師、一徒，夜行遇大雪，不克進城，當露宿路上。師告其徒，今夜非一人穿兩人衣，俱將凍斃。我以傳道救世，君衣當授我，庶我得活。其徒謂，師以傳道救世，此正其時。我得師衣而活，即師道。其師無奈，乃脫衣授其徒。此亦衣非重，死生非重，而惟道為重之一例。中國人文所重即在道。後世科舉，未中第，未登仕途，皆布衣，此亦一禮，亦一道。然布衣重於君相，代有其人，正為其能傳道，此猶中國人文精神之一種表現。女性亦稱荊釵布裙，荊布與糟糠並稱，亦見人文遠超衣食之上。

中國人之宮室亭園、家屋居住，莫不有人文精神寓其內，精心獨運，舉世莫匹。而如諸葛孔明之草廬，邵康節之安樂窩，更下如李二曲之土室，一廬、一窩、一室之陋，乃備受後人之想慕與崇仰。陶詩：「狗吠深巷中，雞鳴桑樹巔。」狗吠雞鳴，乃屬自然景象。而狗吠深巷之中，雞鳴桑樹之巔，則自然全化為人文，而雞狗亦成人文中一角色矣。古詩：「風雨如晦，雞鳴不已。」此一風雨如晦之雞鳴，更屬中國人文精神至偉大至崇高一象徵。祖逖之聞雞起舞，則不過師承風詩所詠之一微小表現而已。又如唐詩：「綠樹村邊合，青山郭外斜。」此村邊之綠樹，郭外之青山，非一極清雅之人文境界乎？又如陶詩：「採菊東籬下，悠然見南山，此中有真意，欲辯已忘言。」此一番真意，則不在東籬之菊，亦不在遠望之南山，而在詩人日常生活之心情中。籬菊之與南山，則亦全化入人文，與為一體，而不復有別矣。

中國之名山大川，古蹟勝地，亦皆人文化。如西湖孤山林和靖之梅妻鶴子，豈亦林和靖之化為禽獸草木，與梅鶴為一體，抑其梅其鶴之亦皆化入人文境界中，乃得與和靖之生活融為一體乎？不深入中國之人文傳統，而漫遊中國之山川勝地，斯亦交臂失之，如肝膽而楚越。則惟有效西方一觀光客，以遊歷為人生一樂事，則於讀萬卷書行萬里路之遊又不同。人生境界各異，此則為中國人文精神最要研討之所在。

次言行。中國古代貴族出，必駟馬高車。孔子則一車兩馬，老聃乃騎驢出函谷關，墨翟裂裳裹足，履破而無換。此三人之行，後世均傳為佳話。中國人極講究食衣住行，但又於食衣住行上講求禮。乃於食衣住行不夠條件，極簡陋極缺乏中，反備受推崇，即此亦見中國人文精神之一端。

尤其如唐玄奘攀登喜馬拉雅山，達印度，此故事之受人推敬，經人傳述，可謂古今獨步矣。近代西方人競登喜馬拉雅山，亦為要反抗自然，戰勝自然，一顯腰腳。玄奘則不然。然而玄奘在中國人文精神上之偉大崇高處，則近代之攀登此峰者斷不能相比。一則為反自然之自然生活，一則為超越自然之人文生活。即如哥倫布之駕舟横渡大西洋，其意在尋覓印度經商佳地，論其人文精神，亦不得與玄奘相比。此正中西雙方人生之不同。

或疑中國人能注意食、衣、住三項，而安土重遷，憚於遠行，是又不然。孔子周遊列國，自此以往，中國士人多為「天下士」，行蹤遍全國者占大多數，老死不歸故土者亦多有，足跡未出鄉里者則絕少。東坡詩：「人生到處知何似？應似飛鴻踏雪泥。泥上偶然留指爪，鴻飛那復計東西。」此非東坡一人之自詠，乃詠中國古今相承之士人。史跡昭然，玆不覼縷。

中國人觀念，食、衣、住、行，僅為維持生命。而生命則別有其更高境界，仍需充實光大。故中國人文乃有遠超食衣住行之外、之上者。如言孝，舜父頑母嚚，而舜之為孝益顯。然孝頑嚚固不易，孝聖賢亦惟艱，如武王周公之孝其父文王，亦豈易事？人之父母各不同，則「孝子不匱，永錫爾類」者，將萬變而無息，日新而不已。中國有百孝圖，孝行豈百可盡？《周易》「易」字，有易簡、不易、變易三解。各反諸己，其道則易而簡，雖百世而不易，亦因人而必變。中國人文盡此三義。西方人生不內求諸己，而外務於物，則不簡。因物而變，則無不易。自石器而鐵器、而銅器、而電器，器物變，斯人生亦隨而變，則人文隨自然化。而凡諸器物，又務求其反自然，機械化，則器物日變日新，自然已不自然，則又烏得有人文？凡其為人文者，盡屬不自然，則日變日新，又烏見其所底止？

中國人文言「孝」，則天之命，父頑母嚚則亦天之命。孔子曰：「天生德於予。」但天未嘗同生此德於孔子之父與母。故天命不易知。舜之孝，亦天生此性此德於舜而已。舜之因於父頑母嚚而益見舜之孝，則其父之頑、母之嚚或亦因其所遭遇而益見其頑嚚。孔子曰：「性相近也，習相遠也。」習則多因遭遇來。如孔子生亂世，亦因世亂而益見其聖德。今人則謂此為環境，人則隨環境而變。此猶謂人文隨自然變。中國人之人文理想，則謂任何環境中，各可保有其理想之一己，故曰：「君子無入而不自得。」以舜之父母而成舜之孝，以孔子之亂世而成孔子之聖，環境各不同，此即天命，即自然。而各可保有其理想之一己，此亦天命，亦自然。而人文精神乃寓其內，遂使人文理想日新月異，悠久而不息，廣大而無疆。

今人則務求改造環境。較易改者，惟身外之物，乃有電燈、有自來水、有輪船、有火車。而不易改者，則惟各有其己之人。父母不易改，則可不孝；夫婦不易改，則可離婚；人與人之相處不易改，則曰自由平等獨立；國與國之交際不易改，則飛機、大砲、坦克、潛艇之外，又繼之以核子武器。劉向《說苑・指武篇》謂：「凡武之興，為不服也。文化不改，然後加誅。」此則今日西方之尚武力以征服他人，乃為人文之化其力不足之故，此亦若為可諒矣。然而中國人謂「天之大德日生」，今則變成「天之大德日殺」，此則異於中國人文之所理想遠矣。西方之自然科學亦異於中國之所謂自然。中國人主從自然中演化出人文，又求人文回歸於自然；而西方科學，則實為利用自然而反自然。但西方近代人文則主要從科學來。故中國科學乃受限於人文，而人文為主；西方人文則受限於科學，而科學為主。此則雙方文化之大相異處。

今人又好用「文化」二字，乃從中國古語「人文化成」來。如電燈、自來水、火車、輪船，乃物變，非人文之化，則就中國觀念言，不得謂之是文化。如舜之大孝，而此下遂有百孝圖；如孔子之至聖，而此下遂有〈儒林傳〉、〈道學傳〉，此始是中國人所謂之文化。自修身、齊家而治國、平天下，此亦中國人所謂之文化。即是人生的花樣多了，而化成那局面。器物的花樣多了，亦能化出新局面，但於人文理想，則或反有害而無利。孔子之稱為「怪力亂神」者，大體怪、力、亂三字，西方科學多有近之。神之一字，則西方宗教近之，但皆非中國所謂之人文。

司馬遷言：「究天人之際，通古今之變。」神屬天，文屬人。但人文通於自然，則人文中亦可有神，甚至禽獸草木無生物中亦皆可有神。此諸神則皆由人文化成，此乃人文中之神。故中國「神」字亦必明其天人之際。孔子敬鬼神而遠之，此神乃屬人文之神，非怪力亂神之神。敬而遠之，則亦所以教人明天人之際也。而古今之變，則主要仍屬人文之變。非如西方之變，多屬科學之征服自然來。西方科學之變，至於近代，亦可謂已出神而入化。但此一種神，乃子所不語怪力亂神之神，與中國人文化成之神又不同，此亦當辨。

竊謂中國學問尚通。今日而言通學，則莫如「文化學」。當通各國之人文，會通和合，以求歸一，斯為文化學。今人率好言文化，但未有一門文化學。惟中國人為學，雖無此名，而已有其實。如入國問俗，即問其文化也。一國有一國之俗，斯即一國有一國之文化。孔子曰：「齊一變，至於魯；魯一變，至於道。」此即孔子當時之比較文化學。今試問，當今之世，孰為齊？孰為魯？又如何而始為道？此非當前一最大見識、最大學問乎？最近一百年來之一部中國近代史，先主學德國與日本，次主學英法，最後則或主學美，或主學蘇，成為一大爭論。實則仍然是孔子「齊一變，至於魯；魯一變，至於道」之意見與路向。不知孔子生今日，究當作如何主張？孔子不復生，則國人當自勉其學矣。

中國言「雅俗」，此亦人文一大問題，亦即文化一大問題。「俗」則僅限於一地，「雅」則可通之四方。今日國人分主美蘇之爭，實仍是雅俗之爭。究是民主政治可以通行於全世界，抑共產主義可以通行於全世界？孰為道，孰為非道？此即中國古人雅俗之爭，亦即孔子當時齊、魯、道三階層之辨。今日國人依西方言文學，則尚俗不尚雅；但言政治，則又要雅不要俗。其實西方政治無論言民主，或言共產，皆主多數，實亦皆主俗不主雅。此見今日國人古今中外之爭，實亦並無一共同之尺度。

如言民主政治，必重選舉，義近通俗。而中山先生則主張考試，求能創立一高雅標準來衡量一切。今日國人則尊中山先生，終不如其尊西方，故言民主，仍必言選舉，而稱神聖之一票。雖出自僅識之無之俗手，亦仍認之為神聖。而共產黨徒則必以無產階級為神聖。要之，今日國人慕效西方，尚俗不尚雅，似已成一時之風氣。孔子言齊不如魯，則非當時之俗見，乃孔子一人之獨見。此乃孔子之文化意見。故果欲成立一文化學，則恐非大雅君子，無以任之，豈通俗之見之所能定。

西方人既不重人文，自亦不能重文化。如爭民主與共產，一主自由生產，一主平均分配。一則在商業上爭，再則在武裝上爭。一切所爭，盡在器物上。而一切是非則若盡在「富強」二字上，豈非一切定於身外之器物乎？若言民主，不富不強，亦何得行？若言共產，不富不強，又何得行？今謂西方文化只如此，又誰得而非之。既主富強，則非憑科學不可。然言人文，又不得謂富人、強人即是高人、大人。今日吾國人處此世界，羨慕西化，當以科學為重？抑當以人文為重？而中國舊傳統種種觀念、種種名詞、習俗慣例，皆從其人文理想來，終亦未能盡加洗滌清淨，此誠吾國人當前難解脫之一大困惑。故就中國傳統文化言，則近代西方科學究當處何等地位，此實今日我國人所當慎重思辨者。而中西科學之相異，亦當為一重要題目矣。

今姑依當前國人大體意見，一以模效西化為主，依照孔子語，則當曰：「蘇一變，至於美；美一變，至於道。」馬克斯主張共產主義，而提出唯物史觀。雖此唯物一觀念，亦承襲西方傳統，而說得太偏了，不如美國人言民主自由，尚多少留有人文地位，此其一。蘇維埃之推行共產主義，雖說是世界性，而實際則自帝俄時代起，以及列寧、史太林，未免專以斯拉夫人為主，專為一國打算。美國則獨立兩百年來，早期則主門羅主義，只求自保，不干涉他國事。自八國聯軍以來，美國始追隨歐洲，過問國外事。但其對中國，卻始終未抱領土野心。其對菲律賓等亦然。第一、第二次世界大戰，皆不由美國發動。究竟美國幫助其他盟國之意多，而自求擴張之意少。最近世界事變中，如其對英、阿之福克蘭群島之戰，及以色列與巴游之戰，多抱斡旋和平之努力，此其二。又美國立國，除英國及其他西歐人外，尚有猶太人、黑人，乃至如日本人、中國人等，凡列美國之國籍，則諸民族間各自平等。此尤開西方立國未有之先例，與蘇俄之顯以斯拉夫一民族立國者又不同，此其三。抑且美國之強，以保其富。蘇維埃則務強以求富。兩國立國精神又不同，此其四。故當謂「蘇一變，至於美；美一變，至於道」。是則當前國人一意傾慕美國，亦可謂大義至當矣。

惟尚有小節所當顧及者。美國乃當前世界最富最強之大國，吾國人自承乃一未開發落後國家，乃一貧弱之小國，則慕效美國，亦當較量彼我，善自為學，不當好高騖遠，以求同為一富強大國為目標，此其一。又美國為舉世多數國家共同慕效，自有其共通大雅之處，吾國只能慕效其一部分。故中國之與美，乃正有雅俗之分。中國當不忘中國之俗，以中國之通俗化來學美國。如舉一例，中國人仍當讀中國書，貴能以中國書中所講道理來闡揚宏伸美國之大道，不當只求美國之大道，而先自把中國方面一切全放棄，此亦即當前國人所主張之通俗化。如《詩經》有〈頌〉，有〈大小雅〉，亦有十五〈國風〉。今日國人志切美化，亦不當僅對美有「頌」、有「雅」，而自己乃不復有「風」，恐亦終有未是，此其二。

慕效西化，謙卑自居，則決不當對國人、對古人轉持一種崇高驕傲之態度，漫肆批評。今國人中，賢者、富者亦多轉隸美籍。據美國法律，則當與美國人同屬平等。而美國究亦非已達盡善盡美之境，尚待其能一變而至於道，則吾國人之得入美籍者，正亦同負此責任，庶亦於舉世人類有其貢獻，而吾國家民族之前途，亦與有賴矣。倘以改隸美籍者為天下之士，則仍留本國者，宜可為一國之士。孔子祖先，亦自宋遷魯，而如顏子、有子、曾子皆以魯人為孔門之高第弟子，則果仍為中國人，亦未嘗於天下無貢獻。此則仍待國人之自勉。

（二）

〈中庸〉言誠，猶莊老言自然，非有所為而為，乃無所為而為。言其德性，斯謂之誠矣。故曰：「誠者，自成也。」又曰：「誠者，物之終始。不誠無物。」則萬物皆成於自然，而其間有一重大意義，即為「終始」，即時間之過程。故曰：「至誠無息，不息則久，久則徵，徵則悠遠。」若是有為而為，則得其所為，其為自息。惟其無為而為，斯其為乃出於至誠，乃可以無息。故言自然，則必寓有一時間觀。西方人對自然僅注意其空間，僅注意於物與物之分別相異，而不知其和合會通處，於是乃就其分別而各自探求其真理所在，乃有天文學、地質學、生物學等各專門之學。故其所探求之真理，則盡在外。其所成之各專門之學，則為西方之科學。亦或會通以求，而仍向外求之，則為西方之哲學。柏拉圖榜其門，非通幾何學勿入吾室，則哲學仍必本於科學。在自然之上，建立一上帝，信之為一切萬物之主宰，亦即真理之所在，此則為西方之宗教。故西方之科學、哲學、宗教，同屬向外求，同不存在於一時間觀念中。縱謂有時間，亦必隨屬於空間，如近代愛因斯坦之四度空間論是矣。〈中庸〉則謂：「悠久，所以成物也。博厚配地，高明配天，悠久無疆。」則悠久之時間，其位置尚在天地之上，而科學、哲學、宗教皆一以貫之矣。而此時間則在物之內，不在物之外。中國人一切學問皆主向內求，故乃深深獲得此時間觀。而萬物乃同歸於一，而其分別則僅一徵象之見於外，經時間而始有。

故〈中庸〉言：「今夫天，斯昭昭之多，及其無窮也，日月星辰繫焉，萬物覆焉。今夫地，一撮土之多，及其廣厚，載華嶽而不重，振河海而不洩，萬物載焉。」此則天文地質，莫非經歷時間之悠久，而遂有當前之現象。若言生物，自微生物以至於人類，亦同此一生命，而此生命則仍自無生物來，仍是一自然，仍是一無為，仍是一至誠無息。故《詩》曰：「維天之命，於穆不已。」又曰：「於乎不顯文王之德之純。」此純亦不已。則科學、哲學、宗教，豈不同歸於一。一於此心之德之純一而不已，故曰：「苟無至德，至道不凝焉。」道必凝於德，德則即此心之純一而不已，斯即天之命。一天人，合內外，如是而止。故曰：「至誠之道，可以前知。」「故至誠如神。」又曰：「曲能有誠，誠則形，形則著，著則明，明則動，動則變，變則化。惟天下至誠為能化。」文王之德，即天地萬物大全體中之一曲，而所化及於天地萬物之大全體。中國古人科學、哲學、宗教三位一體之學之最高理想、最高境界，已盡在此。

西方人主言變，乃不知言化。變亦屬於外，化則屬於內。變則此物變成他物，而空間亦覺其有異。如石器時代變為鐵器時代，又變為電器時代，此各時代之空間，皆絕不同。若知注意其時間，則一本相貫，一體相承，乃見其為化，而變則只是化中之一徵。

中國人言生命，其實亦是一時間之化。自幼稚迄於耄老，仍是此一生命。自原始人迄於現代人，亦仍是此一生命。此一生命經歷長時間之化，必當有變。今日已為電器時代，較之原始人之石器時代，一切物皆已變，而此生命之化則依然無大變。生命即是一大自然，科學違反了自然。往日以石器殺人，今日以電器殺人。科學日益發明，天下其烏能不亂？人種其烏能不絕？中國古人言：「正德、利用、厚生。」在內正德，始能在外有利用，而仍必以厚生為歸。西方科學則僅求利用，不求正德，斯其生乃轉見其薄，不見其厚矣。故科學利用非要不得，但當以「正德」為大前提，「厚生」為大歸宿，始有「利用」可言。以此意來尋求中國科學史，而能加之以發明，則庶見其於西方科學史有大異其趣者。此亦可謂中國科學乃會通和合於中國文化大傳統之全體，而始見其意義與價值，此亦中國科學精神之一端。

又近代西方科學發明，亦非限於核武器殺人之一途。即如近三十年來之太空飛行，登陸月球，豈不開人類邃古未有之新局？中國《易》象最重龍，飛龍在天，亦僅中國古人一想像。近代西方太空人豈不遠駕飛龍而上之？前之如西方人發明紡織機，發明蒸氣機、輪船、火車之為利於人類者又何限？則西方近代之為禍，乃在其人文學，不在其自然科學。務求利用自然科學之種種發明於資本主義與帝國主義，而後其自然科學乃為禍不為利。中國古人言：「正德、利用、厚生。」果在人文學上能先正其德，則一切自然科學自不失其為利用而厚生。若必如中國道家，并桔槔而並加摒戒勿加利用，則烏得有如近代之自來水？孔子言：「智者樂水，仁者樂山。」亦可謂中國人多樂山之仁，西方人多樂水之智。一動一靜，一通一別。故儻一切學問，亦如西方能分別求之，又能會通用之，先正其德，而又能利用厚生，則正如晚清儒之言，「中學為體，西學為用」，先知以會通為體，又豈害於分別之為用？此則誠會通中西，又更有一新學術、新境界之向前發展，仍貴會通以求，不貴分別以觀者。余之一一比較中西學術異同，則仍貴於異中得同，乃能於同中存異。有自然，乃始有人文；有人文，而自然亦隨以前進，又豈嚴加分別之所能盡其能事乎！

略論中國心理學 一

(一)

中國人言學多主其和合會通處，西方人言學則多言其分別隔離處。如言「心」，西方人指人身胸部，主血液流行之心房言。頭部之腦，則主知覺與記憶。中國人言心，則既不在胸部，亦不在頭部，乃指全身生活之和合會通處，乃一抽象名詞。又人心必通於外以為心，非可脫離外面分別獨立為心。西方主「心通物」，中國則更主「心通心」。如通於幼以為心，則為父母之慈。通於老以為心，則為子女之孝。此心又可上通天地，旁通萬物，相與和合，成為一「氣」。理在氣之中，亦即在心之中。故宋儒又言心即氣，不言心即理。理即於心上見，但非心即理。此心所見之理，又稱「性」，故曰「性即理」。今國人譯西方心學為心理學，此亦失之。

西方人言心，指其分別隔離處言，故在西方心理學中，情非其要。西方哲學根本不言情。心與心各別分離，故亦不言愛。其言愛，僅兩處。一曰男女之愛，又一則愛上帝。上帝愛萬物，乃以上帝之心愛及萬物。即父母，亦推上帝之愛愛之，非己心直接之愛。除此各別心理外，乃有群眾心理與變態心理。實則變態心理乃是一種病態心理。中國人言及人生大道必本於心，此等心應屬理想心。孔孟儒家、莊老道家莫不皆然。宋明理學家中，陸王特稱為心學，所言亦屬理想心，而陸王亦不失為一理想人物。西方如佛洛伊德，主張變態心理。即其本人，亦僅為一心理學專家。求其用心，亦終不免有病態變態處，絕不得稱之為人類之理想心。

中國人言心，則與西方大異。西方心理學屬於自然科學，而中國心理學則屬人文科學。何以必亦稱之為科學？以其亦據人生種種實際現象言，有實際材料可證可驗，故當稱之為科學。惟一重自然，一重人文，斯不同耳。實則人文亦是一種自然，西方則從自然推言及人文，中國則從人文推言及自然，先後輕重緩急又不同。

西方人言心僅屬人身之一部分，其身與外面接觸，則有種種欲，亦有種種所不欲。所欲則迎之，所不欲則拒之。其實西方自然科學之種種發明，皆與此有關。中國人則認心為一身之主，故身之所欲所不欲，轉屬次要地位。而心之所欲所不欲，則更屬主要地位。中國之人文科學，乃由此而建立。

心之主要所欲，則在心與心相通。固亦求他人之心通於己心，故父母之慈，即求其子女之能孝。但更直捷更重要者，則為求己心之通於他人之心，故父母即貴能慈，子女之能孝與不孝，則在所不計。中國五倫之道盡是矣。己心通他心，此心即安樂，是為「小康」。人心盡得相通，舉世大安樂，此即為「大同」。要之，盡在一心。今人好言交通，有道路交通、有海洋交通、有空中交通，實則皆器物之通。而心與心不相通，此則僅增苦痛，釀大亂，無多益矣。

欲求心與心相通，先求己心自相通。如目視耳聽，當求外面色聲之相通。朱子所謂「格物致知」是矣。中國人言風景，亦即聲色相通之一境。倘己心不能通外物，即己心一苦惱。心有苦惱而向外求解放，則目更欲多視，耳更欲多聽，外面之聲與色更複雜而難通，而此心之苦惱乃更甚。又如嬰兒心、幼童心、成年心、中年心、老年心，隨年歲之日長而不同。自己一心先後不相通，斯亦一苦惱。逮其為幼童，已覺往年嬰孩心要不得；逮其為成年，又覺往年幼童心要不得；逮其為中年老年，乃覺往年心盡要不得。在己無一貫之心，則亦無一貫之生命，乃惟求變求新，則到底惟一死，亦惟苦惱終生矣。故自然科學對物質界之所發明，凡以滿足人身之所欲者，其總結果則只為增此心之苦惱。人必有死，而此心終未得安樂，則惟有求之死後靈魂上天堂。故西方宗教雖與科學相衝突，但科學儘發明，而宗教則終不可廢。

中國人亦求心與物通。食而飽，衣而暖，臥而得睡，身無多求，則心已安而樂。自生迄老，此心始終相通。果其生安而樂，則死乃休而息，斯亦可無他求矣。此非最高之宗教信仰，最切實際之科學發明而何？一天人，合內外，惟以此心為之主。此為中國人之心理學，即宗教，即科學，而吾道一以貫之矣。若言哲學，此非一最好之人生哲學乎？而形而上學以及智識論諸端，亦可包括無遺矣。

中國文學主要亦為自達其一心之情意。學文學者，主要亦在以己心上通於文學作家之心。如屈原〈離騷〉，此非自達其己心之情意乎？讀〈離騷〉者，亦貴能對己心情意自修自養，以上通於屈原之心之情意，〈離騷〉之可貴在此。宋玉學屈原為辭，然宋玉所自達其心者，則不如屈原之心。故宋玉之辭，其意義價值終不能與屈原相比。即就屈原、宋玉兩人言，而中國文學之大本大源及其意義價值之所在，亦從可見矣。

中國此下諸文集，不論辭賦，或詩詞，或文章，苟屬上乘之作，後之讀其集者，為之編年，成一年譜，可從以見此作者之生平，即見其內在一心之所蘊。而文學乃通於史學，實亦即中國一種最高值得研究之心理學矣。故中國史學必先重人，重其人之心。全部中國史實，亦可稱為一部「心史」。捨卻此心，又何以成史？

次言藝術，凡藝術應皆寓有心，尤其以中國藝術為然。如音樂，自古詩三百首以下，中國文學即與音樂相結合。直至較近世之平劇，如唱「四郎探母」，即唱出四郎之心。如唱「三娘教子」，即唱出三娘之心。故舞臺歌聲亦即心聲。即非歌唱，伍子胥離楚去吳，遇一掌渡老人，向之求渡；又遇一浣紗女，向之乞食。此兩人皆投水自盡，俾使子胥心安。為人謀而不忠乎？此等故事，雖非義理之深，顯自孔孟傳統來，則亦可謂劇心即儒心矣。又如「客有吹洞簫者，其聲嗚嗚然」，此簫聲即此客之心聲；「長笛一聲人倚樓」，此笛聲亦即此倚樓者之心聲也。中國人之歌唱與吹奏，每以一人之獨歌獨吹獨奏為主，以其易見此歌唱吹奏者之心。而合唱合奏，則其所重轉在聲，乃較非中國音樂之所重。

次言繪畫。中國人畫山水，貴能畫出作畫者心中之山水。如畫禽鳥花木，亦貴畫出畫家心中之禽鳥與花木。故其所畫之山水禽鳥花木，實即不啻皆畫者之心，則繪畫亦與文學相通。如梅、蘭、菊、竹四君子，詩人所詠，即畫家所繪。心相通，斯文學繪畫亦無不見其互相通。故中國人作畫，每題曰「寫意」，非專畫外界之物，乃兼畫一己意中之物。此亦見心物之相通。

次言書法，乃中國特有之藝術，而書法尤見書家之人品與性情，即書家之心亦隨其書而見。故必知如何養心，乃知如何作字。而練習書法，亦為中國人修心養性一妙道。更有進者，中國有文房四寶，造筆、造墨、造紙、造硯，亦見中國之科學。而造此筆墨紙硯之四者，未必兼能書法，而能通書家之內心所求，遂以成文房之四寶。則中國科學與中國藝術相通，而其本源則貴通之於一心。故國人每稱神通，文房四寶之為藝，亦一神通矣。其他器物之創製莫不然，茲不詳論。

然人心終有一大分別，今當稱之曰「自然心」與「人文心」。世界自有人類，其先為自然人，其心則亦為自然心。人類進步而為文化人，則其心亦為人文心。人之有心，實有其悠久之生命，即由自然心而演進為文化心，即此悠久生命之過程。直至近代，人之初生，嬰孩心實即自然心，而人文心即植根於此。必善加養護，俟其成長，乃得人文心之日趨於穩定而舒展。然人文心仍是一自然心，非能離於自然心而別自成心。中國希賢、希聖、希天之學，則即指此而言。孟子曰：「大人者，不失其赤子之心者也。」大人心乃一文化心，赤子心則仍為一自然心。人類文化亦由自然來，亦不能脫離自然。文化心即自然心之完成。今人則必依西方觀念，謂人文演進一切可戰勝自然。人文而戰勝自然，與人文之從自然生長，其義大異矣。

宋儒張橫渠言：「為天地立心，為生民立命。」若謂天地亦有心，此乃一種自然心。為天地立心，則立此人文心。人類本聽命於天地之自然心，今則當使其聽命於聖賢之人文心，而聖賢心實即自天地心生長而來。故聖賢之為生民立命，實仍即是天地之命。此即「繼往聖之絕學，開萬世之太平」，而橫渠所言，則更為明顯。中國往聖之學，最先即為「孝弟」。有子曰：「孝弟也者，其為仁之本與！」人當嬰孩，以至於為幼童，必在家中為子弟。使於此時即教以孝弟，他年成長，此孝弟之心，即仁心之本。孝弟之心，亦可謂乃自然心與人文心之接榫處。及其長成，乃為仁心，即見仁道，即大群心相通，而始可躋一世於大同。

人自嬰孩，迄其未成年前，只在家中，日常相處，惟父母兄弟姊妹，五人至八人之間，極單純、極親切，心與心通，易真誠、易深厚，此即孝弟之心為將來成年後處世人文心之基本。中國儒道教人，亦惟此為主。故修身、齊家、治國、平天下，其道一貫。而修身之要，則曰「正心誠意」，亦即此孝弟之心意而已。父母兄弟各不同，則何以正此心，誠此意？須能「格物致知」。所以求知，亦為此內在之一心，此誠中國儒家教人大道所在。釋主出世，老主遁世，惟皆不馳心外物，而近在人道，故同主心與心相通。但其相通之幅度則狹，不如儒家之廣大。其相通之著點則低，不如儒家之高明。但其主心與心相通則一，故均得成為中國文化一支派。

今則工商社會人事日繁，嬰孩即送托兒所，又送幼稚園。日常接觸可數十百人，既不單純，又不親切。及進入國民小學，教師同學可達數百千人。又分科為教，上自天文，下至地理，旁及萬物，幾乎盡可納入教課之內。此心分馳於外，對物對事，日不暇給。其對人，亦無怪其感情之日趨淡薄。則中國人所重視之此一番人文心，乃終無以培養，不見茁壯，何能成熟。故今日世界主要仍為一人與物相交之自然世界，其次始為一人與人相交之人文世界。而其心則毋寧群以第一世界為重，第二世界為輕，此實今日世界之真情實況，而其本源則從西方文化來。國人亦競相趨附。固有傳統，則置不再問。此亦以人心為其主要之關捩。

何以轉移挽回此心？主要則在發揚中國之心理學，重加闡申。好在此心已傳遞四五千年，又非懸空立論，各有實事實物作為證據。如研究藝術，觀一劇，唱一歌，繪一畫，臨一帖，賞玩一古器物，皆可重獲吾心，如遊子之返其家，其安其樂，有不期而自至。其次則治文學，一詩一詞，一曲一文，反復朗誦，吾心如即在其內。再次則讀史讀經，以及百家集部，乃無不可反己以自晤吾心。即如釋家佛典，中國人心亦多有在其內者。得一門而入，斯吾心亦當如久別老友之重逢矣。

中國古人施教，自小學以至大學，自其居家為子弟始。今則斯文道喪，欲加挽回，當轉自老年人始。中國之心學，本老幼皆宜。年之已老，既已謝絕人事，退居在家，與世無爭，一切藝術詩文本亦為娛老之資。老年無聊，一加涉獵，不須具大資本，不須耗大精力，借此自娛，或亦可為轉移國運之初機，亦可為天地立心，為生民立命之幼芽新萌矣。此固無害於舉世之競務外物，僅為老年人圖心安心樂，又何不可之有？亦有少年老成，亦有中年遭挫折，退而為此。韓信集市人而戰，如此則更易成軍矣。余日望之！余日望之！

(二)

〈中庸〉言：「喜怒哀樂之未發謂之中，發而皆中節謂之和。……致中和，天地位焉，萬物育焉。」達此境界，豈非一最理想之宇宙，同時亦一最理想之人生。而工夫則只在此心之喜怒哀樂上用。西方人言心，分智、情、意為三。哲學則專用理智，情感不得羼入，意志亦須在探求得真理後始定，故西方哲學不討論喜怒哀樂。

西方心理學實為物理學之分支，儻謂其亦涉及生理，實只以身為主，身亦一物，則生理仍不脫物理。故喜怒哀樂亦從物理上來講究，在西方心理中，不占重要地位。

中國人言喜、怒、哀、樂，則從心上來講究，而又兼及「發」與「未發」問題，則更見與西方思想之大不同處。西方思想側重在空間，柏拉圖榜其門「非通幾何，勿入吾室」，幾何學則只是一空間形象。直至近代愛因斯坦始創言四度空間。然亦只以時間一度加入空間三度中，依然偏重在空間。中國則時間屬天，空間屬地，時間觀更重於空間觀。發與未發，即在時間觀上生出分別，但亦兼寓有空間內外之分別。

程明道言：「我之喜，以物之當喜。我之怒，以物之當怒。」但此乃指心之已發言。在外面未遇當喜當怒之物，吾心之喜怒未發，但亦不得謂吾心本無喜怒。然則當其未發，將謂之何？〈中庸〉所謂「未發之謂中」，朱子釋此「中」字為不偏不倚。以其未發，此心之喜怒哀樂既不偏倚在外面任何一物上，則其存於內而未發者，當至為廣大，混然一體，無分別無邊際可言，甚亦可謂之與天地同體。亦可謂天地亦本有喜怒哀樂，吾心之喜怒哀樂，乃本天地之自然而有，惟當其未發則無偏倚。果吾心先有偏倚，未見當喜之物，而設意尋求吾心之喜，未見當怒之物，而設意尋求吾心之怒，則吾心惟有向外面物上去尋求，而吾心乃失其大、失其中、失其存在。必尋求之於外物而始見心，未必與外物之可喜可怒者相當，則此心即陷於人欲，而失吾心之真與正，亦非得謂之即天理矣。人世禍亂，多由此起。

此心先能不偏不倚，遇外物來前，而此心始有喜怒之發，然又貴「發而皆中節」。節者，有其一適當之限度。但自另一面言之，亦即滿足其所當喜當怒之限度，則限度實即是滿足，此即天理矣。發而中節謂之「和」，不僅內心與外物和，一心之內亦自見和。吾心仍非有喜怒哀樂之別，其別只屬在外之已發，而其存於內而未發者，則仍是一中。「發」與「未發」，「中」與「和」，仍屬一體。不明悟得此未發之中，又何能掌握得其已發之和？亦可謂中是體，和是象。惟體又貴能即象以求。心如此，生命尤然。天地位，萬物育，此乃宇宙大生命之象，而體亦存其內。

由喜怒哀樂進而言心，則心亦有發與未發之分。若謂凡心皆屬已發，則成為僅有象而無體。

無體之象乃是一假象空象，而非真象本象。明得象之必有體，斯即明得心之必有其未發。太極與陰陽之辨，即在此。太極又即是一無極。因其未發無象，即亦無體可見。無物，亦無心可見。然在「體象」、「心物」之和合無間中，仍當悟得此一體一心之為其大本大源之所在。則虛而即實，靜而即動，宇宙萬物乃盡歸於此一心一體，而可無所遺外矣。此在中國學術思想史上，當會通儒、道兩家而求之。道家偏喜言虛無，明得道家所言之「虛無」，乃始更易悟入儒家所言之「實有」。道家言渾沌，日鑿一竅，而渾沌死。果能深思明辨，而渾沌仍不死，乃始見儒家之精義。

朱子《中庸章句．序》，引《尚書》「人心惟危，道心惟微，惟精惟一，允執厥中」，來發明《中庸》此「中」字，亦極具深義。人各有心，反求諸己，所謂人心者即見。中國人貴言「道」，而此心未必盡合於道。但道則必本之於心，未有違於人心而可以為道者。故人心之合於道者，則謂之「道心」，非別於人心之外而有道心之存在。道心即在人心中，惟隱藏難見，故曰「微」。若此心違於道，則但謂之人心，而此心則不易安定，故曰「危」。此「微」、此「危」，只此一心。若近人只求進步，不知亦當有安有定、不動不進之時與處，則此即一惟危之人心矣。「精」乃選擇義，精選其合道之心則存之，剔滅其未合道之心而去之。使此心無不合於道，則人心即道心，道心即人心，相與合一，即中即和，天地萬物即位育於此矣。然此心之體藏於內，未與物接，則謂之中，不偏不倚，此始是心體。待其與外物交接，始見其心之用乃有和。中國人言養心工夫有如此。此在西方哲學及心理學中，皆不易得此意。

中國俗語言「天地良心」。心之良，即是道心。一部中國二十五史先聖先賢上乘人物無不可以「天地良心」四字說之。一部中國文學史，自《詩》、〈騷〉以下迄與晚清，果其成為一上乘作品，亦無不可以「天地良心」四字說之。天則同此一天，地則同此一地，良心亦盈天地間同此一心而已。無此天地，無此良心。非此良心，亦將非此天地。一而三，三而一。此四字非宗教，非科學，亦非哲學，但亦可謂天屬宗教，地屬科學，心屬哲學；宗教、科學、哲學之最高精義亦可以此四字涵括，而融通合一。亦可謂中國文化傳統即在此「天地良心」四字一俗語中。近人提倡新文學，好言通俗，即此四字一俗語，非深得己心，又何以通之？此誠值吾國人之深思矣。

(三)

近代國人慕西化，亦好言自由。實則人生必具一身，身則是一物，其一切結構與作用皆必依物理學條件，無自由可言。西方人認腦為心，腦乃人身頭部一器官，同是一物。故西方心理學實只是生理學、物理學，不能離於身離於物而言心。中國人言心，非身上一器官，乃指此身各器官相互配合而發生之作用言。此一作用，乃可超於各器官，或說超於身，超於物，而自有其作用。

自體用觀念言，西方人則可謂主身是體，心是用，用不能離於體。中國人則由用始有體，離用則體亦不可見。老子言：「三十輻共一轂，當其無，有車之用。」車由何來？由人生之需求道路通行來；有此需要，而產生出三十輻共一轂之車。人由何生？乃由天命。天必命人有所作為而生人，一猶人之需求通行而製有車，故用在先，體在後。

西方人言天，則主言「天體」。中國人言天，乃主言「天用」。如言「天命」，即言天之動作，亦即言天之用。又言「天地之大德曰生」，生是天之作用，而德為其本。但德亦非一物，非一體，實亦一用。中國人又言「氣」，氣亦非物非體而係用。故可謂西方主一「實體的宇宙觀」，而中國則主一「作用的宇宙觀」。故言德氣，又言性氣，但不言物氣。中國人言心，必特重於其德性，而西方人則無此觀念。

又如言「道」，即如一條道路。人需由此至彼，乃行出一條道路來。此一條道路，成為體，其實乃由人之需求通行之一作用來，是亦用先於體。

西方宗教信仰天堂有上帝。實則天堂仍是一體。上帝雖具絕大作用，其居天堂，仍是一體。上帝之一切作用，則全由上帝之體來。天堂中尚有無窮數之靈魂。此無窮數之靈魂，實皆各別為體。得罪降謫，下世為人，則人身外有靈魂，乃分兩體。信仰上帝，好自修行，其身死後，靈魂重得上天堂，則靈魂豈不離其身而可自為一體乎？

但自西方宗教言，如上帝有其作用外，此無窮數之靈魂則僅一無所需求之存在，並無其作用可言。自西方科學言，則萬物各有其作用，但只為供給滿足人類之需求。而人類自身則除以萬物為供給滿足其所需求之工具外，其自身乃若無作用可言，而轉見有反作用。其對萬物之取得，自相鬥爭外，並有戰勝自然、征服自然之想望。人生本由自然來，戰勝、征服自然，豈不即如戰勝、征服自己？故又稱「自我突破」。既稱突破，即失去了自我，豈不為違情失理之尤？至於西方哲學探尋真理，此真理又當為限制束縛人類之自由者。人類本身無作用，則又何自由可言？其病皆在先求體，不得其體，一切乃無著落。

中國人言天，乃一作用。言人生，亦言有魂氣，實亦一作用。而此等作用，其地位乃在體之上，不在體之下。在體之先，不在體之後。中國人言天神，亦言心神。神顯是一種作用，而其地位則在物之上，或可言在體之外。物則只可言物體，不得言物神。

故中國人之宇宙觀乃一動的宇宙觀，乃一作用的宇宙觀。人生分得此動與作用之一部分，人生實即只一心。心必依於身而表現，故其言人生主「安分守己」，又必主「修身」。換言之，人生乃在一大自由中分獲一小自由。周濂溪言「主靜立人極」，所謂靜，即安守此一分小自由，而還通於大自由。所謂「士希賢、賢希聖、聖希天」是也。西方人實抱一靜的、不自由的宇宙觀，故尚動進，尚自由，而種種人生苦惱乃由此起。

嬰孩初生，食衣住行一切不自由，但有一大自由，即其能哭，其父母兄姊僅能供其需求。豈非人生即在自由世界中，只求其能安分守己，確為一嬰孩而即得乎？人之耄老，食衣住行又不自由，但有子孫後輩侍奉供養，豈不仍是一自由？氣中有理，則猶人生之各有其分，各有其己也。惟理則必通於氣以成其理，猶己之必通於人以成其己，心則必通於他人之心以成其為心也。故人類之生，乃一大作用。如嬰孩可以啟發人之慈愛心，耄老可以啟發人之尊敬心。果使人生無嬰孩期、耄老期，則全體人生將為之大變。如飛禽走獸，即無嬰孩期、耄老期。或雖有之，而為時極短暫，故禽生獸生與人生自不同。此即嬰孩耄老之有其作用之一證，此即莊老道家所謂「無用之用」也。

中國人言「人生多福」。始自嬰孩，終於耄老，胥可見矣。此「福」字猶如「三十輻共一轂」之「輻」字，有其限度，非共同會通於他輻，即不得成其用。又如「幅」字亦然。若單獨一嬰孩，單獨一耄老，又烏見其有福？福从示，即神，即能通。如从心之「愊」，果能與人相通，則見為悃愊純一之誠；若其固己自封，未能通於人，則成為心之鬱結。又如「逼」字，相互向外，則惟見其相為逼迫，無以見自由。故人之自由，乃通於人與於人以為自由，非爭於人取於人以為自由。老子言：「既以為人己愈有，既以與人己愈多。」心與心相通之作用有如此。西方民主自由，乃下爭於上以為自由；通商自由，乃我取於彼以為自由。在我則為自由，在彼則為逼迫矣。西方人不重安分守己，務求向外爭取，則惟見一「逼」字。中國人能知安分守己，其心向內，則為一「福」字。其能心與心相通，則為一「福」字。西方人生則不知一福字。即就文字學言，而文化大體亦可見。

故人生多福在能「通人我」。其能侍奉人、供養人者亦是福。如父之慈、子之孝皆是，故有嬰孩，有耄老，即一家之福。范仲淹為秀才時，「先天下之憂而憂，後天下之樂而樂」，其憂天下之憂，此即其心之大通，此即其生之多福矣。中國人之人生哲學主要在此，其心理學主要亦在此。此即〈大學〉所謂「在明明德，在親民」也。故中國人之言心，乃一大自由，大作用，而身則僅為其一工具。西方人則認心只為身之一工具，此則大異其趣矣。

略論中國心理學 二

中國人言宇宙，宇指空間，宙指時間。言世界，世指時間，界指空間。又言天地，則天指時間，地指空間。故中國人之自然觀，乃是「時空和合」融為一體的。西方觀念則重分別。時間空間，相異獨立，而其視空間，一若更重於時間。柏拉圖榜其門，「非通幾何，勿入吾室」。直至近代，愛因斯坦始創為四度空間論，加入時間為空間之第四度，則仍重視空間可知。

西方人於自然，又主物質不滅論。分析又分析，直至最近，達於電子，僅是一動態，乃「能」非「質」。其動態分兩型，曰陰電子、陽電子。於是質的自然，當改為能的自然。靜的變成動的，時間性的重要當更甚於空間性，此頗近於中國人之言「氣」。中國「氣」字兼包動靜，非有動而無靜；又兼融質與能，非有能而無質。但易見者則在其動與能，非無質無靜而僅為動與能，則中國觀念對此一氣字，依然是和合的，與西方觀念重分別的不同。和合中非無分別，而專務分別，則將不見其和合之全與大。

今再言人體。中國常「身心」並言。亦可謂身屬空間，乃物質的；而心則屬時間，乃精神的。隔去時間，即不見有心。心於人身中見其動能，而不屬人身中之任何一部分。心融全身之百體而見其能，但不能離體離物而自成其為能。西方人言心則專指人身腦部言。腦屬物質，乃全身百體中之一體，即體以為能，是則乃限於身中之一體以為心。故西方人之心理學，依中國觀念言，實只能稱為物理學、生理學，或竟可稱之為腦理學，而不能超乎物與身與腦之上，別有一心。依中國人觀念，心身一體，即心物一體。但此中國人之所謂「心」，西方人亦不能盡加以抹煞，於是遂於「心」與「物」又加以分別。在西方哲學中，乃有唯心論與唯物論。實則西方哲學唯心論之「心」，與西方心理學之「心」，顯已有不同。而中國則斷無唯心、唯物之分。一如西方之四度空間，不能於空間外另見一時間，時間即附屬於空間。中國觀念則時間、空間相和合，心與物相和合，而融成一體。中國人合言天地，天地亦和成一體。西方人言天亦猶其言地，天文學與地質學相類似，而別有一宗教信仰之天，則與其天文學所言之天有不同。此乃中西雙方觀念之大不同處。若以唯物為偏左，唯心為偏右，則中國乃不偏左不偏右，而是綜合中立的。

中國人又稱此曰「太極」。太極動極而靜，靜極復動，和合為一。此一太極，更無與之為對立者，故曰「無極而太極」。有與無，仍是和合為一。然則在西方最後分析所得之電子中，不見質，不見靜。苟依中國觀念，則電子中仍必有質有靜，不能偏動偏能以為萬物主。

西方有哲學有科學，皆從分別來。中國重綜合，因此在中國學術中，乃並無哲學科學之分別而各成一專門。

最近三年前，在中國大陸發現了許多人體特異功能之事實，震動視聽。尤以其反科學而確有此現象，不得謂之是迷信，而有待於科學上之新解釋，遂成為大陸一時嶄新一問題。

舉其著者，如紙上書一字，捲成一團，納入耳中，具特異功能者即能知此字。為何不用目視，能見字形？此誠一奇。又如取一書坐臀下，其人能知書中第幾頁第幾行之第幾字為何字。又如取衣上一紐扣置帽下，具特異功能者即能知係一紐扣，但已不在帽下。揭而視之，果已不在。問在何處，云在隔室桌上。往視，果然。後其人又言此物重在帽下，揭視則果赫然在矣。如此之類，舉不勝舉。西方科學心物相異，偏重物質空間，此等事誠屬怪異。中國人向主心物和合成體，則外物移動，未嘗與心無關。亦可謂此等同屬心理現象，不必偏向物質上探求。但亦非專屬心理學，須心理、物理混為一體求之，庶可得解。

又具此特異功能者，皆出幼童，多在四、五歲至七、八歲之間，又多在女性。男性亦有之，與女性相比，約在四與六，或三與七之比。年漸長，則此能漸失。又試驗時不能有多人在場，最多不得超十人，儻圍觀人多，即不驗。又有時須無旁觀，由一人為之測驗。每一測驗，此童必倍感疲勞，故其父母亦深不願多所試。

觀此，知此等乃人心之本有功能，亦可謂是人心之自然功能。及其漸長，多在人事上歷練，則此等功能漸失去。但經特殊訓練，年長後，仍保有此功能者，亦可有之。此等事，中國社會常見不鮮。余少時在鄉間，曾見一畫辰州符者，肩挑一擔。來一農，病腿腫，求治。彼在簷下壁上畫一形，持刀劃劃，鮮血從壁上淋漓直流。後乃知此血從腫腿者身上來，汙血流盡，腿腫亦消，所病霍然而愈。腿上血如何可從壁上流出？此誠一奇。然實有其事，則必有其理。惟其理為人所不知，卻不得謂之是邪術。又幼時聞先父言，在蘇州城裏，一人被毒蛇咬，倒斃路上。來一畫辰州符者，環屍劃一圈，遍插剪刀數十枝，刀鋒向地，開口而插。彼念符後，蛇從各處來，皆從剪刀縫下鑽入，以其口按之斃者傷口，大小不符，乃退，從原刀縫下離場而去。如是來者十許蛇，後一蛇，始係咬死此人者。以口接死者傷口，吸其血中毒既盡，仍從其原刀縫下離去，刀縫忽合，蛇身兩斷，即死。而路斃者已漸蘇，能坐起立矣。此實神乎其技矣。

辰州符能令離鄉死屍步行回家，始再倒斃。此事流布極廣，幾乎國人皆知。據聞對日抗戰時，有兩美國人在湘西親睹其事，曾邀兩術者同赴美國實驗，俾科學家探討，許以鉅金為酬。兩術者拒之，謂：拜師受術時，曾立誓不為牟利。如獲巨金，恐所受術即不靈。凡屬中國社會此一類奇異功能，皆出祕傳，皆不為牟利，此又是心理學上一大問題。苟為牟利，即不傳，得傳亦不靈。最近又聞美國有一三十以上人，亦擅身體上之奇異功能，惟須得美金一百五十元即一試，此亦美國文化顯然與中國文化之相異處。惟此人所擅何能，惜未詳問，在此亦難深論。

或謂中國人遇事每不問其所以然，苟見其然，即試加應用。今大陸即如此，如令幼童具此等奇異功能者，在醫院看視病人身體內情況，較之愛克司光尤靈。又警察人員更知重視利用，因幼童具此異能者，能從犯人身上看得其既往之一切。如竊盜罪、兇殺罪等，描繪罪狀，鉅細畢真，令犯者無可隱遁，則豈不此等幼童當前即見有大用。但在此上又另有問題。

在中國社會上，此等事既所屢見，即讀二十五史之〈五行志〉，所載各事，類如此等奇異者，已甚繁夥。如司馬遷《史記》，即載扁鵲能隔牆見物。果能分類整理，已可彙成大觀。其他雜見於筆記小說中者，亦甚多。即如王安石〈傷仲永〉一文，仲永在幼童時已能詩，不經學而吟詠成章。為年漸長，而盡忘之。因其事關文學，故荊公特為文傷之。其他事涉神異，中國古人不加重視。乃人有道，每一人各有其前途，不當因其有特異表現而遽盡量加以利用，豈不轉毀其人之前途，可惜非可喜。如令幼童在醫院中診視人體，則此童乃成為一架機器，再無其他前途可言，可惜大矣。孟子曰：「人皆可以為堯舜。」此乃人生之大前途，故教之孝悌，教之忠信，行有餘力，則教以學文。診視病體，自可運用各種醫術及儀器，豈得犧牲此幼童之前途而全為此職？此即有違於此幼童之全生命，而此特異功能亦遂消失而不存。

又如死在異鄉，自可移棺歸葬。使習辰州符術，能令死者步行回鄉，較之移棺歸葬事若輕便，而習此術者，終身乃無更好前途，豈不更可惜？仁者所不忍，故其術終僅流傳於一地，未有人特加提倡，使廣行於全國。亦有中國文化大傳統人文大道在後作主，豈僅加忽視而已。

又此等異狀，今在大陸發現者亦有在窮鄉僻壤中，更多在附郊生聚較密處，如昆明，如重慶，如北京，如上海，所在多有，並為數甚不少。此亦一奇異現象。竊意雖其表現多在幼童身上，而心理淵源恐當溯之其父母家庭，並推廣之於全社會。大陸當前社會風習轉變，禍亂之深，變化之大，實為中國有史以來所少遇。無衣無食，其物質生活簡儉之極，已到無可再簡，不能更儉之地位。而其內心所存，則平淡寧靜，無可欲，無可為，不思前，不想後，一味順應，不作主張，而亦無怨無怒，心空無有，此乃近於中國道家之人生修養標準。而當前大陸無知無識之匹夫匹婦，乃竟不學而能，不求而至，在此大環境之共同心理下，乃有此種異常功能之呈露。當前大陸人生之多壽，亦其一例。其所生子女之多具心理上之特殊功能，或亦與此有關。此等特殊功能之發現，在中國社會較多於其他社會，而在最近則幾於到處可遇。此等事態，宜當仍據中國文化傳統與其理想與觀念來加以研究說明。惜不在大陸，無可細加審察。而此等現象乃一時之特有，可加以探索與討論者，或不久即消失，實亦無可作詳究。

抑且人為萬物之靈，遠自原始穴居人以來，有巢氏、燧人氏、包犧氏、神農氏，人文演進，綿迭不斷，以迄於今，莫非出於人體功能。所謂天所命，人之性，大通正常，此乃人道日新之大本大原。至於幼童偶有特殊表現，如今大陸之所呈顯，亦可謂如天上之有彗星，有冰雹，為怪不為常，為奇不為正，特出非可通。逮及成年，遽爾消散。一時驚動，謂可利用，欲加培養，使其常然，乃失性命之正，亦違道之大。即就其個人論，亦成為一奇怪特殊之人，非正常大通之人。拘於一曲，傷其大方，亦可惜非可羨矣。

《莊子・內篇・養生主》有言：「生也有涯，而知也無涯。以有涯隨無涯，殆已；已而為知者，殆而已矣。」人之生，微小短暫；而宇宙自然，則廣大無垠，悠久不已。以微小短暫之生命，追隨此悠久廣大之宇宙以求知，則所得幾何？西方社會重知，所謂自然科學，遠起希臘，迄於近代，凡所發明，無大無小，豈能以千萬計。西方人之所自傲，舉世之所共仰，無逾於此。然即以今日中國大陸人身各種特殊功能之呈露，幾乎西方自然科學各門各科之知識乃無可解釋。抑且與其已有之知識幾若處於相反之場面。今既事實具在，不得以不科學迷信一語輕加評斥。則今日西方已有之所謂自然科學，非改變其規律，轉換其觀點，有難以並存而互容者，則知識之可恃而不可恃，莊子所言，即此一例，亦可謂信而有徵矣。

老子亦言：「古之善為道者，非以明民，將以愚之。民之難治，以其智多。故以智治國，國之賊；不以智治國，國之福。」今人讀此，必以老子主愚民政治譏之。然即就近代論，第一次第二次世界大戰接踵而起，但皆起於歐洲，知識遠超於他邦，而所受災難亦最甚。此非老子之言亦信有明徵乎？兩次大戰，創鉅痛深，而西方受此刺激，不加反省，各方知識反加速邁進，至今不四十年，已稱為知識爆炸時期。而第三次大戰之凶兆，亦隨而呈現。苟非有大轉機，則其勢已不可免。其他並世諸邦，皆從兩次大戰中解放，而西方知識亦隨以進入，乃其民之難治，亦獲得相似之進步。今日全世界已陷入一大動亂之局面中，果問何以致此，則知識之增進實當為最大之主因。何以息此動，平此亂，則仍賴知識。試問美國最新成功之太空梭，其可平息此世界之動亂否？莊子曰：「已而為知者，殆而已矣。」果賴太空梭來平治天下，不啻為天下增危殆，而核子武器則猶甚。

儒家言與道家稍不同。儒家以智、仁、勇為三達德，然儒家言「智」與道家言「知」有不同。孔子曰：「智者樂水，仁者樂山；智者動，仁者靜；智者樂，仁者壽。」孔子言智，乃一種流動之知，當隨時代以俱變，非可奉一時代之所知以為萬世之規律，故孟子稱孔子為「聖之時」。時間變，則空間亦隨而變。孔子言「百世可知」，乃指時間，不指空間。而西方知識重空間，又於空間多加分別，或專治天文，或專治生物，互不相顧，此猶其大者。一天文學家，長夜不離望遠鏡，積數年數十年之勤，忽發現一新星，其在恆河沙數之太空星群中，曾滄海一粟之不如，然不得謂非一新發現。一生物學家，竭其畢生精力，專治一洋老鼠，或一微生蟲，亦不得謂其無新發現。然與宇宙之廣大悠久，竟何關？與人生之禍福治亂，又何關？然而盡人之精力，則都從此等處費去，誰復來顧及人類當前共通之大問題所在。

即就西方近代傳授知識之大學言，分科分系，門類龐雜，而又日加增添。如文學院有文學、史學、哲學諸科系，治文學可以不通史學，治史學亦可不通文學。治文史可以不通哲學，治哲學亦可不通史學、文學，各自專門，分疆割席，互不相通。法學院則有政治、社會、經濟、外交、法律諸科系。進法學院可以不理會文學院諸科，進政治系可以不通文、史、哲，亦可不通社會、經濟、外交、法律諸科。其他各科亦然。尤可異者，在大學階段中，又增設有警政一門。當一政治家僅須大學四年即可畢業，當一警務人員亦同須大學四年畢業。又如商學院，增設有廣告學系，須四年畢業。但經濟系、商學系亦同於四年畢業。而在理工學院內，則分科分系更屬龐雜多端。今日西方人競稱自由、平等、獨立諸口號，其實在其知識領域內，即屬自由、平等、獨立，無本末，無先後，無巨細，無深淺，無等級，無次序，無系統，無組織，要而言之，則可謂之不明大體，各趨小節。知識領域已亂，更何論於人事。

試舉最近一小事論之，如雷根之遇刺。雷根乃美國新當選之大總統，美國號稱民主政體，一切重法治。雷根上任不久，在政治上未有大缺失違於民意。刺之者，亦非於雷根有私冤，僅為戀愛一電影女明星尚在大學肄業者，其行刺乃以表示其對此女之愛情。可謂不倫不類，胡作妄行。雷根當據美國總統地位明斥其非，嚴懲其罪，以尊重法治之大義，昭告於美國之大眾。奈何乃以不念私仇，卻求此刺者早得恢復其情緒之安定。此亦可謂不識大體，於總統之位為失職，乃亦竟無一美國人能議其失者。

雷根遇刺後不久，又有羅馬教廷教宗之遇刺。教宗方屢言墮胎非法，若謂墮胎有傷人道，則行刺又豈人道所許？且雷根遇刺即在不久之前，教宗為宣揚耶穌大道，自當明斥行刺之非道尤甚於墮胎，藉以昭示全世界教徒，當引以為深戒。而教宗亦未一言一辭及之，亦如雷根，僅如一平民，只以不念私仇，若可提高其一己之地位。此亦可謂之不明大體。以一美國大總統，以一羅馬教廷之教宗，其地位身分同在全世界普通人之上，而其遇事發言有如此，則試問此下行刺之風大行，又豈不為世界動亂增一不可遏制之先兆乎？若依中國人規矩，則弒父弒君，皆為大逆不道。今國人方慕尚西化，必譏此為帝王專制，又鄙之曰封建頭腦。而雷根與教宗，亦當為國人崇奉西化者所稱道。要之，文化不同，觀念不同，孰是孰非，孰得孰失，仍當另有標準來加衡定，未可謂西方即是，中國則非，如此一概以判也。

中國以農為主，工業副之，商業更在工業之下。故凡人生直接所需，食衣住行，皆由農工各業直接產生。西方則商業為主，工業副之，農則被視為奴。賴商業利潤獲取財富，則一切所需皆可由財富求得。故中國人生乃直接的，而西方人生則可謂是間接的。知識類型亦有此別。中國知識皆由人之共通內部生出，而西方知識亦由分別的各向外面索覓。中國知識如農工之耕稼製造，可以直接享用。西方知識亦如資本財富，據此來再求人生之滿足。故中國知識如修、齊、治、平，皆反求之己而得。西方知識如哲學科學宗教，皆分別尋向於外，而在己則空無所有。猶憶五十年前一女友，自天津來北平，去協和醫院診療眼疾。先赴眼科，據稱無病，囑赴其他諸科。一週來一次，借宿余家，輾轉五六次，積兩月以上，不得其病所在。歸途在一小藥鋪偶購中國土製眼藥一小瓶，點眼，霍然而癒。凡中國藥物，所謂神農嘗百草，皆由直接經驗積累而來。自西方醫學視之，皆屬無理論，不科學，而亦能治病。西方醫學則主要在人體解剖，先對人身分別有明確知識，建立理論，然後製造藥物，以為對治。故其藥物亦全屬無機的，非自然的，由人工特製而成。其視人體亦如一架機器，其藥物亦同是一架機器，以機器治機器，於真實人生則可謂是間接的。而中國醫藥則以生命治生命，可謂是直接的。直接有驗，中國人加以信受，亦自成一套理論，主要則在一「氣」字上。而此氣字，則在人體中乃一玄通的，抽象的，不分別，不具體。西方知識決不以此為憑。然中國醫藥知識實得之於自然，既實在，又直接，並有驗，不待組織成為一套理論。故在中國知識類型中，乃無西方哲學科學各體系之分別成立。即如最近大陸所發現之各項人體特殊功能，雖亦自然而具體，然依中國傳統意態，則此等事象雖亦屢有發現，但因其與人生修齊治平之大道非有直接關係，遂置之一旁不加理會。朱子《大學・格物補傳》曾謂：「即凡天下之物而格。」又曰：「因其已知之理而益窮之。」則必於傳統之共同性上用心，而奇聞異見有所不顧。自西方之求知意態言，則每一事項同屬知識範圍，同須研求。因此中國知識界每重通識、常識，易於和合，而不尚新異。西方知識界則分別離散，不能集中。正如西方資本主義之人生，各擁財富，相互爭衡。一反其弊，則有共產主義之崛起，要求盡廢私財，而統歸於一。而在中國人生中，則並無此等分裂之發生。在和合中當然有分別，而在分別中又必求其和合。人生然，知識亦然。

孔子曰：「知之為知之，不知為不知，是知也。」老子亦言：「知不知，上。」是中國人言「知」，必同時承認有「不知」，乃始為知。抑且不知常多於所知，故曰：「吾有知乎哉？無知也。」中國人所重則在「行」。人不能盡其知，但必當盡其行。中國古人言：「知之匪艱，行之維艱。」此為「知易行難」說。王陽明主「知行合一」，近代孫中山先生言「知難行易」，三說各不同，然言知必及行，則一也。故曰：「言顧行，行顧言。」所言即其所知。故中國人之「知」與「行」，亦必求和合為一。西方則知、行亦加分別。如言自由、平等、獨立，多指行，少言知。科學家亦多信宗教，亦即知、行分別之一例。故中國人好言「道」，而西方人好言「真理」。道者，人人之所行。而真理則在外，屬知識，乃西方哲學家、科學家所探究。非若中國人言人道，乃人人所奉行，貴於人人反己求之，躬行實踐，不貴外此而多知。

孔子曰：「五十而知天命。」人受天地之氣以生，天之命於我者是謂「天性」。天命亦稱「天賦」，天之所賦，即人之所稟。天賦此性於我，斯天即稟於我之身，則天即已在人之中，故曰「天人合一」。性之可見則為心。孟子曰：盡心知性，盡性知天。其所知於天者，則仍是人所稟賦之性。故中國儒家則最重心性之學。道家不言性，而言氣；不言心，而言自然。實皆天之所稟賦。其屬天，則曰「道」；其稟賦而在己，則曰「德」。此則儒、道之所同。老子曰：「同謂之玄。玄之又玄，眾妙之門。」萬物若相異相反，而同出此玄，順此大同，無可違逆。惟道家「原其始」，而儒家則尤能「要其終」。故中國道家可稱為一門精深之自然科學，而儒家則可稱為中國一門宏大之人文哲學。而此科學與哲學之兩門，在中國又能會通而為一，和合而無間，此誠中國文化學術史上一特異傑出之表現。西方所謂自然科學，不僅向身外求，並亦反自然。一切科學發明，莫非違反自然，以供一時之利用。其所謂人文科學，則亦反人性，以求一時之利用而止。此之謂功利主義，與中國人之道德主義大不同。故中國人言「順」，而西方人則言「爭」。見之人事，顯然自判。

中國人言道，必曰「大道」；言德，又曰「同德」。其「大」其「同」，則胥於己之一心日常體驗得之，不煩外求。大之至，同之極，則達於一天人，合內外，亦胥驗之於日常之一心。此心實兼知識與行為而一之，亦兼天地萬物而一之。寧有知行而不涉於外者？然知行必內本於一心。此心何自來？則來自外，來自天，亦可謂來自自然，而可操於一己之內在。此可謂乃此心之全體大用，而眾物之表裏精粗亦無逃於此矣。故「大道」、「同德」，盡在此心，亦稱曰「常心」，或「日常心」。一日一剎那，乃至千萬世之心，此體恆常而無變。西方人則知行分，心物分，內外分，每專據一事一物之知以為推。互不相通，則啟爭。如天文學發明了地球繞日，非日繞地球之新理論，一時爭議大起，發明人至陷於死地。但此說來中國，中國人即加接受，無爭議，於中國人所理想之大傳統亦無變。又如生物學發明了人自禽獸變來，禽獸又自微生物變來。西方此說新起，亦啟大爭論，至今尚未獲一肯定之解決。但此說傳來中國，中國人即加接受，亦不起爭議，而於中國自己大傳統亦可無大變。但如最近大陸發現此種種人體特殊功能，與西方自然科學之理論大相違悖，進加研究，則不能不於西方之知識傳統有改變，其所影響當甚大。今日國人方競言求變求通，如此等處，西方人所稱之知識真理，非變則不能通。知識真理如此，則人生行為亦如此。舊者不可守，新者又無所知，則惟日在求變求通中，而謂之為進步。則最近自一次二次大戰後，又接踵將來三次大戰，豈亦人類之進步所在乎？中西文化大不同處正在此，是宜深加研討者。

又如紡織業，中國積古相傳，歷四五千年。綢緞錦繡，精益加精，非有大變。自倫敦創為紡織機，一機一日所成，可超百人晨夕之勤，大量來中國銷售，中國乃淪為次殖民地。而英國人又濟之以海輪運輸之便，槍砲擊殺之利，所謂資本主義、帝國主義，皆由此建基，本非有高見卓識，深謀遠慮，創為此等主義，以為英國謀前途無窮之福利。而一兩種機器之創新，乃使資本主義、帝國主義積漸成立，世界為之變色。而一次二次大戰，英倫亦自受其禍。往前盛況，勢難復有。其盛其衰，恐皆非英國人事先所能想及。遇可則進，遇不可又不能退，今日世界形勢，乃全為科學機器所操縱有如此。又如馬克斯，百年前旅寓倫敦，目睹當時工廠情況，發為資本家剝奪勞工利潤之說，不可謂非一種持平之論。而必由此推演創為唯物史觀、階級鬥爭之新論，則遠非世界人類文化演進之真理所在。演變至今，共產主義與資本主義對立，三次大戰危機，亟亟可待。此豈馬克斯當年所想像及預料之所及？全部西洋史，亦可憑此一例，推闡說之。

中國人求知態度，以通常有關大體者為貴，不據特殊僅占部分者為憑。求知態度既不同，持行方針亦自別。西漢時代即有鹽鐵政策之推行，則資本主義決不會在中國成立。而唯物史觀階級鬥爭之理論，亦決不會在中國學術中產生。如今日大陸已三十餘年，飽受馬、恩、列、史之苦果，乃轉向美國資本主義路線，又決非福國利民之圖。如何為國家民族自尋出路，此乃大陸中國知識分子所應擔負之惟一大問題。然而遇見幼童身上發現了許多特殊功能之狀況，則群情轟動，專家、學者、學校、師長乃及政府官吏，莫不注意及此，認為當前之一大發現。此亦如西方三次大戰危機將臨，然而知識界之分門別類，有興趣注意者，依然層出不窮。誰來在核子戰爭之前因後果上去用心？仍惟分門別類，知識分散，興趣分散，力量分散，而大變之情勢，則不能亦隨之分散。此誠一無可奈何之事實也。言念及此，感慨何極。

朱子教人即凡天下之物而格，非教人專格一物。王陽明格庭前竹子，已失朱子之本意。西方人如牛頓，乃專格蘋果落地，而發明其萬物引力之說。但為所畜大小二貓，在書齋牆下分闢大小二洞。不知一大洞，大小二貓皆可通。牛頓於此事未格，乃如一愚人。牛頓亦信耶穌說上帝，既為一科學家，仍為一宗教信徒。達爾文亦然。既為一生物學專家，專研生物進化，但亦仍為一宗教信徒，信上帝耶穌。故西方之學雖各成專家，而仍可有其共同相通處。此誠西方心理學上一深值研討之問題。

又如中國人好共通觀，率好言西方人。不知如英、法，如德、意，如荷、比、葡、西，如其他各國，皆各別異視，貴獨立，亦貴中立，而互不相通。又如近代西方人，率排除蘇維埃，分別之為東方，不同視為西方。又如猶太人，亦不當列西方，然如耶穌言上帝，西方人乃群加信奉，成為一宗教。馬克斯言社會經濟，唱唯物史觀、階級鬥爭之說，西方人亦未以其為猶太人所言而排之。又如佛洛伊德，認為父母子女之互愛，有男女異性戀愛之變態心理、病態心理之存在，西方人亦流傳共信，成為一專門學問。中國人言慈孝，乃天命之性，與佛洛伊德說大不同。西方人亦有讀中國書治漢學者，乃獨於此始終未見有接受。而日本鈴木大拙據佛家禪宗言，對佛洛伊德加以反駁，西方人亦加接受，一時轟動。是西方人不僅能接受猶太人言，亦能接受印度人言，即如古埃及金字塔之類，西方人亦加深羨，則西方人實非專己自守。獨近代中國人則一信西方，猶過於西方人之自尊自信。依近代中國人觀念，猶太人、印度人，豈能與西方人相比？然此實乃近代中國人一心理狀態。一切學術異同，人事異同，實莫不有人類心理寓乎其間，此非深值研尋一問題乎？

今西化已遍布全世界，各民族、各國人，無不自尊自信，曰自由、曰平等，互不相下。如阿拉伯人、如猶太人、如印度人、如非洲黑人、如美洲紅印度人，莫不然。惟中國人乃獨尊西方，自卑自謙，西方則屬新而可信，中國則舊而可鄙。此亦中西雙方心理學上異同相較一大值研討之問題。

中國古人言：「非我族類，其心必異。」或此語亦當鄙斥。要之，如宗教、如科學、如哲學，其間莫不寓有心理學問題。則誠如朱子所言，當「即凡天下之物而格，而後眾物之表裏精粗無不到，吾心之全體大用無不明」。至少此亦是朱子個人一番心理學。凡治心理學者，宜亦有以善闡之。而凡治宗教信仰與治哲學科學者，亦所不當忽。其然，豈其然乎？

略論中國史學　一

(一)

中國思想之偉大處，在其能抱有「正反合一」觀。如言死生、存亡、成敗、得失、利害、禍福、是非、曲直，莫不兼舉正反兩端，合為一體。其大者則如言天地、動靜、陰陽、終始皆是。

今言前後。空間有前後，時間亦有前後。依空間言，眼前面前謂之前，一切行動必向前；儻須向後，則須轉身，仍向前。但時間則過去謂之前，未來謂之後。人之一生，自幼到老，乃從未來向過去，始謂之向前。今謂人自幼童向青年，向中年、老年，則成為從過去向未來，乃退後，非前進。成為由生到死，過一日則少一日，漸近死，漸離生，豈不成為人生之倒轉？

人生貴有「積」有「成」。生日積，則幼童成為青年，又由青年積成為中年、老年，此之謂「壽」謂「福」。人生須多壽多福，待其死則此生已畢，非為由生進到死，乃為其生已盡，變而為死。但生死正反可合，實為一體。在我之前，早已有生。父母即我之前生。由父母生我，我乃父母之新生，父母乃我之舊生。亦可謂父母乃我之前生，我乃父母之後生。使無父母之前之舊，又何來有我之後之新？新舊有如前後，亦正反相合。中國人好言「水源木本」，木屬有生，末不得離其本。水若無生，逝者如斯，一若其流日離其源以去，實則流即其源，無源則無流。故自然日新，而實永恆是一舊。人文亦豈得違於自然？則何可捨其舊，而新是謀？

中國乃一宗法社會，一身小生命之上，尚有一家之大生命。我生以前，有父母祖宗；我生以後，有子孫傳世。而舊尤重於新。家則必稱舊家，人則必尊老人。人老家舊，中國人則謂之福。

由人生之積而舊，乃有成，乃有史。一人有一人之史，一家有一家之史，一國乃有一國之史。以孔子為例，孔子一人有其史，其家亦有史：自孔子迄今，已傳七十餘世；自孔子以前，尚可推溯以至於商祖契，當亦有數十世。則孔子一家已歷四千年以上。其實中國每一人每一家皆然，惟孔子可供作標準之一例。而中國亦已歷五千年而長存。

然則人生向前，乃向古老往舊之前，而日積日成。此後未來，胥當向此過去而前進。近人言歷史不可變，人生則胥向此不可變而前進，即向此已成之局而前進。在其過程中，則不斷有新的發現。祖宗乃一家之舊，子孫則此一家之新。一切新則胥向此舊而前進。故曰：「周雖舊邦，其命維新。」儻無新，則其舊將失去，不得仍為舊。惟中國乃為舉世其他民族中之最舊者，歷世已五千年以上。即讀一部中國史，例證顯然矣。

今人乃謂歷史乃由舊向新，實則新在後，舊在前，歷史與人生皆當向前，不當向後。若向後，則成倒退，烏得謂之前進？今惟當由未來前向過去，不當由過去倒向未來。因過去在前，已顯已知，已有定有成，乃有意義與價值；未來則尚隱不知，無定無成，乃無意義價值可言。今一世人則群求鄙棄此已見、已知、有定、有成之有意義與價值者，轉身倒向於尚隱不知、無定、無成、無意義與價值之一途而邁進，遂使此世界落實到今日不知明日之悲局，是誠大可浩歎矣。

人之求知，亦惟知其過去之舊，不能知其未來之新。中國史學言「鑒古知今」，凡其所知於今後者，亦本於其知於前古者，而推以為知。故孔子曰：「述而不作，信而好古。」苟於其前古一切不信不好，則自我創造亦惟無把握冒昧危險之一途，他又何言？

故求深切體會中國民族精神與其文化傳統，非治中國史學無以悟入。若如宗教、哲學、文學、科學其他諸端，皆無堪相伯仲、相比擬。

今再以當前淺近處具體言之。今日人生已成為一機械之人生，如電燈、自來水、種種日常生活，皆賴機械，電腦尤然。非賴機械，人生將無以度日。現在世如此，未來世益然。百年前馬克斯已唱為唯物史觀，此下「唯物」當轉為「唯機械」。如太空飛行，近人乃謂當以征服太空。其實所能征服者，僅地球附近四圍之太空，實亦未能真征服。外此尚有太陽系之太空，尚有不知幾千萬倍以上之整個自然體之太空，豈當前機械所能征服？當前機械之真所征服者，實乃當前之人生，亦即當前之人心。而人心終有所不甘。人心儻肯甘受機械征服，則核武器之發展當使人類不再有戰爭。今則一反其道，戰爭危機更逼前來。今人乃謂未來世向現在世挑戰，實則仍是現在世在領導未來世。而舉世人心於此終不悟，此因人心已受機械之奴役，人心亦已機械化，而不能再自主。則世界末日，乃機械征服人類。人類消滅，機械亦即告終。莊周言：「指窮於為薪，火傳也，不知其盡也。」但薪之為火，亦一自然。而人心之創為機械，迄至於今，實已違背了自然。故中國道家乃並求廢桔槔，謂其啟機心。機心起，則機械自亦隨而起。

馬克斯分當前人類為「有產」、「無產」兩階級。實則人生不能無產。惟當前人類則憑機械為產，故人類當同分得此機械。馬克斯之意，亦僅至此而止。但如當前之蘇維埃，擁有更多核子武器，則轉成為人類之災禍。此則馬克斯所不知。就當前論，主殺伐者，如核武器之類當廢；主生產者，如電腦、電燈、自來水之類，則可不廢，但當有所限制，不當求其無限之發展。當追隨於人類之自然生活求發展，不當違反於人類之自然生活求發展。人類生產當求以農工為本，不當以商為本。農工乃係生產，而商業則非生產。故商業乃朝向於農工而前進，非農工朝向於商業而前進。此亦中西雙方歷史演進一分歧處。

孔子十有五而志於學，三十而立，四十而不惑，五十而知天命。人類從自然來，仍當重其自然，乃可望舊人類進為新人類。求能立，即立在此自然，即立在此過去與現在中，而始能領導主宰其未來，勿使未來之「新」來干擾損害毀滅此過去現在之「舊」。故必先能立，始能不惑。立此舊，始能不惑於一切未來之新。則人類之新，亦以完成此大自然之舊。此之謂「一天人，合內外」。則有因有革，雖百世而可知矣。

孔子又曰：「(富) 如不可求，從吾所好。」富貴須求之於外與未來，所好則在己之一心之當前與過去。求之外與未來，中國人謂之「欲」。吾之所好，在己心，在當前，在過去，不求自得，中國人謂之「性」。機械則從欲來，不從好來。人生能從過去世、現在世以直達未來世者，此惟性，性則己之所好。因其性而有革，乃能趨向於更可好者，中國人謂之「化」。一切變，當在化之中。以所欲，變所好，則變而非化，中國人乃以此為戒。欲而違其性，自毀其舊以求變，變而日新，乃終不見所好，此則人生之悲劇矣。此理甚易見，善讀人類已往歷史，自能知之。西方人不重歷史，此則其大失。近代科學日新，電腦核武器一切機械皆起於欲，非所好。中國人言「立」言「達」，立於所好，始能達其更所好，亦惟「從其所好」而已。孔子曰：「我欲仁，斯仁至矣！」求仁而得仁是也。電腦、核武器既非人性所好，非可於此立。非所立，又何所達？核子戰爭又豈人之所欲達？故現世所將達，乃無人能預言，亦且為人心之所懼。

(二)

中國人言：人惟求舊，物惟求新。人與物，大體乃有生與無生、人文與自然之分別所在。生命時間延續，新生命皆從舊生命中開發成長。物無生命，僅占空間，舊物已成，新物則待另製再造。故生命富「共通性」，而無生物則富「分別性」。中國人重農，日與生命接觸，故中國人觀念亦富共通性、生發性。西方人重商，售貨牟利，貨品多屬無生物，故其觀念乃多傾向分別性與創造性。

抑且物供人用，如電燈助人視，電話助人聽，電腦助人記憶，機器人助人操作，其用處各別，故貴「專」。生命則一體之內各部相通，又貴與體外相通。中國人言：「人為萬物之靈。」靈即其通之尤者。故其於行為、思想、知識皆貴「通」。

語言通達人心，但各地方言可各不同，又難長時間綿延不變。西方有希臘語、拉丁語，以及現代諸國語，既無共通性，亦無綿亙性，亦如一物，日創日異，分別日增。其文字即代表其語言，西方文化正可據此推論。中國人則於語言之上更創文字，求其更相通，而更可久。而中國文字乃亦如有生命性。一部《康熙字典》所收字不到五萬，而日常通用字亦不到四千，或可更減至一千字，而通用全國已達三、四千年之久。新增事物，皆可用舊字配合應用，不煩再造新字。如電燈、電話、電腦、機器人等，一切新器物豈不只用幾個舊字即夠？現世然，後世亦將仍然。中國之得為一廣土眾民大一統之民族國家，文字之用亦有其大貢獻。〈中庸〉所謂「車同軌，書同文，行同倫」，西方直到現代，僅於物上達到「車同軌」之一階程。書同文，行同倫，皆非其所有。

中國文字應用，尤貴其在人心觀念之相通上。如身、家、國、天下四觀念，中國人沿襲承用已達三千年之久。中國古人已知於國之上當有更高一層之摶合，即為天下。當時中國人知識尚不知一亞洲，更何論於五大洲。但此「天下」一觀念，至今仍可承用。西方人則於國之上並無一天下觀，至今仍僅有一國際觀。國與國之間有問題，何從得解決？當前舉世大亂即由此。

國與國之間，有共通事，有相互事，非列國分別所能解決。如唐虞時代之洪水為災，此乃列國共通事，乃共同朝向中央政府，積堯、舜、禹三帝之力而得解決。又如虞、芮相互有爭，乃朝向於西伯昌即後世所稱之周文王以求解決，所謂「虞芮質厥成」是也。中國古代於列國諸侯之上有天子，其實天子亦如一諸侯，僅治其王畿之內之本國事。惟為其他諸侯所朝向，乃兼管天下事。

惟此一共同所朝向者，亦必歷時而變，故言「朝代」。唐、虞、夏、商、周，或禪讓，或征誅，有朝即有代。秦以下，中國全國僅一中央政府，但如漢代、唐代，皆有代，故中國人言「自古無不亡之國」。惟尚有「天下」在其上，范仲淹「先天下之憂而憂，後天下之樂而樂」，顧亭林言「天下興亡，匹夫有責」是也。實則中國人之天下觀，亦如西方人之社會觀。惟西方則社會在一國一政府之下，而中國之所謂天下，則猶在國與政府之上。國有別，而天下可無別。故中國人在野尤尊於在朝，而道統則尤尊於政統，此則非西方人所知。

以現代國際形勢論，如舉世一百五六十國，果使共同朝向於美國，蘇維埃亦仍是一國，仍可處理其國內事。惟遇國際共通事，或相互有爭，則由美國為之平定。倘美國不勝任，舉世改朝向蘇俄，此則另是一代。但美國則仍是一國，仍得處理其國內事。中國古代之封建政治乃如此。苟能為現世慕效，豈不舉世可得和平？中國古人則稱之為「大同太平世」。列國分治，則僅得有小康，不得有大同。故中國於治國之上又有「平天下」一大道。中國之「行同倫」，必達之於天下，即〈大學〉所謂「明明德於天下」是矣。

春秋末，孔子、墨子以下，中國士人盡不守國別觀，而均趨於天下觀。百家群興，歷兩三百年而乃有秦代之統一。西方中古封建時期，有神聖羅馬帝國之理想，庶或相近。但耶穌言「凱撒事凱撒管」，主「政教分」。中國先秦諸子，則主「政教合」。故中國開創有秦漢以後之統一，而西方之神聖羅馬帝國則終成一空想。至如現代各國知識界，則各抱國別觀，均無天下觀。苟使無如中國歷史上戰國一段之演進，則何能由中國唐虞三代之封建政治，走向秦漢以下郡縣之大一統制，乃可舉世有一最高中央來領導，此即中國人所謂平天下之大道，非今人之所能想望矣。

主要病徵，在舉世西化，重物而輕人，喜新而厭舊，不知以現在世來宰制未來世，而都求以未來世來改變現在世。本末顛倒，虛實混淆，人盡待之未來之虛，又於何處用力？抑且中國政治必「尚禮」，禮則本於人之性情，亦富生命性。西方政治「重法」，法則必仗權力行使，本於外，非可歸之內，無生命性。故禮亦心，法亦物。故中國文化可謂之乃一種人本位之人文化，亦可稱人倫化，乃一種富於生命性之文化。西方則為一種重物輕人之器物化、唯物化，進而為機械化，無生命性。此則其大異處。詳研雙方史學而可知。

中國史學有所謂「鑒古知今」，亦即一般學問之所謂「溫故而知新」。朱子詩：「舊學商量加邃密，新知涵養轉深沉。」新知即從舊學來，此舊學、新知之一貫相承，即自然科學亦不能例外。亦可謂學惟求舊，知惟求新。豈有廢棄舊學，乃能開創新知之理！故學必貴有舊傳統，而知乃始有新啟發，新舊自有其一貫融通處。惟自然科學重在物，史學、人文學重在心。物則重在能分別，心則重在能會通。非通古人之心，焉能知古代之史？故稱「萬物」，亦稱「一心」。物稱萬，故曰物惟求新；心貴一，故曰人惟求舊。萬物各別，其會通處則在數學上；人事亦多變，其會通處則在人心之德性上。中國史學重「人品觀」，即人之「德性觀」，此乃其最精邃處。德性則只分高下，並不能分新舊，此一層亦當明辨。

略論中國史學　二

（一）

歷史記載人事，人不同，斯事不同。人為主，事為副，未有不得其人而能得於其事者。事之不完善，胥由人之不完善來，惟事之不完善，須歷久始見。中國史學重人不重事，可貴乃在此。

事有外形同，而內情必不同。一人不能獨成為一事，必集眾多人之情志以成，而其事乃更複雜。亦有單獨由一人興起主持其事，其他人乃無情無志而追隨，則其事之意義價值亦只在一二人。要之，事之重要性，常在少數人，不在多數人。中國歷史重人，尤重少數人。此乃中國史學一特色。

管仲相齊桓公，霸諸侯。桓公為君，管仲為之臣。然孔子則僅稱管仲，曰：「微管仲，吾其披髮左衽矣。」此為中國史學精神，最值深研。如孔子開門授徒，弟子賢者三十許人，《論語》載其事。孔子之教各不同，諸弟子之學亦各不同，細讀《論語》而可知。孔子為中國一大教育家，亦中國歷史上一最大人物，而《論語》亦不啻為中國一最有價值之史書。孔子之教，與西方古希臘蘇格拉底不同，知此，斯知中西人事不同，而主要則在人不同。今人稱孔子與蘇格拉底同為一哲學家，斯失之矣。

中國正式第一大史學家，當首推漢代之司馬遷。其為《史記》，乃自稱上學孔子之《春秋》。其中有深義，當加闡申。最重要者，乃為其重「人」更重於「事」。其書自五帝三代起，春秋戰國，其往事僅撮其大要，不詳記載。如〈管晏列傳〉，有關齊國大事均略，而獨敘管晏二人遺聞軼事三數節，非以詳其事，乃以見其人。凡其人之事業，則胥從此等小節瑣事上樹立基礎。此正中國文化傳統大道精義之所在。孔子曰：「我無行而不與二三子。」諸葛武侯言：「先帝知臣謹慎，故臨終寄臣以大任。」中國人認為，細行能慎，始能負天下之大任。司馬遷此一篇〈管晏列傳〉，近似文學小品，實涵哲學大義。為中國一史學家，又豈止於記載往事而已！

又如戰國時，遷書記孟嘗、信陵、平原、春申四公子故事，均不見於《戰國策》。而如孟嘗君門下之馮煖，信陵君門下之侯嬴，平原君門下之毛遂，此皆三公子三千食客中所希遘難得之傑出人才，然世人亦僅知有孟嘗、信陵、平原而已。自經遷書之詳載，乃知孟嘗、信陵、平原之得為孟嘗、信陵、平原，其背後乃大有人在。此乃一番絕大提示，絕大指點。使處親貴之位，而欲有所作為，當先知其所用心，而豈廣攬賓客，饜其飲食群居之所欲，而即能有所成就。

遷書所詳，乃在漢初開國以後。其先劉項相爭數年，軍事勝敗，寥寥幾行字即盡。然於項王沛公之為人，性情隱微，則鉤劃如見其肺腑。而於兩人之部下，則敘述尤備。項王部下，僅范增一人而不能用。沛公部下，則有如張良、蕭何、韓信，又其次如陳平、曹參、樊噲，更其次以至黥布、彭越、陸賈、叔孫通等，開國功臣，遷書詳者，不下二十人。其各人之性情、才智、行為、功業，可謂備矣。當知漢祖開國，非漢祖一人之事，乃其一集團二、三十人之事。至於開國之大業已成，分封功臣，不再詳載。西方晚近始有史書，僅只記事。中國史起源甚早，又必詳其事之成敗所由。其所由則盡在人。一事之成乃有不盡於一人者。並有無其事，而許其人，則猶見中國史學之深義。

即如秦始皇帝，其削平六國，統一天下，其事亦不在秦始皇帝一人，抑且亦不始於秦始皇帝之時，而尚遠在其前。細讀司馬遷書亦可知。今人則誤謂秦祚始於秦皇一人，漢祚始於漢祖一人，則秦皇漢祖，宜可專制全國而有餘。此亦不細讀史書之誤。漢祖之得天下，一日不嗜殺人，又一曰善用人。而遷書之傳項王，則有三大事，一曰邯鄲之戰，一曰鴻門之宴，又一曰垓下之圍，以及烏江之自刎。項王為人可愛處，實多於沛公。此又見中國史取人之宏，與其教人之深。而遷書此等處，遂成為千古妙文。中國文學善於寫人，故一部良史，同時必是一部好文學。不通人生，則無以讀中國之文史。能通文史，始乃得為中國之通人。秦漢以下中國之學，即謂之乃文史之學，亦無不可。而司馬遷之大功不可沒矣。

又秦末群雄競起，論其事，則陳勝、吳廣最先發難。然遷書未加重視，亦非以成敗論人。田橫身敗流亡海上，應漢祖召，驛站自刎，在漢初開國史上可謂無影響。其隨亡者五百人，則更無姓名可考。秦末漢初之際，死者千千萬萬，遷書乃獨詳田橫及其賓客五百人，成為千古文學嘉話。此下一部中國二十五史，類此者不絕。若果以今人之史學眼光加以衡量，則此等無關歷史大局之記載，豈不認為繁文瑣節，濫充篇幅乎？

繼司馬遷，有班固作《漢書》。「斷代」為史，又中國史學一大進步。自古無不亡之王朝。後一代起，為前一代作史，蓋棺論定，語無忌諱。而歷代新王，亦許其如此，是亦心知其子孫之不得永有其國矣。此亦中國史學一特有精神所在。班書有〈李廣蘇建傳〉，實為李陵、蘇武合傳，上承司馬遷〈魏其武安侯列傳〉等諸合傳來。同一時同一事，而參加之人不同，人與人之相比，是非高下，最易從此等處顯。李陵以八千步卒當匈奴五萬騎，可謂不世出之將才矣。蘇武北海牧羊，事若平易。孔門以回、賜相比，又以賜、商相比。彼人也，我亦人也，彼能是，我何為不能是？以事論，則海上牧羊與兩軍抗衡難易不能相比。以人論，則李陵之與蘇武，一相比而確見其為兩人。中國史學偉大，亦正在此等處。

自唐杜佑作《通典》，於斷代史之外，又有「通史」。此又為中國史學一大進步。《通典》為書，即從司馬、班之「書」、「志」來，取材相同，用意大別。朝代易，而制度相承，此亦司馬遷所謂「通古今之變」也。孔子言：「如有用我者，吾其為東周乎？」又言三代因革，而曰：「其或繼周者，雖百世可知也。」孔子此意，為後代史學家所承襲。故治儒家言，必讀《論語》，又必讀司馬、班、杜氏書。否則無以為通儒，亦無以治史學。

南宋鄭樵繼杜佑作《通志》，擴大為〈二十略〉。又為中國史學一大進步。司馬、班之書重人，杜氏之書則重事，然亦非一般人之所謂事。至鄭樵，則不啻欲為一部文化史，盡包一切人文而通之。然傳統重人不重事之見解，固猶保守無失，亦可謂大而化之矣。清初顧炎武有《日知錄》，其書包容廣大，亦即史學。非寫史，乃論史，而亦寓有鄭樵意。「天下興亡，匹夫有責。」《日知錄》一書，亦足為天下興亡負責。亦可謂司馬、班、杜、鄭之書，亦莫不為天下興亡負責。能知此意，乃能知中國之史學。

施耐庵《水滸傳》，亦可謂師法司馬遷。忠義堂一百零八位好漢，尤其是三十六天罡，性情各別，才智互異，而宋江獨不見有奇才異能之表現。其高踞忠義堂之首席，乃為沛公型，非項王型。一百八人外，先之以王進一人，神龍見首不見尾，亦遷書七十列傳以伯夷為首之遺意。但就中國人傳統心情言，讀其書，雖亦情節動人，終嫌其事出虛構，不真實。中國人喜腳踏實地，在實情實節上下工夫，此即〈中庸〉之所謂「誠」，孟子之所謂「有諸己之謂信」。空議論，假故事，中國人向不重視。金聖歎力讚此書，與莊周、屈原、司馬遷、杜甫之著作同稱為才子書。然莊、屈、司馬、杜終不得僅目其人為才子。《水滸傳》亦終不列入為中國文學之正統。《西廂記》則僅兒女私情，更不能與《水滸》忠義堂相比，不待論。而聖歎之言，亦終不為此下學人所共認。此乃有關民族性情大綱，「自誠明，自明誠」，主要先在一「誠」字。而誠又須「合內外」。耐庵此書，縱謂其亦誠於心，但不能誠於事，所以亦終成為小說家言。

抑且耐庵此書，縱謂其能教亂世，但終亦不能教治世。傳之江湖山林，不能傳之廊廟官署。感於草莽，不能同感之於衣冠。其書成於元明之際，而明祚一統，其書終見不適。於是羅貫中即繼之有《三國演義》之問世。全本三國實事，然為通俗，求取大眾愛好，則情節不得不有委曲。如曹操兼擅政治、軍事、文學，為一時代傑出人物，而廣攬人才，尤為難能。其善待關羽，更可見。荀彧至晚年始離異。操之立意欲為周文王，必待其子始受漢禪。但終謚為武帝，其子丕乃謚文帝。即此小節，可見中國亂世亦與其他民族之亂世有不同，故廣土眾民，得綿延五千年不絕。

試讀曹操之〈述志令〉，此亦見吾民族之傳統性情，惟誠偽有辨而已。杜甫詩「將軍魏武之子孫」，則操之為人，唐代猶見尊。司馬光《資治通鑑》，亦仍以正統歸之魏。朱子《通鑑綱目》，始有魏蜀正統之爭。然朱子書法，自謂乃慕效曹操，則操之為人，即就理學大儒言，亦尚不深嫉。《三國演義》出，曹操乃成一不足掛齒之亂世奸雄，一無是處，則又何以處曹操手下之群才？諸葛亮一生謹慎，而《演義》中之諸葛，則綸巾羽扇，儼是神仙人物。其於魯肅、周瑜，又盡失其真。當時三國之所以得成為三國者，《演義》書中皆失之。而關羽則以《演義》一書出，社會群尊為武聖，其地位尚在岳武穆之上。然論三國真史跡，關羽不能遵諸葛「東和吳、北拒魏」之外交大政方針，三國形勢起了大變動，此皆《演義》一書無當史實之大者。其實《演義》一書，亦承朱子爭魏蜀正統一意見來，與《水滸傳》同為教忠教義之書，無失儒家大傳統。然中國人為學，最貴在通。《演義》違背史實，亦終為小說家言，宜亦不得列入文學之正統。

史學明與文學有別。然如司馬遷、班固、陳壽、范曄之書，中國治文學者必所誦習。曾國藩繼姚鼐《古文辭類纂》後，編為《經史百家雜鈔》，則中國之經史百家，盡皆文學也。其為〈聖哲畫像記〉，雖寥寥一短篇，然所列聖哲，則已盡包容了經史百家之學。而更要者，為學必志於聖哲。曾國藩乃一文學家，其人則亦如曹操之政治、軍事、文學皆所兼擅。與諸葛亮、王守仁亦相類似。而曹操為人與此三人比，則判若天壤，絕不可以相提而並論。則中國史學之重人不重事，即此亦見其大義之所在。

子貢曰：「紂之不善，不如是之甚也。是以君子惡居下流，天下之惡皆歸焉。」此非為紂申冤，乃重其上、下流之辨。「流」言其品德，但亦可言其趨嚮。曹操為人，亦終易教人趨於下流，是以亦眾惡皆歸之。故中國人之為人為學，主要在辨其高下，辨其誠偽，辨其流，亦必明其統。如讀《水滸傳》、《三國演義》，讀者之心亦每易趨於下流，不易登入上流，故亦終不得為文學之正統。

今人則據西方人意見，史學重事，文學則重在其能通俗大眾化，故小說戲劇乃成文學正統，而不知其弊。欲專意為一文學家，則可盡摒經史百家於不顧，鄙聖哲而不為。人之為學，雖固為己，亦當為人，為後世，而豈僅逞其一人情趣之所好，而又爭惟此乃始為正統？不以事論，而以心論，心即其為人之主。中國人之為人為學，自亦有未可厚非之處矣。國人其以忠恕之道平心而思之。

然而中國史學，此下終當有所變。惟求變而當不失其大統。人才眾起，列傳一體勢難網羅，此一也。事態複雜，端緒繁，曲折多，司馬、班之書與志，杜佑之《通典》，鄭樵之《二十略》，皆難詳盡，此二也。已無朝代之更迭，寫史何始何終，此三矣。是則中國舊史體例已不能守，如何成新史？此須有究天人之際，通古今之變，成一家之言者，創為新例，有如司馬遷其人者出。

或有三數人出，分工合作，以共創此新體，而已非一人之力之所能為。此皆非當前之所能預知。然當會通群學以創成為新史學，仍當重人，又當重其人之性情，則舊史學之大統所在，宜當善守之而弗失。此則仍當揭舉以為新史學之綱領與宗主，可無疑義。姑懸余言，企以望之。

(二)

余曾謂歷史記載人事，而事必出於人，故中國史重人尤重於其事。一美國史學家當面質詢：果使其人不為歷史人物，則其事又豈得見於史？余答：此乃中西雙方歷史一大不同處。中國史籍中，更多非歷史人物，有超出於歷史人物之上者。此非細讀中國史，無以知之。

今姑舉一例，如近代平劇中有韓玉娘其人，乃載入《明史》及《新元史》，然實為一不知姓名之女性。近人造為平劇，乃姑以稱之為韓玉娘而已。此人之不得為歷史人物即可見。中國史學此一端，當值深論。

即如中國古史中之有巢氏、燧人氏，其人姓名，乃從無知者。西方史學稱石器時代、鐵器時代，誰始用石用鐵，則可不論，惟知其時代之為石器時代、鐵器時代則已。中國人則不稱巢居時代、火食時代，而必特舉一人以為此時代之創始，此即中國史學重人尤更重於事之一證。

中國人論人，則必分好壞善惡，即君子、小人、賢、奸之辨。善人君子賢人固得見於史，而小人奸惡亦得入史。如夏、商兩代，禹、湯固必詳，而桀、紂亦必及。其他帝王，或僅存其名，或並其名而不載。近代人重多數，其實一部美國史，開國以來兩百年，總統五十人皆有其名，其他姓字不詳者何啻億萬倍！是西方史學亦重少數，惟賢奸之辨，西方人似不以為意。

人分賢奸，斯事有褒貶。「褒貶」乃成中國史學之要綱。未有不分賢奸，不加褒貶之史學。史之褒貶，亦不始於孔子之作《春秋》。齊崔杼弒其君，齊史臣執筆直書，而見誅。其弟承襲史官位，又續書，又見誅。第三弟再續書，乃免。有史臣在野者，聞其事而來，則史筆已定矣。當時列國史官，由西周中央政府派任，其職世襲。周之東遷，天子聲威掃地以盡，而史官守職，執筆直書，置身家死生於度外，有如齊史之所為者。其實齊君亦非崔杼親殺，而終必正其名曰「崔杼弒其君」。此乃中國傳統史學精神，亦可名之曰中國傳統民族精神。然當時史臣之具此精神者，已不多見，故孔子作《春秋》而曰「此天子之事也」。孔子非任史職，乃因魯舊史作為《春秋》，褒則褒，貶則貶，游、夏不能贊一辭。此可謂由孔子之《春秋》而見中國之史學精神、民族精神矣。但此亦孔子「述而不作，信而好古」之一端，而豈孔子之自我創造乎！

今試捨《春秋》而讀《左傳》，此乃集合當時兩百四十年列國中不知姓名之作者所記載，而彙以成書。而其人物之賢奸，人事之褒貶，亦已至詳具備矣。孔子當亦對此等材料，信而好之，承而述之而已。繼《左傳》又有《國語》，有《戰國策》，此等書皆不知出於誰何人之手，惟知其決不出於一人之手而已。然而所載人物多無職無位，而賢奸褒貶，則既詳且備。其事則亦多無關於君國之大，此皆中國史學精神、民族精神之隨時隨人而流露，為並世其他民族所無有。近代國人讀之，則曰此乃封建社會事。如讀崔杼弒其君，則謂此乃專制政治下尊君觀念之表現。則試問，何以在封建社會之上猶得有專制政治，近人必以西方史學來治中國史，則恐終難理解矣。

西漢司馬遷作為《史記》，乃取法於孔子之《春秋》，其記事多採之《左傳》、《國語》、《國策》諸書，而有取捨，又有增益，茲不論。姑論其載楚漢之際，乃及西漢開國後事，則所略而不備者多矣，而乃特載田橫其人與其事，此亦特見中國之史學精神、民族精神處。至於漢之立國，是否為一帝國？漢之為政，是否為帝王專制？此皆可據遷書而論定。今人則必依據西方史學觀念與成語來加之中國史，則遷書亦可束高閣矣。

余於中國史學重人物，既多論列，然猶有不盡於是者，試再加申論。

中國人死，骨肉埋於土，立一木為神主，期死者魂氣之常駐。祭之拜之，孔子曰：「慎終追遠，民德歸厚矣！」木偶陪葬，孔子則曰：「始作俑者，其無後乎！」惡其薄生人以為死人也。古埃及為木乃伊，藏金字塔中，重得復生與否可不論，其屍其塔則歷千古而常在。希臘人雕石為女形，藏之大建築中。建築雕刻長存，斯止矣。人生之安與其美則似轉不深求。中國之《詩》則曰：「窈窕淑女。」窈窕安於幽居，斯美矣，不在其體貌與宅第。此即中國重人、西方重事之又一證。

《戰國策》蘇代告孟嘗君，有土偶人、木偶人之喻。《史記》、《說苑》皆載之。堆土為人，無傷土質，雨淋仍為土，亦仍得堆為人。雕木梗為人，已傷木質，或遭打擊焚燒流蕩，此木梗將失所歸，亦將失其為木梗。以歷史言，中國史如一土偶人，西洋史則如一木偶人。唐、虞、夏、商、周下及宋、元、明、清，朝代興亡，中國則仍為一中國，中國人亦仍為一中國人，故中國歷史乃有其「共同性」。西洋史則惟見「分別性」，希臘各城邦，即各自分別。雅典人、斯巴達人即互不同。羅馬繼起，更有別於希臘人。現代國家興起，又更有異於羅馬人。尤如英、法、德、意，大小各國，亦各相異。中國史同為一塊泥土，西洋史則各別各成一條木梗。

中國人重在人群中做人，再由人來做事。西洋人則在做事上來做人，在人群中乃看重個人主義。孔子曰：「十室之邑，必有忠信如丘者焉，不如丘之好學也。」又曰：「若聖與仁，則我豈敢？」「我學不厭而教不倦也。」學則學於人，教亦教於人。而所學所教，則即此人群中相互共同所應有之忠信之德。老子亦曰：「既以為人已愈有，既以與人已愈多。」在人群中做人，為人與人，而仍能已愈有已愈多，亦即見群已之一體。西洋人重事，而他人則為之工具，為之奴役，或為之犧牲。工商業之發展，寧非如此？

即如宗教，教徒與教外人別，新舊教牧師與神父亦有別。政治嚴權位之別，社會嚴貧富之別。故西方有宗教戰爭，有民主革命，有有產階級與無產階級之分裂鬥爭。即如學術，科學、哲學、文學、美學，事業分，人亦別。牛頓與康德遠相異，莎士比亞與貝多芬大不同，人為事縛，乃不見有人類德性之大同。

至晚近世，學術益分益細，而史學與政治學兩項乃終不占西方學術中之重要地位。政治家多從人事出，絕少從其專治政治學來。而史學則僅記往事，又若與當前實際人事無關。在中國學術界，則政治學、史學正為一切學問中心主要兩項目。孔子即為其代表。中國人言學以成家，乃指其上有師承，下有傳人，如一家之相承，仍指其共通性，與西方之個人各業相別各成一專家大不同。故中國經、史、子、集四部之學，乃可由一人兼而通之。如北宋歐陽修，即其例。經史則其學，子集則以教，而治平大道則為其總目標。故中國學與西方異，人則亦異，而史亦異。欲治中國史，不通其人其學，則一堆往事尚何意義價值之有？

人從天來，今從古來，故司馬遷作為《史記》乃曰：「究天人之際，通古今之變。」西方宗教、科學、哲學亦若為求通天人，西方社會學、法律學、經濟學、軍事學則亦若求通古今之變，但豈能囊括而無遺？故中國之史學乃為集大成之學，而「人」為之本。聖賢豪傑，亦即集為人之大成。

中國人重為人。惟有人，始有事。不成人，何成事。故中國人於事，每主退不主進。如孔子，甚為魯哀公、季孫氏所重視，苟能相與，和衷共濟，於魯國當時之政，必當有所成。但孔子之為人則必將由此而有損，則其所成亦不能大。孔子退而去魯，遂完成孔子之為人，而其影響及於後世，則有勝於堯、舜、文王、周公之上者。亦可謂非知孔子，則無以知中國史。非知中國史，亦無以知孔子。其他歷史人物皆然，惟有其正反、損益、廣狹、久暫之不同而已。讀西洋史，則當從其一事一事論，不得從一人一人論。希臘、羅馬迭興迭亡，此為事。周公起，孔子繼生繼起，此為人。人存政舉，人亡政熄。亦可謂其人存其史舉，其人亡其史熄。惟治中國史，乃能明其義。近代國人群慕西方事，盡鄙中國人。不幸而世界第三次大戰續發，核子武器逞威，一部中國史庶可獲我國人之重加反省，此誠無可奈何之事矣。

略論中國史學　三

(一)

《易·繫辭》言：「夫易，開物成務，冒天下之道，如斯而已者也。」朱子註〈大學〉：「物，猶事也。」中國人每「事物」連言，物上必有事，事中必有物。如人生食、衣、住、行，食則五穀百蔬，雞魚豬羊；衣則蠶桑絲織，麻布棉裘；住則洞幕巢宅；行則車馬桴筏。豈不皆因物見事？即至近代，電燈、電話、電腦，凡屬科學發明皆然。此即《易》之所謂「開物成務」也。近代國人群尊《易》為一部哲學書，但《易》書中亦多言及科學。中國學術傳統，本無哲學、科學之分，即《易》之一書而可見。

《易・繫辭》又言：「是興神物，以前民用。」「神物」連言，天地亦神亦物，亦以供民用。是西方宗教，以《易》書言，亦與哲學、科學融成一體。〈繫辭〉又言：「見乃謂之象；形乃謂之器；制而用之，謂之法；利用出入，民咸用之，謂之神。」神屬宗教信仰，然如《易》言，則電燈、電話、電腦皆可謂之神，則科學豈不與宗教相通？〈繫辭〉又言：「形而上者謂之道，形而下者謂之器。」「道器」並言，亦屬一體。形上、形下為兩端，而形為之中心，所謂「執其兩端，用其中於民」，捨其形，又何以見形而上之道？故言事則必言物，言器則必言道。猶之言天則必言地，言德則必言業。形上、形下，則必通而言之，以見其為一體，則哲學、科學豈不亦相通？近代國人乃以「形而上」三字譯西方之哲學。但如牛頓之萬有引力，此乃西方科學上一大發明，亦即形而上者。萬有乃其形而下。萬有引力即由形而下見形而上。無此「萬有」，即不見此「引力」。故引力即屬天、屬神。自中國人觀念言，亦科學、哲學、宗教同可會通合一之一例。故在中國學術傳統中，無此三者之分門而別類。

近人又分自然與人文。子貢言：「夫子之文章，可得而聞也；夫子之言性與天道，不可得而聞也。」是孔子只言人文，不及自然。《論語》又言：「子不語怪力亂神。」神亦為孔子所不言，是孔子亦不言及宗教信仰。莊周道家喜言自然。《易》之為書，則兼儒、道以為言。莊周言：「指窮於為薪，火傳也，不知其盡也。」薪乃一物，屬形而下；火猶道，屬形而上。天地萬物，變化無窮，即在此無窮變化中見道。火只是一燃燒，一作用，一業。薪能為火，乃薪之性。則莊周此番話，可演繹成宗教、哲學、科學三方面，而莊周則會通言之。

〈繫辭〉又言：「神以知來，知以藏往。」又以「神知」連言。但此「神」字，已非孔子所不語之神。今人慕效西方，競言知識，實則知識僅以「藏往」。往，乃已然之物。即如電燈、電話、電腦，皆就已然物中發現其性能，而加以利用，則科學知識亦僅藏往而已。人類使用電燈、電話、電腦後，其所影響於人生者，則科學家亦不詳加計及。如核武器可以大量殺人，當前是否將有美蘇核武器大戰，則其事豈不亦為美蘇人所不知？果使有核武器大戰，共產主義、資本主義究竟孰存孰毀，抑兩者俱滅，豈不仍為全世界人類所不知？孔子曰：「其或繼周者，雖百世，可知也。」是孔子乃《易．繫辭》所謂「知來」之神矣。

《易．繫辭》又言：「蓍之德圓而神，卦之德方以知。」方靜而圓動。六十四卦，三百八十四爻，皆有形象。蓍則運用數字之變以為占。數無定形，又易變，故蓍屬圓，卦屬方。中國人言「天圓地方」，然天地和合成為一體。蓍動卦靜，非有卦，則蓍亦無所用，故「蓍」與「卦」亦和合成一體，則「神」與「知」亦當和合成一體。非「藏往」之知，亦無以見「知來」之神。今亦可謂西方科學亦方以知，宗教則圓而神。苟以《易》道言，則宗教、科學豈不仍可和合成為一體？

而西方則此二者顯相分別，形成對立。

西方人重具體現實，故重於知，而忽於神。科學勿論，即其哲學亦重知，不言神。所謂經驗主義，固重藏往；即所謂理想主義，亦只在具體現實上提出一理想來求改造，而於其將來之演變，則仍所忽。故西方人重空間向外之擴大，不重時間向後之綿延。中國人言世界，「世」乃時間，「界」則空間，時、空和合為一體。近代西方始有四度空間之說。即言宗教，上帝、天堂、靈魂，實皆言空間，並不涵時間義，亦即無變動義，只此一靜定之具體存在而已。故其宗教信仰，亦只是一種「方以知」，而非中國人所謂之「圓而神」。

西方哲學，古代柏拉圖言理想國，乃就當時現實情況加進其一番理想之改革。但此理想國實現，則當永遠是此一理想國，再不有變。近世如馬克斯之共產主義，亦就當前提出一理想。但此下亦永遠是一共產世界，再不有變。可見西方人之哲學思想，實一靜定性，不涵時間性。一如宗教上之上帝天堂，永只如此。

中國孔、孟、莊、老言道則必有「變」，但變中又必有「常」，有時間性之綿延乃可聯貫會通而成為一傳統。〈中庸〉、《易傳》則又會通儒、道而更有變，但仍不失其傳統。《易・繫辭》所謂「化而裁之謂之變」，天地萬物只是一「化」，於此一化中加以裁割，乃見為變。如人之自幼而老，同是一生命之化，加以裁割，乃見為幼年、中年、老年；而西方人則謂幼年人、中年人、老年人，過份重視其分別性，不再注意其聯貫性、融通性、共同性，則有變而無化。故西方之宗教、科學、哲學，雖分別為三大項，但有一共同精神，即各顧當前，不計將來。凡其觀念苟有成立，皆求不變。如上帝、天堂，永是此上帝、天堂；如柏拉圖思想，則永是一套柏拉圖思想。儻有變，則如亞里斯多德所謂「我愛吾師，我尤愛真理」。故亞里斯多德則另有一套思想，而不再是柏拉圖思想。當前科學發明如電腦、機器人、核子武器，各是一套。儻別有發明，則又是另一套。故西方科學、哲學雖多變，實亦一如宗教，皆求其不變。換言之，即不存有時間觀。即如文學中之小說戲劇，藝術中之雕刻繪畫，亦莫不然。每一成立，即是一永恆，即是一無變。埃及金字塔可作為代表。故西方人好言變，即因其不知變。西方人言變，則必是另一套，無中國人之所謂化。化則同一存在，而有時間性；變則在同一存在中各自相異，其相互間無和合、無聯貫、無時間性。故西方獨無史學。西方史學之起，乃近代事。因史學最富時間性，雖歷變而仍有其聯貫性，依然是一體。而西方人則缺此一觀念。中國史學之興起乃甚早，並最盛行。

《易・繫辭》又言：

古者包犧氏之王天下也，仰則觀象於天，俯則觀法於地，觀鳥獸之文，與地之宜，近取諸身，遠取諸物，於是始作八卦，以通神明之德，以類萬物之情。作結繩而為罔罟，以佃以漁，蓋取諸〈離〉。包犧氏沒，神農氏作。斲木為耜，揉木為耒，耒耨之利，以教天下，蓋取諸〈益〉。日中為市，致天下之民，聚天下之貨，交易而退，各得其所，蓋取諸〈噬嗑〉。神農氏沒，黃帝、堯、舜氏作。通其變，使民不倦。神而化之，使民宜之。《易》窮則變，變則通，通則久。是以「自天祐之，吉無不利」。黃帝、堯、舜垂衣裳而天下治，蓋取諸〈乾〉、〈坤〉。刳木為舟，剡木為楫，舟楫之利，以濟不通，致遠以利天下，蓋取諸〈渙〉。服牛乘馬，引重致遠，以利天下，蓋取諸〈隨〉。重門擊柝，以待暴客，蓋取諸〈豫〉。斷木為杵，掘地為臼，臼杵之利，萬民以濟，蓋取諸〈小過〉。弦木為弧，剡木為矢，弧矢之利，以威天下，蓋取諸〈睽〉。上古穴居而野處，後世聖人易之以宮室，上棟下宇，以待風雨，蓋取諸〈大壯〉。古之葬者，厚衣之以薪，葬之中野，不封不樹，喪期無數，後世聖人易之以棺槨，蓋取諸〈大過〉。上古結繩而治，後世聖人易之以書契，百官以治，萬民以察，蓋取諸〈夬〉。

〈繫辭〉此章，在論史學，而有甚深妙意，有待闡申。《易．繫》言中國史始於包犧氏。而包犧氏之所得，即一套哲學，即今人之所謂「宇宙論」，而極近於宗教，又兼包科學。融通此哲學、宗教、科學三者，而開始有人類史。人類即處天地萬物中，不通於天地萬物，又何得有人類及其歷史？而自包犧氏以下，述中國歷史演進，又更偏重於科學一面，即上引所謂「開物成務，冒天下之道」也。捨卻物與器，捨卻人生各事務，又何有所謂道？捨卻道，又何有歷史之演進？而述及黃帝、堯、舜，中國史已形成，有其不敗之基礎。而《易・繫》所述，則依然仍在一套哲學觀念上。而此一套哲學觀念，又依然上通宗教，下通科學。此下述及其他之變，又依然詳於開物成務之科學方面。

(二)

其實先於《易・繫》，已有戰國時之陰陽家言。陰陽家亦會通儒、道兩家以為言，主「五德終始」，以堯、舜、三代歷史演進，配合金、木、水、火、土五德之運行。此又中國古人會通宗教、哲學、科學三項，以成其歷史觀念之一證。

下及西漢，司馬遷遂為中國此下史學所宗。其著史之意，自稱乃求「究天人之際，通古今之變」。此兩語，亦可謂囊括中國史學大義而得其要矣。有「人道」，有「天道」。但人道不能違逆於天道，否則無以長存於天地間。人道乃自天道演出，究天人之際，即求究自然與人文、天道與人道之異同分際也。究天人之分際，乃可以通古今之變；縱有變，而仍有其不變者存，故曰「鑒古知今」。此為中國史學之大綱領所在。

司馬遷《史記》，除〈本紀〉、〈世家〉、〈列傳〉及諸〈表〉外，尚有〈禮〉、〈樂〉、〈律〉、〈曆〉、〈天官〉、〈封禪〉、〈河渠〉、〈平準〉等八書。首為〈禮書〉，「禮」即中國人會通天地萬物與人類和合為一之一種具體表現，亦即宗教、科學、哲學之會通，而見之人生，融為一體。〈大學〉一篇言格物、致知、誠意、正心、修身、齊家、治國、平天下八項目，其書亦收入《小戴禮記》中。此下凡史書無不言及禮。直至清代，有秦蕙田之《五禮通考》。此下治禮有得者，直至清末，不絕其人。故不通禮，無以明中國之文化，亦無以治中國史。但今國人慕效西化，言及中國古禮，不斥為迷信，則歸之專制政治與封建社會之兩項。而傳統之禮，在今全國上下亦將掃地以盡。今日國人好言「大同」，此兩字見《小戴禮記》之〈禮運篇〉。非禮之運行，又何道得臻於大同？今日國人之所謂「大同」，乃指中國之全盤西化，盡廢中國人，以追隨西洋史，乃所謂「以進大同」也。然即觀當前世界形勢，其離大同之境，豈不過為遼絕乎？

次為〈樂書〉。中國「禮樂」合言。今日國人則謂禮以拘束人，樂則供人娛樂。則中國傳統乃以供人娛樂者來拘束人，其中涵義亦值深究。

次曰〈律書〉。樂必有律，五聲十二律是也。法律之律，即從此引申而來。若禮即為法，則中國法律即從禮樂引申而來。此一涵義，亦值深究。

次曰〈曆書〉。四時運行有其律，即曆也。政府注意明曆，本為民間農事，故曰「授民以時」。中國人之重時觀念，即為農業民族一特徵。而中國歷史上之一統，即表現在曆法之所謂「奉正朔」。有夏曆、殷曆、周曆，孔子曰：「行夏之時。」而孟子則尊孔子為「聖之時者」。孔子既言「行夏之時」，又言「乘殷之輅，服周之冕」，是孔子雖曰「述而不作，信而好古」，而古亦有變，所信所好亦有選擇。《易．繫》言：「形而上者謂之道，形而下者謂之器。」輅與冕皆形而下之器。曆法既定，與人共知，此亦形而下。孔子又言：夏禮、殷禮、周禮各有損益可知，「其或繼周者，雖百世，可知也」。禮既定，使人共遵，此亦形而下，亦即器矣。惟器必在道之中，道亦必在器之中。《易．繫》所謂「開物成務，冒天下之道」也。故中國史學有其形而下，器、物、禮、法皆是；同時即有其形而上，司馬遷所謂「究天人之際，通古今之變」則是矣。而孔子實已先之。司馬作《史記》，即承孔子作《春秋》來；而孔子作《春秋》，亦即承周公之制禮作樂來。治史即所以治道，明史亦即以明道，豈徒誦往事之謂史乎？

「時」之一字，極融通，極規律。治曆學必先通數學。《易》書有兩要項，一曰「象」，一曰「數」。〈繫辭〉所謂「蓍之德圓而神，卦之德方以知」，即象、數之別也。西方科學以數學為本。幾何學則為象。宋儒周濂溪《易通書》、《太極圖說》，偏重象；邵康節治《易》偏重數，乃以其數學來考定古史年代。其流如《推背圖》等，不得謂非夾雜以許多迷信，但數學與時間觀，其在中國文化傳統及史學中，極占重要地位，此亦一證。

又次為〈天官書〉。掌曆亦天官。政府中設天官，則宗教、科學豈不盡納入行政範圍內？史官亦屬天官下。以中國古代行政機構，較之同時其他民族，誠可謂大巫之與小巫矣。

次則〈封禪書〉。如登泰山、祭天地，則由天以及地，為一國之大禮，即政治大統所在。此等制度，亦有其用意。

又次為〈河渠書〉。中國以農立國，故治水為民族一大業。自大禹以來，歷代奉為一大政。清初胡渭之《禹貢錐指》，特舉其要略而已。此可見科學在中國行政系統中之地位。

最後曰〈平準書〉，則專關經濟。中國人非不知經濟之重要，而司馬遷列之八書之末，而以〈禮〉為之始，其義深長矣。

班固《漢書》易《史記》「八書」為「十志」，曰〈律曆〉、曰〈禮樂〉、曰〈刑法〉、曰〈食貨〉、曰〈郊祀〉、曰〈天文〉、曰〈五行〉、曰〈地理〉、曰〈溝洫〉、曰〈藝文〉。大意一本之史遷，而以〈律曆〉為先，〈禮樂〉為次。又改〈律書〉為〈刑法〉，又以〈食貨〉為第四位，其皆不如遷書之寓義深遠。惟增〈地理〉、〈藝文〉兩志，則極為重要，後世莫能廢。

此下二十五史有志與書，不詳論。而南宋鄭樵《通志》有〈二十略〉，則更為詳備，尤見傑出。首為〈氏族略〉。中國乃一氏族社會，氏族觀念為中國人生之大系統，文化之大本源，亦並世諸民族中最特異、最傑出之一端。近代國人惟慕西化，氏族觀念淪胥已盡，而五千年社會習俗，則仍有留存。求變求新，其難如是，亦足深慨矣。

次曰〈六書略〉。中國文字與語言分歧。中國民族之可大可久，其文字亦有功。漢初以《論語》、《孝經》、《爾雅》三書為小學必讀書。孝為氏族之本，《爾雅》為識字之要。東漢許慎為《說文》一書，其學術地位乃與鄭玄之括囊群經相抗衡。鄭樵〈二十略〉，首舉〈氏族〉、〈六書〉兩略，可見其史識之深遠。今人又以西化為尚，重語言，輕文字，提倡白話，甚至唱廢止漢字，改為羅馬拼音，並以中國文字為不科學。然中國文字終亦仍存。鑒古可以知今，此乃中國史學中一絕大意義，五千年傳統，又豈能一旦廢絕？則誠中國一甚大悲劇矣。

第三略曰〈七音〉。余嘗謂中國科學藝術化，又謂道德亦藝術化。而「音」之一門，尤為中國藝術中之最上乘。鄭樵以〈七音〉繼〈氏族〉、〈六書〉為〈二十略〉中之最先三略，其史識深遠，更難闡尋。

其次為〈天文〉、〈地理〉、〈都邑〉，又次為〈禮〉、為〈諡〉、為〈器服〉，又次為〈樂〉。鄭樵以〈禮〉、〈樂〉次〈天文〉、〈地理〉之後，與史遷用意又別。而禮之中有「器服」，則科學製造亦為禮，亦為道。又添「諡」之一目，更見中國禮之深意。孝乃私德，死而有諡，則為公道。諡「成」、「康」，或諡「幽」、「厲」，非繼統承嗣之君所能主。禮之有諡，即孔子《春秋》之有褒貶。

韓愈言「誅奸諛於既死，發潛德之幽光」。史豈僅記載人事，亦即此可知。

其次為〈職官〉、〈選舉〉、〈刑法〉、〈食貨〉，皆政事之大者。更次則為〈藝文〉、〈校讎〉、〈圖譜〉、〈金石〉，皆為班氏〈藝文〉一志之展擴。北宋歐陽修為一史學大家，早於此三略特加注意。清儒之學，尤於此三略有發明。而〈圖譜〉一略，更屬重要。即如「家譜」一項，亦為中國史學一大流。次為〈災祥〉，承班氏〈五行志〉而來。天之變有其義，應其變亦有道；變屬天，應變屬人。即如當前有空氣汙染、水汙染，乃人文社會事，豈專屬科學家事？而中國五行家言之屬於史學，則遠始戰國以來。若譏之為迷信，則近代科學之發明核子武器，豈不更屬迷信之大乎？

最後為〈昆蟲草木略〉，《詩》三百為三千年前中國文學鼻祖，孔子亦言，讀《詩》可「多識於鳥獸草木之名」。三千年來之中國文學，無不涉及鳥獸草木，鄭樵以此略為〈二十略〉之殿，則中國史學之兼含并包天地萬物為一體之義，亦於此見矣。西方則一蟲一草，皆由生物學家專精研究。晚清人提倡「中學為體，西學為用」，此亦有一番用意。果能以中學為體，則如核子武器之類，當必歸入〈災祥〉一略。而科學亦當歸屬於中國之史學，亦即可知。

中國人言「明體達用」，又曰「全體大用」。凡學皆以明其體而達之用。西方則凡學皆各自分裂以求用，故用與用必相爭，而還以傷其體。如史學則僅記往事，不見有大用，故不得與宗教、科學、哲學、文學諸項並列，最屬後起，又居次要。中西學術相異，史學則益顯。

自太史公〈河渠書〉之後，遂有如酈道元《水經注》之類。自班孟堅〈地理志〉之後，遂有「郡縣志」、「寰宇記」，各省、各縣志，乃至如無錫之《梅里志》之類。於是名山有志，如《廬山志》；古剎有志，如《洛陽伽藍記》及《西林寺志》之類。又名園有志，古墓有志，要塞軍衙有志，書院學校有志。以朝代分，則自然附見於人文；以方輿分，則人文附見於自然。至如《史記・世家》之後有家譜、族譜，〈列傳〉之後有年譜，於時令則有《荊楚歲時記》之類。要之，中國歷史記載，於時間、空間、社會、人物四要項，分別以述，而無不可會通以求。操筆者非能人人抱有一套歷史哲學，而實有一套共同的歷史哲學，於不知不覺中流露。何以得此，誠中國傳統文化之精妙所在，所當心領而神會者。

孟子言「知人論世」，中國人又常言「世道人心」。當知世道即本於人心，而人心亦必通於世道。今人每以孔子與古希臘之蘇格拉底相比。希臘本未成一國，蘇格拉底僅居雅典一城市中，其心恐亦僅存一雅典。孔子生魯之曲阜，其時魯之立國則已歷五六百年之久。曲阜外，至少尚有費、郈、成三都。魯之外，尚有列國。孔子曾至齊，其後又去衛，又周遊陳、楚諸國。是則孔子心中，實有當時一天下，又存有堯、舜、禹、湯、文、武、周公，唐、虞、三代文化相承歷時兩千年一傳統。此兩人又烏得相比？或又以孔子與耶穌相比。然耶穌為猶太人，猶太人之流離播遷則有年矣，其時則受羅馬之統治。耶穌生海濱一村落中，相與往來，漁夫、牧人為多，又豈得與孔子相擬？宋代理學家言「道體」。孔子當時，唐、虞以來之中國，是即一道體。孔子則生此道體中。若謂蘇格拉底與耶穌亦各自生於一道體中，又豈得與孔子所生之道體相比？所謂歷史哲學，即在認識此道體，與此道體中所有之種種變。孔子之學，與此下中國之史學皆是。若依西方之所謂歷史哲學來尋究討論中國史，則宜其失之遠矣。

略論中國史學　四

(一)

歷史傳統中必有不斷之現代化，每一現代化亦必有其歷史傳統之存在。惟當前之現代化，則由西方傳統來。若依中國傳統，則不致有今日之現代化。今日國人乃謂中國傳統為舊，當前之現代化為新，群相喜新而厭舊，不知中國歷史中已早多現代之新。如國民兵役制，西方起於近代之普魯士，而中國則自古已然。秦、漢統一，依然不變。唐代之府兵制，明代之衛所制，皆由此來。故國民兵役，西方乃一新，而在中國則一舊。

又如自由工商業演成資本主義，在西方現代是一新。而西漢時代之鹽鐵政策，則為抑制此一發展而起。或以比之西方近代普魯士之國家經濟政策，則豈不又是西方一新，乃為中國之一舊？

又如共產主義，亦西方現代之一新，但在中國古代有井田制，農民由公家授田，老而還之公家。百工皆由公家授廩，商人亦然。則中國古代早以無產階級奉行公產制度。較之西方，乃若新而又新。

又如民主選舉，乃西方現代之一新。但中國西漢已有賢良方正孝廉之選，東漢加以考試，魏晉以下仍有九品中正司其選，隋唐以下乃定為科舉考試。孫中山先生欲用傳統之考試權代替西方之選舉。是選舉在西方為一新，在中國又為一舊。

又如科學。戰國初，墨翟為木鳶飛空，三日不返。三國時，諸葛亮創為木牛流馬。豈不又是西方之新，乃為中國之舊？又如屍體解剖，新莽時代已有之。道家有鉛汞之術，流為西方之化學。亦皆西方之新，乃中國之舊之一例。又若火藥砲彈，在中國宋代已先有之。其他之例，見於現代英國李約瑟所著《中國科學史》一書中者，不勝舉。

又如遠洋交通。明代中國人到非洲，尚在西方人之前。或傳中國僧人到美洲新大陸，則更在前。

又如中國有修、齊、治、平之舊，而西方之新，則僅知有治國，無平天下之想。希臘之與中古時期，則並不知有國。故中國之舊，有禮有法；西方之新，則僅有法而無禮。中國之舊，有仁、義、禮、智、信五常；西方之新，則僅有宗教之信。亦有禮，僅對上帝；中國人之信與禮，則對全社會，全人類。西方人對國際，無信而有禮，但其禮則為軍禮；中國對國際交往，則仍為衣冠拜跪日常人生之禮。

又西方人言自由，國人群認為乃一大可喜之新。然中國之舊，「將在外，君命有所不受」，豈非一大自由？麥克阿瑟統軍在韓，奉總統命不得派飛機炸鴨綠江大橋，卒以總統命以一老兵退回美國，而〈板門店和約〉遂定。又中國「有斷頭將軍，無降將軍」，豈可謂中國軍人一大不自由？西方軍隊可以數十萬人集體投降。拿破崙一世之雄，乃亦兩次投降。又豈得謂西方軍人一大自由？孰榮孰辱，孰高孰下，則必有明辨之者。

以上聊舉數例，以見中國舊歷史，乃有更新於當前之現代化者，可見新舊觀念之不可拘泥。昨日之新，乃成今日之舊；嬰孩之新，乃成耄老之舊。則是先有新，乃有舊。中國人言「原始反終」。「始」是過去，是一舊；「終」是後來，是一新。但終必隨其始，乃成其為終；新必依於舊，乃成其為新。苟無始，何有終？苟非舊，何來新？惟始終一貫，新舊一體，故曰「原始反終」。往前則必原其始，後顧則必反其終，此之謂相反而相成。抑又有終在先而始在後者，故原秦、漢之始，必反之戰國之終。原當前美、蘇對立之始，必反於往年英、法鼎盛之終。豈不新必由舊來，而仍必成為舊？此之謂「循環往復」。死生存亡，亦即其例。今國人一意喜新厭舊，則是厭其生而喜其死，厭其存而喜其亡矣。此豈人情之常乎？有明日之未來，始見今日之可喜。有耄老之未來，乃見嬰孩之可喜。惟能立有舊，始有新可達。當前之現代化，則僅知求變求新，究不知明日之將為何日，則又何今日之可喜？

中國人言史，鑒古而知今。能掌握舊傳統，始能有現代化。綿亙五千年，其為一廣土眾民大一統之民族國家，乃由其有不斷之現代化而來。如唐、虞、三代之化為秦、漢、隋、唐以迄今是已。西方史，希臘變而為羅馬，又變而為中古時期，又變而為現代國家，而有英、法之鼎盛，又變而成當前美、蘇之對立。以無傳統為傳統，有新而無舊，則明日又烏得有此美、蘇之常相對立？鑒於西方之古，可知今日西方之新之不可常。可喜抑可厭？惟其可厭，乃不可常。

今人又言，歷史不可變。則西方此下當常為一部可厭之歷史，中國此下當仍為一部可喜的歷史。余之對中國前途抱樂觀，對當前世局抱悲觀者，亦在此。中國史可喜何在？西方史可厭何在？則在讀其史而知。再言之，就中國人立場，當由中國之舊傳統而現代化，不應廢棄舊傳統，而慕效為西方之現代化。不當喜新厭舊，而當由己之舊而達於新，乃始得之。司馬遷言：「究天人之際，通古今之變，成一家之言。」此當會通政治、制度、社會、經濟、文教、武備、科學、藝術一切以「究變」，又當會通宗教、哲學、天文、地理、史學、生物諸端以「求通」。此非專家一人之為家，乃有古今承襲得其傳統以生以長之為家。中國之史學正在此。而豈僅載既往，得即成為史學乎！

當前而求現代化，則當安於弱小，不爭強大。德國第一次大戰失敗，舉國好讀《老子》書。使真能遵《老子》，不出有希特勒，歐洲其他各國相互間仍當有爭，仍可有第二次大戰，而德國或可避其衝，不作禍害之首，轉臻強大之運。當前強大者，儻盡能以七十年來之德國為戒，則世界亦宜可漸趨於和平。

國如此，人亦然。莊周為宋漆園吏，其友惠施為梁相。楚亦聘莊周為相。莊周言，龜骨藏於宗廟為國寶，不如「生而曳尾於塗中」。遂拒不赴。但既得為龜，生雖曳尾塗中，歷千年而死，其骨仍必藏宗廟為國寶。莊周至今豈不仍為中國一國寶乎？老子更沉淪，並其身世而不詳，但至今亦為一國寶。故莊、老之道，中國人雖未認為乃人生之至道，僅為人生處亂世之道，而其道則常存。故中國人尊孔、孟，亦尊莊、老。西方無孔、孟，亦無莊、老，故治必終於亂，亂則不能復返於治。比讀中西史自知。故欲保全中國舊傳統，而求其現代化，不能遵孔、孟，亦當遵莊、老。則國必求弱小，人必求隱退，以暫避現代之亂，期待再一現代之來臨。此即中國人所謂之「樂天而知命」。命可轉，天不可轉；天有常，而命則無常。故惟中國史，乃能昭示天命天運，而與人以共知。西方史則凱撒事凱撒管，非上帝所得問。故一部中國史，乃由人代天；而一部西洋史，乃以人爭天。此其異。

茲舉一小節言之，西方人愛狗，中國人則重羊。馬、牛、羊、雞、犬、豕稱六畜，羊在上列之三，而中國人尤重馬。乾象龍，坤象馬，中國以龍馬並稱。治禮、軍禮、祭禮皆重馬。驥稱其德，不稱其力。中國人歷代養馬，可寫一長篇考證文。牛更耕稼所需，而羊則一無用之畜。然中國文字，美字、善字、義字、祥字皆從羊。犬則在下列之二，猶次於雞。如言「雞鳴犬吠」、「雞犬不寧」，雞必在前。《詩》云：「風雨如晦，雞鳴不已。」祖逖有聞雞起舞之故事。雞司晨，從睡夢中喚醒人，不啻師教之木鐸。犬雖多能，能守門戶，能助狩獵，但供使用，故中國人重雞尤更重於犬。俗則豬狗連稱，如「豬狗眾生」、「豬狗不如」，狗更在豬後。中國「群」字從羊，「獨」字從犬。羊能群，犬則否。即此一別，更見中國國民性愛好之所注。

至於飛禽走獸，中國人好鳳凰麒麟。至如山中獅虎，天上鷹隼，則非愛好所及。中國人主言性，性乃天地萬物之一種自然動向，觀其所愛，亦可見其性之所向矣。

尤如草木植物，中國人愛梅、蘭、竹、菊，又好松、柏、梧桐，皆可見性。更如院庭布置，林園部署，一水一石，一樹一草，薈異為同，集眾成一，更見中國人之政治長才與處群特優之天性。凡此諸小節，皆有傳統。今日國人則一變故常，小之如家家知養狗，大之如經營觀光區與開闢公園、動物園，皆追步西化模式，不知傳統情義所在。然積數千年之習性，豈能一旦驟變。其心不見內在所愛好，則亦無安樂可言矣。

又如賭博。中國流行麻雀牌，西方則有撲克牌。玩麻雀牌只求手中持牌得和即勝；撲克牌則不問手中所持，專尚出奇制勝。此尤中西雙方人性不同一顯例。豈得謂麻雀乃落後，撲克始前進，必使國人盡廢麻雀改玩撲克，始為中國之現代化？此屬小節，宜可置之不論。即如今日國人各種運動，已盡趨西化，然猶尚有舞龍、舞獅、走高蹺與踢毽子、放風箏等流行。惟以此較之西方，一則可資比賽，一則僅供娛樂，此亦雙方心性傳統之異。乃吾國人心胸寬大，不再一一加以苛責。嚴其大，恕其小，斯又吾國人美好心習之一傳統也。又豈必盡求其現代化？往古舊習，能保則保，國人賢達，固早知之矣。孟子曰惻隱、羞惡、辭讓、是非之心，人皆有之。今亦當謂「好古念舊」之心，亦人皆有之。無他，達之而已矣。前途希望其亦在此乎，其不在此乎？余日望之矣。

(二)

近代國人好言現代化，卻似不好言傳統。因現代化實指西化，而傳統則仍陷在守舊中。惟西方人亦未嘗不尊傳統。

姑以民族情感言，民族即一大傳統。美國人多自英倫三島移來，積兩百年之久，激於賦稅問題，奮起獨立，不復認英倫為祖國。然美國門羅主義，僅求南、北美和平相安，不願問外面世界事，避不與英帝國有衝突，此即其深存有民族情感之一種表現。及第一次世界大戰，本屬西歐德、意與英、法相抗，美國儘可處身事外，但法國巴黎淪沒，國將不國，而英國亦岌岌可危，美國拔刀相助，雖其與德國亦有幾許爭端可言，其實是沉深之民族情感，乃為其投入戰場之主因。

及戰事勝利，凡爾塞和談，英、法仍以主人自居。美總統威爾遜離席歸來，西歐事一任英、法主張，置而不問。不久第二次大戰繼起。美國在太平洋已因珍珠港偷襲與日本興起大戰，歐西戰役大可不再插手。然而巴黎陷落，英倫告急，美國終於派兵前去。艾森豪所負責任，若更重於麥克阿瑟。此非美、英間一分深厚之民族情感，不致有此。

及戰事平息，美國人對西歐繼續經濟援助，亦巨大驚人。可知美國人在其內心深處，實永不忘其祖先之來自英倫。親英，遂亦連帶親及西歐。西歐之在美國人心中，世界其他各地乃遠不能相比。此無他，惟民族情感一念可作解釋。即英國人之對美國，亦何獨不然？最近十幾年來蘇俄海空軍及核子力量急起直追，已將凌駕美國之上，而國際間美、蘇爭端，英國必站在美之一邊，亦惟民族情感一辭可作最恰當最深入之解釋。

此所謂民族情感，不僅英、美，不僅西歐有之。即如猶太人，分散各地，從未建立一國家，直至第二次大戰後，西歐人始為建立一以色列。此幾十年來，全世界猶太人乃無不奉之為祖國，愛護無微不至。美國有猶太人三百六十萬，其來美國，多在以色列建國前，有三四百年之久。有足跡未履以色列國土一步者。乃其身在美國，心向以色列。憑其財力可以影響總統選舉，美國人不得不重視。於是美國遂為以色列一不叛不變之盟友。除英國外，以色列常在美國人心中，不易捨棄。此亦惟猶太人之民族情感一語可解釋之。

阿拉伯人亦何嘗不有其傳統民族心情？惟局勢不利，乃若隱若現，不甚顯著。今突以石油力量，而其民族情感乃趨發揚。即如兩伊戰爭，伊朗乃波斯後裔，伊拉克乃突厥後裔，亦有民族間之潛在界線。然則全世界一切紛爭，一切事變，民族情感為之作主要原動力，逐時逐地，可資舉例，不煩詳及。而民族情感則顯為各民族一大傳統，則更無疑義。故傳統可以現代化，而現代化則終不能脫離傳統，此乃事實，可資深論，卻無可否認。

民族傳統之外，又有語言傳統，可以連帶述及。歐洲文化，最先必溯源於希臘。羅馬人起，希臘人轉為奴，但羅馬人仍多奉之為師。惟拉丁語代希臘語而起。語言傳統同時即代表民族傳統，此亦極自然而又無可奈何之事。北方蠻族入侵，羅馬帝國覆亡，語言乃亦隨而變。雖同奉耶教，各地群以自己方言翻譯其經典，於是德、意、法、英各國語，遂代替了拉丁語。今日歐洲之不能融和凝成為一國，則語言紛歧為其一主因。語言又非歷史一大傳統而何？

但民族傳統，終偏在自然方面。語言傳統亦然。不出數百里之遠，數百年之久，而語言必變。

但語言乃由人文化成，故語言屬自然，亦屬人文。西方文字追隨語言，未能超然而獨立，故其人文化之里程亦短而暫。獨中國文字其人文化之里程乃特遠，故中國民族乃能廣大悠久，日進無疆。論其傳統，乃與西方特異。近人謂中國人重傳統，不知西方亦重傳統，惟其為自然所限，乃若與中國有異耳。

中國人於語言文字，特重「雅俗」之分。俗即限於地，限於時；而雅則不為其所限。西方人好言「變」，時地異則必變；而中國人則好言「常」，必超於時地而有常。非不有變，而其常尤超於變之上。故知常可知變，但僅知變則不定能知常。有變而無常，今日不知明日，此地不知彼地，則人道大同又何由而立？中國人好言「通常」，通於地，通於時，斯知常矣。故通常乃人生之大道，中國人好言「通常日用」，斯見中國人生觀之特為廣大而悠久矣。

中國古人言：「書不盡言，言不盡意。」斯又見中國文化傳統之特深特異處。西方人則適相反，似乎必求書盡言，言盡意，姑不論其可盡與否。而連帶以起之其他變化，則有需深加討論者。

中國人主「書不盡言，言不盡意」，故其著之文字，出之語言，僅略道己意而止。其未盡者，則待讀吾書聽吾言者之自加體會。其贊成與反對，亦待其自加判定。即師弟子之間亦然。故言「教」每言「化」，此待聞我教者之自化。如陽光甘露，萬物化生。教者則如春風，學者乃如桃李。桃李在春風中自化，非春風能化出桃李來。孔子曰：「學而時習之，不亦說乎？」此待學者聽我言而自修自習，自問己心悅乎不悅，非孔子所能強。至於何以學而時習能悅，則孔子言所不盡。不如西方人必言盡己意，以強人之信。於是乃若言者為至上，聽者為至下。聞師言而不盡信，則惟有曰「我愛吾師，我尤愛真理」矣。在言者，一若真理已盡，無可疑，無可辨；在聽者，惟有自求一新。哲學思想乃亦務於變，務於創，而無傳統可言。在中國則言不盡意，書不盡言，尚待他人以及後生之續加思討，續加論辨，而遂成一傳統。此在西方為「個人主義」，而在中國則為「大群主義」，即此一端已可見。

然如柏拉圖《理想國》一書所主張，後代歐洲人雖絕未接受，但亦有其傳統可尋。一曰重職業；二曰重商重軍，富強二字，為立國之大本。此兩者，豈不為西方之思想傳統？

中國文化傳統中有「士」，而西方無之。中國之士曰「志於道」，不志於業。而西方哲學家如柏拉圖乃可謂其志於政，乃有「哲人王」之想。但非凡哲學家皆盡然。哲學亦成一職業。耶教後起，乃始離於政而傳道。然教士亦仍是一職業。西方有大學，肇於教會。大學初興分四科，一曰神學；二曰辯證學，不信者則仗辯證說服之；三曰法律；四曰醫學。律師醫生亦各自一職業，惟為己亦以為人。此下大學變而有文學院、理學院等。大學教授盡成一職業。西方政教分，大學教授亦鮮有志於政治，理亂不問，黜陟不知，職業在此，生活亦在此，而文化大傳統則亦只在此各人之職業與生活上。政治、宗教、科學，各成職業。惟謀生要途則在商，立國大本則賴軍。西方文化傳統，大體言之，乃如是。

中國士人志於道，故曰：「恥惡衣惡食者，未足與議也。」故雖亦志於政，而有進有退，有出有處，有仕有隱。不為君而為師，而師道猶在君道之上，道統則猶在政統之上。此為西方觀念之所無。老子曰：「太上，不知有之；其次，親而譽之；其次，畏之；其次，侮之。」老子言政治乃如此，豈如柏拉圖《理想國》，縷舉詳陳，連篇累牘之所指？老子又曰：「信不足，有不信。猶兮其貴言。」為政者高高在上，而在下又有不信，豈言辭之所能為功乎？中國人看重對方地位，不以言辭強人必信，不僅政治如此，即教育亦如此。故孔子曰：「學而時習之，不亦說乎？」自述己意止此，其另一半則待他人自加體驗，自加判定。故次之曰：「有朋自遠方來，不亦樂乎？」我心所存，獲得他人同驗同認，此誠一大樂事。然曰諸「朋」，則師、弟子乃屬平等。「自遠方來」，非強之來，故曰：「有來學，無往教。」然來者亦未必盡體認如我，則曰：「人不知而不慍，不亦君子乎？」老子則曰：「知我者稀，則我者貴。」豈強人以必知？

中國人「書不盡言，言不盡意」之要旨乃在此。孔子曰：「自古皆有死，民無信不立。」上一句「自古皆有死」五字已足，不煩如西方人之三段論法，必曰：「人必有死，蘇格拉底是人，蘇格拉底亦當死。」下兩語之意，其實已在上一語中。人有不信，則亦任之，以徐待其信，何必要增此下兩語，以強人之必信？至於孔子「民無信不立」五字，此中儘有深義，儘待發揮，然孔子亦僅五字自述己意即已。孔子曰：「後生可畏，焉知來者之不如今也？」亦當知對方可畏，焉知聽吾言者之決不如我，而必喋喋以盡言，視對方如一至愚乎？如是則轉不易使聽者親之譽之，轉而畏之侮之，則奈何。為教然，為政尤然。中國政治上，言者在下，讀歷朝名臣奏議可見；在上則少言，讀歷朝帝皇詔令可見。為政治最高領袖最戒多言。近代西方民主政治，總統競選，奔走道路，有如是之多言，豈不轉使人侮之？

中國人言商，則曰「貨真價實」、「童叟無欺」。又曰「信義通四海」。信不信在購者，在己則當在貨上價上，求真求實，求信求義，何待廣告，何待宣傳，跡似欺人。今之為政亦務廣告宣傳，所謂民主，亦商業化，則又何信之立？

政治如此，學術亦然，宗教信仰亦然。若果此宇宙間真有一上帝，老子言「太上，不知有之」，中國人若不知有上帝，斯為最高最善矣。耶教之上帝，使人親之譽之。回教亦有上帝，乃使人畏之。穆罕默德一手持《可蘭經》，一手持刀，不信者死，豈不使人畏之？回教流傳，終不如耶教之廣。耶穌上十字架，而轉增耶教之流傳，但豈如中國之「不知有之」乎！

以中華民族較之西方，顯見為中華民族乃一和平柔順之民族。蘇格拉底在雅典下獄死，耶穌在羅馬十字架上釘死，此兩人講學傳道，亦惟少數人相從，未見有犯法違紀之事，然皆陷於死。故爭取思想自由，乃成西方一傳統。在中國則絕無此等事。周武王伐紂，伯夷、叔齊扣馬而諫，周武王謂其乃義士而釋之。周有天下，而伯夷、叔齊恥食周粟，餓死首陽之山。此乃伯夷、叔齊之自由，非周王室逼之如此。而孔子尊之為「仁」，孟子尊之為「聖」。孔、孟亦尚在周代，不聞其反周武王，而尊伯夷、叔齊有如此，後世亦永尊之，亦可謂乃尊二人思想行為之獲得其高度之自由而已。

孔子在魯以一平民擢用為大司寇，在政府中踞高位，僅次於三家。然孔子棄官而去之他國，周遊天下，備受崇敬。其欲殺之者，惟宋司馬桓魋一人。實則如衛、如陳、如楚，皆非能用孔子，而敬禮之不衰。孔子周遊不得志，而魯之君臣終敬禮迎歸，老死於魯。果使孔子而生於雅典、羅馬，其得罪獲辜，恐當不亞於蘇格拉底與耶穌。一尚禮，一尚法，此又中西政治傳統相異之一徵。

秦始皇焚書，如伏生之徒，皆得歸隱。坑士乃坑方士，然後世永詈秦始皇為暴君。漢廷儒臣勸漢帝當讓位被殺，然繼起言者不已，漢終讓位於王莽。此可證思想自由之在中國，早有傳統，但不盡如西方之言論自由而已。

西方人好爭成功，但成功之後，即繼之以失敗。全部西洋史盡如此。中國人不爭成功，但求不失敗。爭成功必裹聚群力，而被裹聚者喪其自由，故爭自由乃為西方一大傳統。即如商業，勞工裹聚始成資本主義。勞工被裹聚則起而爭集體罷工，成為近代西方一大潮流。中國人求不失敗，但家國天下不能無盛衰興亡，乃先求個人之不失敗。伯夷、叔齊之餓死首陽山，此非失敗，乃成功。孔子稱之曰「求仁而得仁」，求之而得，非成功乎！「不仕無義。……道之不行，已知之矣。」孔子周遊求仕，乃孔子之自由，亦即孔子之成功。道不行，則非孔子之失敗，故曰「殺身成仁，捨生取義」。「殺身」、「捨生」非失敗，「成仁」、「取義」則其成功。全部中國史，乃一部成功史，在個人則成聖成賢，為孝子，為忠臣；在大群則五千年來成為一廣土眾民大一統之民族國家，至今而仍屹立在天壤間，舉世無與匹。此即其成功矣。

楚、漢相爭，項王兵敗於垓下，單騎突圍至烏江亭下。亭長艤船待，促速渡。項王曰：我率江東八千子弟渡江而西，今一人回，何以見江東父老？聞漢軍懸賞得我頭，今以贈君，可持往取賞。遂自刎。項王年尚壯，渡江東回，焉知不能負隅再起。然項王求成功之心，終不勝其愧慚失敗之心為大。「持我頭往領獎」，臨終慷慨，此情此義，亦可長在天地間，獲後世之同情矣。此亦一成功，非失敗。

田橫亡齊，流落海島，從者五百人。漢祖召之，曰：「橫來非王即侯，不來當派兵圍剿。」橫應召至洛陽漢王所在前一驛，告其隨客兩人，曰：「我與漢祖同起兵為王，何面目以一荒島亡人往見。」遂自刎，命兩人持頭往。兩人往見漢祖，亦自刎。島上五百人聞之，皆自刎。田橫英名乃垂百世，長為吾中華民族一人物。此亦一成功，非失敗。

諸葛亮高臥隆中，「苟全性命於亂世，不求聞達於諸侯」。劉先主草廬三顧，遂許以馳驅。及輔後主，鞠躬盡瘁，死而後已。以視曹操、司馬懿，魏、晉開國，其榮何啻百倍。此亦一成功，非失敗。故知中華民族不爭成功，而常能於失敗中得大成功。史籍昭彰，難以縷舉。即如關、岳，尊為武聖，豈不俱在失敗中得大成功？失敗在一時一事，成功則在此心此道，可以歷萬劫而長存，經百世而益彰。故似西方歷史多成功人物，中國歷史多失敗人物。然成功則終歸於失敗，失敗乃常保其成功。此又雙方歷史傳統一大不同之點。

惟其求成功，故常務進取；惟其慎失敗，故常務退守。務進取者必犧牲當前，以企圖將來。將來復將來，犧牲又犧牲，乃永不見有成功，此乃一種「功利觀」使然。能勿失敗，保之益謹，守之益堅，只辨是非，不論得失，則為一種「道義觀」。故尚進取則每蔑古，尚退守則每尊古。蔑古則使後亦蔑今，尊古則使後亦尊今。蔑其前，斯求變；尊其舊，斯求守。即如政治，開創乃一時事，守成則有綿延。西方歷史開創復開創，乃無成可守。即如今美國，建國僅兩百年，其先十三州，今至五十州。其先尚以門羅主義自守，今則一躍而為世界之元首，舉世事無不聞問。富益求富，強益求強。進取愈進取，如駿馬千里，乃不知稅駕之所在。中國則如一匹駑馬，五千年治亂相乘，乃已不啻十駕，而尚得緩步向前。各有其傳統，亦各有其得失，而豈有是非之可定。

今日國人好言現代化，憎言傳統。所謂現代化，乃指西化言。其實西方亦自有其傳統，而中國歷史亦各有其現代化。孔子曰：「殷因於夏禮，所損益可知也；周因於殷禮，所損益可知也。

其或繼周者，雖百世，可知也。」其言「因」、言「繼」，即言其「傳統」；其言「損益」，即其當時之「現代化」。夏、商、周三代，何嘗非當時之現代化？孔子已早知必有繼周而起者，但又知其仍必因於周，而亦不能無損益，秦、漢以下是已。所「因」少，則「傳統」弱，而不能常。如秦、如新、如三國、魏、晉，以下如隋、如五代皆是也。所「因」多，則「傳統」強，而能常。如兩漢、如唐、如宋、如明是也。其間如五胡、如北魏、如遼、如金、如元、如清，「因」於中國者多，則能有常；「因」於中國者少，則無常。至其所損益，亦一依其所因之當否，而定其得失高下。善治史者，自能知之。

至言學術思想，孔子亦有所因，有損益。故孟子曰：「孔子，聖之時者也。」孔子乃上承周公而現代化。孟子曰：「乃所願，則學孔子也。」孟子亦上承孔子而現代化。荀子亦然。而孟子與荀子之所損益於孔子者則各不同，而孟、荀之高下得失亦於是判。兩漢以下，中國全部儒學史，無不如此。同因於孔子，同有其損益而現代化。故吾中華民族綿延五千年來之歷史，乃所謂人文化成。或可謂神農、黃帝、堯、舜、禹、湯、文、武、周公、孔子創之，而吾五千年之國人則因而損益之。今則欲盡棄故常，一掃而空以為損，一因西方以為益。則西方傳統縱其盡善盡美，亦恐無以益於此一空之我矣。其然，豈不然乎？

略論中國考古學

(一)

近代國人率以「好古守舊」自譴，認為乃吾民族一大病痛。然知古始能好，保舊始能守，不知不保，又何好何守？乃自來中國學問中，獨無「考古學」一門。《論語》人人必讀，孔林則可到可不到。西化東漸，始知西方有考古學，有考古專家。一時驚動欣羨，於是近代中國乃有考古學之崛起。

中國人觀念，「古今」一體。苟無古，何有今。今已來，而古未去，仍在今中。好古實即為好今。「新舊」亦然。如人之暮年，幼齡之生仍未去，幼齡仍在暮年中。人之老，懷念其幼生而好之，此亦人生之好古守舊，又何責備之有？愛其暮年遂亦愛其幼齡，愛其幼齡亦將愛其暮年。果謂「幼齡已失，暮年已到」，此語膚淺，未切實情。中國人重生命，重時間，古今新舊一體視之，不嚴加分別；西方人則重空間，重外物，生命無常，轉不如外物之可久。如古埃及之金字塔，迄今歷三千年無變，而埃及人之生命，則可謂已經百變而非舊。故在埃及，實非埃及人之可貴，乃此金字塔之可貴。其他各地亦然。故西方人重物不重人，考古之學亦僅考其物，非考其人。人則求新求變，無古之足貴。即如埃及之木乃伊，亦謂人死，其靈魂他年當重歸此身復活，故設法保留此身，使能不腐。則無怪西方人重其身，乃更過於其人之生命矣。

中國人則不然。堯讓天下於舜而死，舜未嘗為堯築大墓傳萬世，蓋堯之生命猶有不死者在，即其生前之「讓德」是矣。舜心不能忘堯，亦讓天下於禹，斯亦舜之好古守舊。禹得舜禪，亦不欲傳位其子，而讓之益。然天下民眾則記念禹之治水大德不能忘，乃擁戴其子啟居天子位。依中國人觀念，其父死其生命則仍傳之子，愛戴其子，即猶愛戴其父。然則堯之死，天下民眾何以不愛戴堯之子，而愛戴舜？蓋其時洪水未平，堯之用舜，即用以治水，舜又能用禹以治水，則愛舜即猶愛堯，亦即以愛天下民眾之生命。堯、舜之為大聖，有此讓德，亦惟其愛天下民眾之生命，乃遠勝於其子之獲為天子，乃以成其讓。故明其心，斯可明其人與事之內情矣。

埃及金字塔耗費多少人力，經歷多少歲月。塔之成，而埃及則隨之以衰亡。堯、舜、禹三代，耗費人力亦甚鉅，經歷歲月則有限。而中國人從此遂得安其居，樂其生，逾四千年以迄於今。堯、舜、禹功德之大，而其墳墓則不傳。然則中國人所好之古，所守之舊，則在其人之大德。自《尚書》迄於司馬遷之《史記》，以及先秦諸子百家之言及其事者，亦可謂既詳且備，此即中國之考古學。惟所考，重人不重物，則與西方有不同，如是而已。

堯、舜、禹三人所重，只一事，曰治水。治水非禹一人之事，非堯、舜，禹又焉得成其事？而其事則永傳千古。後世不斷有治水，試讀清儒胡渭所著《禹貢錐指》一書，可知其略矣。乃晚清之季，康有為始創託古改制之論，謂堯、舜、禹古代之事，皆孔子儒家託古偽造，以便於求改當時之政制。於是顧頡剛繼之有《古史辨》，謂禹乃一大蟲，其事盡屬神話。一時轟傳，是為中國新起之考古學。然而治水一事，則後世有之，不得謂古人無有。今人力主求變求新，惟治水乃古人已有之事，後世皆有水患，不得謂堯、舜、禹之時獨不能有水患。治水有方，亦不得謂當盡變其舊以求新。試觀四川成都灌縣之二王廟，兩千年來之治水一事，眼前昭彰。豈李冰父子之治水，乃變乃新，無古可考？則中國古人實另有一套考古學，亦即此可見矣。

中國近代考古學之盛起，則莫過於安陽殷契龜甲文之發掘。一時群認非治龜甲，即無以治古史。然經王國維考訂，則湯以前商代歷世君主其名字已具詳於司馬遷之《史記》。以殷契發掘所得校之，遷《史》缺一兩代。然則殷墟新發掘，可以補遷書之缺，但亦可以證遷書之有據而可信。今欲考殷商一代治亂興亡之大業，則惟有見於遷書，而無以考於龜甲。故中國古人讀史即以考古，而中國史學之可貴，亦由此而益見矣。

王國維又為〈殷周制度論〉一篇，備論王位傳弟傳子之先後演變。然其論乃根據《史記》，非根據龜甲。又國維告其來學，欲治龜甲，當先通《說文》。文字然，歷史事跡更然。亦可謂非通戰國，即無以通春秋；非通春秋，即無以通西周；非通西周，亦無以通商代。古今一體，非通其人之成年以後，又何以考論其幼童期之所為？亦如不知後代之埃及，又何憑以論其金字塔與木乃伊之意義與價值？

抑且許氏《說文解字》一書，其所收字體本屬大篆、小篆，後又變而為隸書、楷書。龜甲文則為古舊字體，已遭廢棄，不再使用。正足見中國民族亦一求變求新，日趨進步之民族。否則中國當永留有巢氏、燧人氏之時代，何得有此下之包犧氏、神農氏，以及黃帝、堯、舜之出現。近人則益求變，益求新，欲改造為簡體字，又欲廢止漢字創為羅馬字拼音。幸而毛澤東為之，國人乃相戒而不為，否則又誰來唱導保存漢字之理論？

又有進者，中央研究院為近代中國一最高學術研究機構，有關中國舊學方面者，則為中國歷史語言研究所。其中最主要者，一為考古與龜甲文研究，一為語言學。語言學一門，亦來自西方。

在西方則語言重於文字，在中國則文字當重於語言。欲通中國史學，非先通文字不可；欲治龜甲文，亦非先通後代之文字不可。〈中庸〉言「書同文」，此為中國歷史一大進步。試問研究龜甲文，以及研究各地白話方言，又與治中國史具何關係？治龜甲文過於舊，治語言學又過於新，新舊相衝突，惟俱是模仿西方，則不知覺。

中央研究院歷史語言研究所外，同時代表一代之新風氣者，則為白話新文學。古詩三百首，傳誦百世。果使近人所為白話詩，亦得傳遞久長，則一如許氏《說文》，代龜甲文而興。龜甲文不受國人反對，古詩三百首，宜亦不必反對，亦何必嚴加新舊之分，又必謂舊文學乃死文學？無奈今之白話詩人自創造，自名家，無宗師，無後學。過一世三十年，則其人姓名已不在後人記憶中，則惟求變求新，可謂無生命，又無成。其成則只在一二十年內，已為有其知名度，此非斯文之掃地而何？白話文亦然。有風氣，無學問，能識字，能操筆，即得為之。舊不變，新不起，而不再有一時間觀。果謂有時間，又暫而非久。乃又提倡考古之學，此誠中國近世一可悲事矣。

抑更有進者。龜甲文本殷代卜筮之辭，而卜筮之術，至周已變。不再燒炙龜甲牛骨，以蓍草數字占八卦，其辭則載在《周易》。下至秦末漢初，《周易》乃列為「五經」，後世傳誦不衰。然《周易》本為卜筮書，則上自孔子，下迄朱子，皆言之。今人又尊《周易》為中國一部至高無上之哲學書。若謂中國在卜筮中亦能涵有哲學深義，豈不為中國學問增高其地位與價值？但近人必一依西方觀念，謂《周易》乃一部哲學書，則其地位自高；謂《周易》乃一部卜筮書，則其地位自低。故必主其為一部哲學書，而不再肯認其為一部卜筮書。則何不再下一番考古工夫，以資認定。乃竟有人主張治孔子哲學則當治《周易》，不當讀《論語》。其人亦本治西方哲學，國人遂不復反對，並群加尊重。如此風氣，又何以言學問？學必學於舊，問必問之舊。今人之盡務新學，其實亦乃西方之舊。故今日之言求變求新，則亦惟一務西化而已。以彼之舊，易我之舊，變則然矣，新恐未必。

中國堯、舜、禹三帝，後世皆無明確墳墓可尋。下至商湯、周文王、武王，其死後，其子其臣，皆不為大興墳墓。然中國人事乃有大堪驚詫者。若謂好古守舊，乃孔子首唱其說。然孔子之死，其門人弟子乃為特建一孔林，其規模殆已為前世帝皇之所無。而當時如魯哀公及季孫氏，亦一任其門人所為，不加禁止。孔子歿後，百家競興，未聞其有如孔林同樣之興造。此姑不論，孔子門人及其儒林後起，卒亦未有身後墳墓有如孔林之規模者。然則所謂中國人好古守舊，可知當別作解說，不得謂凡古皆好，凡舊皆守矣。

抑且後代帝皇墳墓，其規模，其形勢，豈遂不如孔林？然而自秦以下，迄於明代，帝皇陵寢，皆隨其朝代而荒破。僅明、清兩代，年歷尚短，諸帝陵寢，尚得保留。然亦卒未有如孔林之獲有全國之崇仰與瞻拜，歷兩千五百年而不變。此可見中國人之好古守舊，乃中國歷代後人之事，非古人所能安排其如此。埃及人亦幸而及早衰亡，否則金字塔連續興建，迨今將無埃及人生存之餘地。雅典人亦幸而及早衰亡，否則雅典一小城，又何得常有新建築興起。西方人既不計後起之必有繼，乃求變求新。中國人必主後起有繼，故曰「創業垂統」。有統可傳，則其新其變自有限。既尊孔子為至聖先師，後起者遂皆不敢自居為聖。其為師，亦惟傳孔子之道而已，此謂之好古守舊。亦豈《論語》以後，遂無百代儒林之不斷著作之繼續興起乎？孔子歿後，而中國儒林日臻繁盛，但亦終不有如孔林之再度出現，則古舊之可好可守，亦宜知其所在矣。

自共產黨占據大陸，古舊人文，盡歸掃蕩。而考古一業，則特見發皇。一則古器物不涉人事，二則古器物亦屬財富。既可肆其專制，又可增其財富。而尤著者，則為秦始皇帝墓之發掘。秦始皇帝開始以郡縣政治統一中國，創自古未有之宏業，然而二世即亡。鑒古知今，乃中國史學一大理想，大貢獻。而司馬遷《史記》則已盡其職責，勝任而愉快。後世歷代帝王再不敢復效秦始皇帝之所為，豈非考古之功乎？近人則謂中國自秦以下兩千年帝皇專制，此可謂不考古之尤矣。毛澤東亦受其影響，乃欲效秦始皇之專制。文化大革命則較之焚書坑儒遠為暴烈。輕蔑古人，自受其禍，吾國人宜亦知所自警矣。

秦始皇帝集當時六國宮殿建築之大成，造為阿房宮，雄偉壯麗，卓絕前古。項王入關，付之一炬。乃後代中國人，未聞有加以惋惜者。直至唐代文學家作為〈阿房宮賦〉，亦以重申警惕，非以追溯懷想，則古有絕不可好，舊有絕不可守者，中國人反復之詳矣。至於秦始皇帝墓，或在秦始皇帝生前已有計劃，或全出秦始皇帝死後營造，此皆不足深論。要之，秦祚之不得其久，則司馬遷書已詳列之，而阿房宮非其要端，更何論其身後之墳墓。今之發掘，亦僅供觀光遊覽，亦為政府添一筆收入，而舉國喧傳，若可為舉世人增一番知識，為吾民族增一番光榮，是誠淺見薄識之尤矣。

余在五十多年前，即寫有《先秦諸子繫年》一書，根據《竹書紀年》遺文，考訂司馬遷《史記・六國年表》之誤。亦根據地下發掘，自謂較之近人根據殷墟龜甲所貢獻於中國史學者更大。地下發掘，亦有其意義價值之所在，而豈地下發掘之盡為無上寶藏乎？《諸子繫年》已成書，又續為〈周初地理考〉一文，距今亦五十年，考定當年姬周氏族，乃自晉遷陝，非自陝東來。此一論，乃發前人所未發。然所考各地，皆余當年足跡未親履，僅據古籍文字記載，錯綜配搭，會通成之。最近旅美學人許倬雲告余，彼最近根據近年大陸考古發掘所得各種古代銘文二百餘件，逐一研討，乃知余往年〈周初地理考〉所辨，皆獲證明，可資論定。然則地下發掘，仍必會通於地上之所流傳，乃始知其意義價值之所在。故好古守舊，亦仍必會通於今之新，乃始知其可好可守之真實所在，而豈惟古之是好，舊之是守乎？而亦豈凡屬古舊則必盡不可好，盡不可守乎？若惟以專門家言為貴，則中國傳統素尚通學，宜可一概加以鄙棄矣。其然，豈其然乎？

今再言「觀光」。此又近代一新名詞，為中國古代所無。中國山川勝地，多資學人以考古之需。如登泰山，歷代政事學業，有關國家民族治亂興亡之大，皆足參考。豈一登日觀峰，一睹海上日出，即為泰山之觀光乎？果為無知識無學問之多數群眾言，斯則是矣。然又何必登泰山，乃始有日出可觀。又如蘆溝橋，此亦中國近代一名勝。唐代都長安，則有灞橋。非通中國之科舉制，驛站制，則不知其為名勝之由來。唐代則稱灞橋，清代則稱蘆溝橋，同一好古守舊，其間亦有變有新。而會通和合，則仍有其一貫相承處。不論名山，即論橋梁，名傳千古，常見之詩文稱道者，全中國亦當得三四十處。日本東侵，蘆溝橋事變乃膾炙人口，於是蘆溝橋亦遂成近代國人一觀光勝地，群眾慕向。而其他歷代有名諸橋梁則盡置遺忘。此亦日變日新之一例。但豈吾民族之文化大傳統，亦隨以隱淪消滅於無形中？此見有變有不變，有新有仍舊，未可盡變盡新，一如今日吾國人之所求矣。是必知好古守舊者，始能善保其舊，而使來遊者發思古之幽情於不知不覺中。然則縱是發展觀光事業一小節，亦待通人之籌劃，而豈考古專家之所能勝任而愉快？即小斯可以喻大，願吾國人其亦深思之。

(二)

中國人重經驗，西方人重成績。中國人之經驗，一言一行，詳細記下，成為歷史；西方則並不重歷史，其成績全在物質製造與其建築上。如古希臘，除其古代建築與其他器物製造外，若論人生經驗，則永是一城邦分裂，無足詳者，故無歷史記載。即其後代有歷史，亦如此。法國革命，亦西方歷史中一大變，可謂乃西方人文一大變，而西方人則重其在自然方面之變，於人文之變則似所忽視。即如拿破崙，有此一人，亦如自然中一物。有巴黎凱旋門，則拿破崙其人其事已成器物化，更可與人共賞。而拿破崙其人其事之影響及於後世之法國，乃及全歐洲者，其是非得失又如何，則可不深究。大英帝國之創建亦然，亦如一大建築。有西敏寺，有白金漢宮，有唐寧街十號，豈不迄今仍為英國人共同所瞻仰？然埃及金字塔至今猶存，大英帝國則迄今已煙消雲散，則人事創新，其重要性尚不如物質建造。要之，西方人僅重物質事務，而不重人類內在之心性，故其經驗所重，常在外，不在內，讀史遠不如觀光，治史書遠不如考古。亦可謂「物惟求舊，人惟求新」，與中國人言「物惟求新，人惟求舊」正相反。故史學乃西方晚起之學，不如考古早先於其史學，而更得西方人之性好。

中國人所謂之經驗，國家民族大群之盛衰治亂興亡，人之賢奸邪正，禍福憂喜苦樂，鑒古知今，為法為戒，所謂「究天人之際，通古今之變」者是矣。今乃謂英國人重經驗主義，此指哲學思想言，不指人文史學言。若英國人亦重人文史學之經驗，則最近福克蘭群島之戰事當不再起。福克蘭群島，在英國人心中，亦屬外面一物，必爭為我有。人類歷史，古今惟一「爭」。惟今人有大艦隊、大機群，古人無之，有此成績，此之謂進步。經驗已屬過去，今人當爭有新經驗，如是而已。亦如牛津、劍橋古舊建築，五六百年，慎守不變。至其教授講學，則日新月異，而歲不同，惟當開新，不當守舊，豈得與校舍建築有同等不變之價值？

如言商業，所謂成績，在其積有之資本；所謂經驗，如不斷之商情。商情隨時有變，資本則必固守其舊，再求增加。經驗則在內心，而資本則為外物。西方人之輕於心重於物，有如此。換言之，即重於「人對物」，不重於「人對人」。故其史學亦重考古，仍重其對物，不重其對人。今人一意慕西化，乃亦以發掘考古為治史要端，斯則失之遠矣。若以中國固有觀念言，史學貴於能上通古人之「心」，不在能上通古人之「物」。治西方歷史，亦可仗我心之經驗，以通之西方之人心，而豈徒求之於西方之物質？此庶得之。

略論中國教育學　一

「教育」為文化體系中主要一項目，而中西教育即有其大相異處。西方教育重在傳授知識，知識對象重在向外之事物，故必分門別類，互不相通，而又各分割成各階層。故西方學校必有分科分年制，又分小學、中學、大學，均限年畢業。其上尚有研究所，亦限年畢業。獲得博士最高學位，即為學終止。分科則範圍狹小，分年則為時短暫。要之，現代學校教育乃為青年人傳授知識乃及研究學問之一項共同項目，當僅為中年以後繼續進修作一基礎，並不占人生中「行為」與「學問」兩方面之極重要地位。教者必先使學者明得此意，方可無弊。

西方又稱小學為「國民教育」。人生不限為一「國民」，其意義價值，有超乎為一國民之外之上者。儻僅以一國民地位，向其政府來爭取人權，此亦為人權之至狹者。又其大學教育分院分系分班授課，內容狹，為時暫，即獲最高學位亦僅為一「專家」，不為一「通人」。故其所教育，最低則使為一國民，最高則成為一專家，皆把人生意義地位約束了。

要之，為一國民，則僅為其所生一國之用；為一專家，則僅為其向外一事一物之用。教育意義僅為功利。但人生不應僅為功利，此一層實大值商討。

中國教育則在教人學為人。天生人，乃一「自然人」。人類自有理想，乃教人求為一「文化人」、「理想人」。孔子曰：「弟子入則孝，出則弟，謹而信，泛愛眾，而親仁。」此始為一文化理想人。中國家庭、學校、國家、社會，教人主要皆在此，受教者當終身奉行，此之謂「人生教育」，亦可稱「德性教育」。孔子又曰：「行有餘力，則以學文。」此始為識字教育，讀書教育，亦可謂是知識教育，但亦只占教育中之一部分。知識乃後天之事，由後天獲得，供人生部分之用；德性乃占人生之全部分，並由先天傳來。故德性教育必求共同普及，知識教育乃可分別授受。今人競言自由、平等、獨立，惟德性乃自由，又平等，能獨立，知識則無自由、平等、獨立可言。

中國之知識教育必以德性教育為基本，亦以德性教育為歸宿。孔門四科，德行為首；言語乃國際外交，政事如治軍理財，此兩科皆為政治用；最後文學一科，則不必為當世用，致意在歷史典章之傳統上，於後世有大用。是則中國教育非不主用，惟由其各自一己性之所近、志之所向來作貢獻。而四科實以德行為主，雖若分，而實通，未有違於德性而能完成其此下三科之學者。此乃中西教育意義之大相分別處。

故中國人言知識，亦從各人之內在德性上，隨時隨地為實際需要之應用，而分展出各種支流派別來，而不先為知識上作分門別類之規定。亦可謂西方人重其師所授之學，而其師則為一分門知識之專家；中國則重其師所傳之道，而其師則應為一具有德性之通才。亞里斯多德從柏拉圖學哲學，求真理，而自有所得，乃曰：「我愛吾師，我尤愛真理。」孟子曰：「乃所願，則學孔子也。」不得謂孟子在學孔子之專門知識，或史學、或哲學、或政治學等，乃在學孔子之為人與為學。其他先秦諸子百家師、弟子相從講學，大體亦然，而孔子、墨子兩人則最為其著者，故儒、墨乃為當時之顯學。

孔子言：「始作俑者，其無後乎！」又曰：「人而不仁，如禮何？人而不仁，如樂何？」孔子之重人類同情有如此。孔子非分門別類，或科學、或哲學、或文學、或宗教信仰以為教，乃教人以其德性，即其自己所能有之一種情感意境，而為實際人生之主宰所在者。西方之教，乃不重此。如造為銅像，屹立街頭，日曬雨淋，常此暴露，更無遮蔽，以供人之瞻仰，而瞻仰者亦不為此動心。又如耶穌像，必在十字架上，血滴淋漓。豈耶穌之足以感動人心者僅在此？西方之人情冷酷，亦可由此而見。即如近代國際迎賓大典，必鳴大砲行軍禮，則亦無怪國際間之兵爭不息矣。中國人言禮教、風教，亦可謂之「情意教」。中國傳統之教育精神則正在此。

中國人之為師，其教育與其所著作又當分別論。孔子曰：「有朋自遠方來。」其視來學者乃平等如朋友。又曰：「吾無行而不與二三子者。」則孔子乃以身教，以行教，以己之為人教。其與來學者相處亦親切如家人。又曰：「吾與回言終日，不違如愚。」則其終日相親又不啻過其家人矣。又曰：「回也，視予猶父也，予不得視猶子也。」則師弟子之親，乃亦有踰於父子者。孔子卒，來學者廬墓心喪三年。故來學者之於其師，自稱門人弟子；其傳師說，乃稱家言。而為師者非著書立說以為教，乃一如家人之日常相處以為教。其相與語亦即日常相處語，而深意存焉。如讀《論語》可知。《論語》乃孔子弟子記其師說，不僅見孔子之學，乃更見孔子其人。孔子作《春秋》，筆則筆，削則削，游、夏之徒不能贊一辭，則與師弟子之日常講學為異矣。孟子曰：「《春秋》，天子之事也。」則孔子之作《春秋》，亦僅以天子命史官之職任自任，與其無行而不與二三子者異矣。故教育乃見師之為人之全，而著作則僅見師之為學之偏，其輕重可見矣。

戰國時，墨子繼起，其弟子乃於墨子講學有著作。道家則不聚徒講學而自有著作。《莊子》〈內篇〉七篇，乃莊子閉門自著為書；《老子》〈上下篇〉，尤其是精心結撰。此皆著作，非教育。後世重莊、老道家，乃更重其引退避世，實亦重其人更過於其書與學。荀子亦一儒，亦廣授弟子，但亦自著書，與孔、孟異。中國後世亦不以荀子為一教育家。蓋其主「性惡」，其教育人自亦與孔、孟異，乃偏重教知識，已多分門別類。其弟子如韓非，亦自著書，而與其師荀子已有別。李斯則不遑著作，而其助秦為治者，乃與荀子義有大背。故中國後世視荀卿，乃更不如視莊、老。則中國文化傳統重其人更過於重其學，而教育精神亦可於此見矣。

西漢始立太學，博士司其教，雖通諸經，必分經而授。學者受一經，一年即畢業。此因五經皆講周公、孔子之道，為師者僅導其先路，學者得門而入，可以終身依之，是仍重在教以周公、孔子之為人，與先秦傳統無大相異。故太學中雖同時有諸博士，而來學者必擇從其一，此即所以親師。「親」乃知「尊」，「尊師」乃所以「重道」。若重知識，則不僅當兼諸經，亦當兼及先秦百家。而西漢之太學生，則仍重博士為師者之所傳道，亦可知。

逮及東漢，各地私人講學者群起，然皆一人講授，與太學制度無大相異。鄭玄遍謁全國各地名師，歸而網羅群言，囊括大典，則其時風氣似已偏重學而較輕師。此下乃有經師、人師之別。儒林轉而為經師，則儒道以衰。三國以下，莊、老道家乃代興。然老子言：「絕學無憂。」道家之弊在輕學，乃不尊師，於是又尊印度東來之佛教。竺道生主「一闡提亦得成佛」，乃同於孟子「人皆可以為堯舜」之義，則仍不失中國重其學乃重其為人之舊傳統。下迄唐代禪宗，不識字，不誦經典，亦得成佛。五祖教六祖，僅舉《金剛經》「應無所住而生其心」一語。是較西漢太學之僅治一經，其為易簡更甚矣。

唐代太學有《五經正義》，於注外更加疏，於是使學者偏重在文字書本上，而轉輕師教。乃轉使經義不受重視，而至於以詩取士。陳子昂詩：「前不見古人，後不見來者，念天地之悠悠，獨愴然而涕下。」建安以來，曹氏父子倡為新文體，除陶淵明等極少幾人外，文中可不見有作者其人，亦無道可傳。陳子昂所深悲，非謂不見有詩，不見有辭賦之文，而其人則非矣。子昂之愴然涕下者在此。李白、杜甫繼起，乃有唐代之詩。韓、柳繼之，乃有唐代之文。乃求於詩文中再見有其人。韓愈好古之文、古之道，又言：「若世無孔子，不當在弟子之列。」又以孟子自比，又著〈師說〉，以師道自任。其時惟釋、道始有師，而儒者已無師，即柳宗元亦不敢當。愈又言曰：「師者，所以傳道、授業、解惑也。」師所傳之道，即為人之道。愈在當時以「闢佛」自任，即當時為人之道也。其為古文乃其業，授業即以傳道，而豈徒為一文人而已乎！解惑者，乃解當時信崇釋、道之惑，精熟《文選》徒工辭賦之惑。則韓愈之為後世師者，實亦韓愈其人，非僅其文矣。

唐代又有書院，家藏有書而可供外人閱覽，非學校，亦無師。及至北宋，始於書院講學。睢陽書院為之首，而胡瑗之蘇湖講學則尤為後世稱重。胡瑗分書院為經義齋、治事齋。漢代五經已增為九，豈胡瑗一人所盡通？一國之事如曆法、水利，皆須專家，項目繁多，又豈胡瑗一人所盡知？而胡瑗獨一人為師，明體達用，綜其大綱，令來學者分類群習，而胡瑗為之折衷指導，仍不失孔門四科設教之精神，亦即西漢儒林之所謂「通經致用」。韓愈有言：「弟子不必不如師，師不必賢於弟子。聞道有先後，術業有專攻。」在中國傳統教育中，師、弟子實如同學。《小戴禮記》言「敬業樂群」，師、弟子共成一群，共治一業，以敬以樂，情意教育之實際生活乃如此。

胡瑗掌教太學，出題曰：「顏子所好何學論。」時程伊川亦在太學受教，胡瑗欣賞其文，拔擢為助教，今此文猶傳。顏子所好何學，正學孔子之所教，即教顏子以為人。周濂溪教二程尋孔、顏樂處，正樂此學，亦樂此道，即樂孔、顏之為人。倘有群共學則更樂矣。顏淵死，孔子哭之慟，曰：「天喪予！天喪予！」共此學，即共此業，亦即共此情；共此為人，即如共此生命。故顏淵死，而孔子哭之謂「天喪予」也。鍾子期死，伯牙終身不復鼓琴。中國藝術亦一種人生藝術，即情意藝術，故與中國之傳統教育精神亦相通。惟教育終亦與藝術有不同，故顏淵、子路死，孔子皆曰「天喪予」，而孔子之教不厭則如故。惟孔子為至聖先師，為中國教育史上最高之師；而顏子為亞聖，為中國教育史上最高一弟子、一學生。顏淵年過四十即夭，生平僅為一學生。周濂溪言：「學顏子之所學。」此則猶之教孔子之所教矣。「教」與「學」平等，共一業；「師」與「弟子」亦平等，共一生命。而上下二千五百年來，有一學生、弟子之最高榜樣，為人敬愛不已，如顏淵，則惟中國有之。舉世其他民族，上下古今，亦曾有學生榜樣如顏淵其人之受百世愛敬乎？

周、張、二程理學家起，亦可謂中國傳統教育大道乃再興。但濂溪、橫渠猶偏用心在著作上。惟二程下逮朱子，乃更偏重在教育上。二程之教，詳載於其弟子之《語錄》。而朱子尤然。其上百弟子所記之《語類》，多至一百三十卷。著作等身，而主要精力所在，乃在其四書與諸經之注釋。但朱子生平，特未有自創一說、自傳一道之著作。乃為中國後代一大儒，又最為一大教育家。其風直迄元、明、清三代而不衰。

周、張、程、朱之為教，無學校，無課程，無年限，無群眾集合之講會。僅師、弟子三數人偶聚相談。惟朱子同時陸象山聚會講學，其風略異。元代蒙古入主，中國士人多在野為師不為臣，書院講學之風乃特盛。明代承之，王陽明尤為一代大師。其最流傳者，為《傳習錄》一書，則仍是程、朱為教之舊傳統。王學末流，尤喜集會講學，乃成為一種社會教育，跡近釋、道，近似宗教傳播。此可謂乃近象山，為理學家教育一別支。東林書院講學，則為朋友相聚，乃學會，非以前之書院，亦非學校。可謂又一變。

下逮清世，書院講學之風依然傳遞不絕。然仍皆是一師掌教，群弟子受學，不立課程，不定年限，仍此一舊傳統。道、咸之際，有曾國藩，家書家訓，乃以書信親教其弟與子，此乃一種家庭教育。曾國藩不以理學名，自居為一古文家。然其為〈聖哲畫像記〉，又有繼姚鼐《古文辭類纂》為《經史百家雜鈔》，則其所治文學之範圍，已顯見為擴大會通，可謂亦中國一大教育家。其在軍中，幕府兵僚，皆其教育範圍，乃與王陽明主贛政時特相似。下及清末，朱次琦在粵，俞樾在浙，皆以書院講學，仍屬舊傳統。其及門者，粵有康有為，浙有章炳麟，則以其變法與革命一事一業為教，又特多著作，故此兩人可謂乃當時一思想家，但不得謂乃一教育家，已非中國傳統之所謂師，蓋其時風氣已變矣。

新學校興起，則皆承西化來。皆重知識傳授，大學更然。一校之師，不下數百人。師不親，亦不尊，則在校學生自亦不見尊。所尊僅在知識，不在人。人不尊，則轉而尊器物。最近如電腦、如機器人、如核子武器，其見尊則遠在人之上。人之為學，則惟學於器物，而技能乃更尊於知識。此今日之教育風氣則然。

西方「教育學」一名，本屬後起。如希臘時代之柏拉圖、亞里斯多德，雖亦廣招門徒，然其學盡見於其著作，而其著作內則不見有人。此乃西方之哲學家，非教育家。耶穌自稱為上帝獨生子，以上帝之言為教，非自立言以教。故信其教者，惟當信上帝。除其上十字架外，耶穌其人，即不見其有教。後世教皇教宗，亦惟以耶穌之所言上帝者為教。苟非有教會組織，與梵諦岡建築，則其人之尊嚴，足以主一世之教者又何在？故中國教育，乃在西方「信仰」與「著作」兩者之外，而即以為師者之親身為教，此乃謂之「師教」。則為師亦難矣。孟子曰：「人之患，在好為人師。」孟子鼓勵人皆可以為堯、舜，乃戒人以好為人師。故中國後世乃教人以尊師，不教人以為師自尊，其旨義深遠矣。故孔子教不倦，及門者多達七十餘人。孟子弟子後世知名者僅公孫丑、萬章三數人而已。故中國之教育，非人生中一事一業，乃教者學者在其全人生中交融為一之一種生命表現，始得謂之是教育。故在中國有師道，而無教育家之稱。此亦中西雙方文化傳統一大相異處。

西方大學本創始於教會，西方政教分，亦政學分，故大學亦可外於政府而獨立。美國大學校長，其職任在籌募經費。校內所重，則仍在教授。吾國近代學校皆重國立，大學亦然。而宗教在國內終不盛行。學校統治於政府，校長由教育部派任，不啻以政治淩駕於學術之上，此亦是一種政教合，政學合。但不僅與西方相背，乃亦與中國舊傳統中之所謂政教合，政學合者有大相違背處。中國文化舊傳統，「道統」猶在「政統」之上，即為君亦必尊師。如西漢太學，無校長。博士為師，皆有其客觀規定之資格，非可由政府隨意任命。課程有爭議，皆由博士主之，朝廷卿相可得預會參加意見，如是而已。今則在大學中，為師者其任命其罷休，皆有法律規定，皆聽命於校長；而校長之任命罷休，則聽命於部長；部長又有所聽命。而為師者之地位，則顯居其下。如此則又何復言中國文化傳統「尊師重道」之教育精神之所在乎？今儻斟酌中西，配合時代，則在學校制度上，亦當有一番改進。則非抱有中國傳統教育之一番認識與情意者，亦無以勝其任。前不見古人，後不見來者，念天地之悠悠，則亦惟愴然而涕下矣。

繼此又當別論者，中國乃一氏族社會，農工百業皆世襲。生於此家，父業此，祖亦業此，己之一生亦業此，其子其孫亦同業此，則情在此，意在此，己之生命即在此。故在中國工業中，莫不有生命性之甚深貫注而流露。故其工業皆富藝術性，亦富道德性。由工而轉商，其事晚起。至戰國而商業始盛。下及漢代，如鹽如鐵，全國所需，大利所在，政府特定鹽鐵政策，使商業不趨於資本主義，而商人則居四民之下。則全社會百業皆融入一人生大道中，而全社會全人生皆納入於傳統教育化，政治亦不得自外。惟道統乃高出於其上。故可謂中國傳統文化乃一人生之「藝術化」、「道義化」，而最富教育性。故曰「天地君親師」，而中國教育精神，亦於此而更顯。又豈西方教育之所得同類相擬乎！

略論中國教育學 二

天地生人，大同而小異。異者在其「身」，同者在其「心」；異者在其「欲」，同者在其「性」。色、聲、嗅、味、食、衣、住、行在身，為欲；孝、悌、忠、信、仁、義、禮、智在心，為性。欲偏對物，性偏對人。大群人生，如一溪之水，順流而下，其事易；逆流而上，其事難。「縱欲」如下流，「養性」似上流。縱欲則於人異。如飢欲食，但僅飽己腹；寒欲衣，亦僅暖己身，不能通之人人。養性則於人同，孝、悌則家與家可同，忠、信則鄉與鄉、國與國可同，通天下亦可同。性不從己一人有，亦不在己一人成，必求通於人而見。故縱欲則為「小人」，以其分別專在一身上，其範圍小；養性則為「大人」，以其必在與人和合相處中，可擴至國，擴至天下，擴至後世千萬年，其規模大。故中國人以下流為小人，上流為君子大人，乃有人之「流品觀」。

「情」則在性與欲之間，故稱性情，亦稱情欲，又稱天性、人情、物欲。欲必向於物，能推己及人，己有飢，知人亦有飢；己有寒，知人亦有寒。己所不欲，勿施於人，是恕道，即是對人有同情。消極為「恕」，積極為「忠」，視人之飢溺，如己之飢溺，於是能「先天下之憂而憂，後天下之樂而樂」。能使一己之欲向上流，乃見人情，乃見天道。天道即本於人之天性。自天性向下流，則有人情，又有物欲。故物欲亦在天性中，但非天性即盡在物欲中。性則公，欲則私，有上、下流之別。

心統性情，故曰心性，又曰心情，但不能曰心欲，只曰欲心。嚴格言之，欲不得謂之心，故中國人又另造一「慾」字。目欲視，耳欲聽，聲色之欲則在耳目，在身，而不在心。在心者，則僅有視聽之理，有所當視，有所不當視，此在理在性，亦在心。聲與色則屬物，視聽屬身，又限於己身，故屬欲，無情，亦可謂對物有情，而對人無情，故亦不得謂之心。老子曰：「五色令人目盲，五音令人耳聾，五味令人口爽，馳騁畋獵令人心發狂。」目之視色，青、黃、紅、白、黑皆能視，謂儘求視，求青、求黃、求紅、求白、求黑，儘向外求，則內不見情見性，失其理，則如目之盲矣。馳騁畋獵儘求樂，所樂亦在外，則此心狂妄放肆，盡在物上，亦不見情見性，見理見道，如目盲耳聾矣。故孟子曰：「養心莫善於寡欲。」

其實物欲亦最易得，最易足。如飽食暖衣，事並不難。天下總少餓死人、凍死人。而人之求於衣食者，不只在飽暖上。求飽暖，亦可謂之情與性。所求超於飽暖，斯始謂之欲。人心何以易有欲，此須另講究。不食馬肝，不為不知味。以其求食之易，五味已盡嘗之，乃求一嘗馬肝。故曰：「飽暖思淫欲。」欲之過，稱為淫。欲求嘗馬肝，即淫欲也。布衣暖，菜根香，讀書之味長。布衣、菜根即夠溫飽矣，而又暖又香更復何求。惟讀書之味，則長於衣食之香暖，故中國教人大道，更在教人讀書為學上。

讀書為學，主要在教人把此心放在性情上去。若仍把此心放在衣食聲色上，則味短且淺矣。〈中庸〉言：「人莫不飲食，鮮能知味。」其實此味最佳乃在人情上，不在物欲上，故中國人稱「情味」。中國人言飲食，飲更在食上。喜飲酒，但又多在禮中飲，一酬一酢，皆見人情味。孔子飲酒無量，不及亂，亂即失禮也。陶淵明之飲酒，乃在能忘去身外一切欲。身無欲，斯人生益多其情味矣。故醉猶美於夢，夢中尚有欲，醉中則無欲。人若能醉而不亂，則醉亦何害。中國人飲酒外，又有飲茶。飲茶亦有兩樂，一則閒居獨飲，亦可忘去一切；一則對客同飲，亦備感情味。只求此心放在一事上，忘去其他一切事，茶亦可，酒亦可，獨飲亦可，對飲聚飲無不可。雅俗共賞，此乃中國人一種大眾化之人文修養。

一心只放在一事上，則此一事亦即如無事，如中國人之飲茶飲酒是矣。如一心只放在好色上，一心只放在好貨上，則又必牽連及其他事上去，此就最大要不得。中國人又好博弈。如圍棋只求自己活，但須保有兩眼始是活。活的地面大即勝。千變萬化，只此一道，即中國人所稱自得自足之道。孔子曰：「不有博弈者乎？為之猶賢乎已。」孔子所戒在「飽食終日，無所用心」，人貴能用其心。用在圍棋上，與人無他爭，只爭自得自足，較近道，故曰猶勝於無所用心也。但今人又每好舉行圍棋名人賽等，則亦如其他運動會比賽，爭取冠軍，求名求利，其所用心，則亦不如其已矣。至如用心於好色、好貨上，則更在其下，無足論。

象棋較圍棋為簡單，而轉見為複雜。共分將、相、士、車、馬、砲、兵七種，每一種必有其應守之職，應行之道。將為主，位最尊，若最無能。相與士位次之，於將為最親，亦較無能，其所行之道亦各有限。此三者只守於內，不得攻於外。車、馬、砲位又次，始向外，能進能退，而其道各不同。兵之位最下，最居前，亦最居多數，乃有進無退。中國社會組織，各色才能，象棋中七品可作其代表。故象棋亦不啻教人以立身處世之道。可見中國雖一小藝，亦寓教育意義。惟象棋則必置對方於死地，而圍棋則惟求自活，其品格乃較高。

近世有麻將牌，則流為賭博，宜不足道。然四人一桌，只求自己十三張牌和，即算勝，略與圍棋相似。以人生原理論，每一人只求內部生活和，已立於不敗之地。此乃中國文化傳統最高教訓，而賭博之道亦無違此準則，此誠大值體會也。

中國教育主要在教人如何好好做一人。而尤要在教其「心」，從「性情」方面做起。男女老幼同此心，同此性情，同樣要做一人，亦有其同樣要到達之境地。故中國教育最要者，乃為社會教育。小而家庭教育，大而國家教育，亦同屬社會教育之一部分。而學校教育則稍異。家庭、國家、社會教育，主要在性情上；學校教育則在教其性情外，又需教其各人之才智。中國人所謂小學，主要在家庭、社會。大學則在國家，在學校。私塾乃小學階段，書院則為大學階段。此又與近代教育源自西方者大異。

亦可謂小學乃屬一種「自然教育」，天地君親皆師也。大學則是「人文教育」，必當別有師。即君親亦當受教，亦當有師。深一層言之，可謂天地之教亦在師。中國人言尊師重道。天地亦有道，但無師，則其道無以明，亦何由尊？〈中庸〉言：「致中和，天地位焉，萬物育焉。」「中和」即是道，亦即是人之性情。師教立，人之性情達於中和，而天地始得其位，萬物始有其育。使人之性情失其中和，則不僅萬物失其育，即天地亦失其位矣。此非天地萬物位育之道亦待師教乎？張橫渠言：「為天地立心，為生民立命，為往聖繼絕學，為萬世開太平。」亦此意。然而天地萬物之與人群，之與人群中之聖賢之足為人師者，則相互和通會合，仍屬一體。故聖賢大師之為教，亦本於天地萬物人群以為教。中國人所謂「通天人，合內外」，亦可謂即是「自然」與「人文」之會合。此則中國文化最高深意之所在。

孟子曰：「堯、舜，性之也。」又曰：「湯、武，反之也。」堯、舜為先聖，為「自然之聖」，本於天命之性以為聖；湯、武為後聖，為「人文之聖」，就於先聖之所表現而反之己之心性而自得，乃有以繼之。堯、舜性之，乃有所「立」；湯、武反之，乃有所「達」。人文日進，乃立而進於達，則「反之」亦同於「性之」。而湯、武之所達，實即堯、舜之所達。自然與人文一貫相承有如此。〈中庸〉言：「天命之謂性，率性之謂道，修道之謂教。」「率性」即堯、舜之「性之」，「修道」則湯、武之「反之」。孔子之為至聖先師，而曰：「十有五而志於學，三十而立。」又曰：「七十而從心所欲不踰矩。」是孔子三十而能立，七十而達之至矣。孔子又曰：「我學不厭而教不倦也。」孔子之學，即孔子之反之，故曰：「述而不作，信而好古。」故孔子乃為人文之師之尤至者，其門人稱之曰：「賢於堯、舜遠矣。」是中國古人重視人文師，尤過於自然師。孟子曰「人皆可以為堯、舜」，但不曰「皆可以為孔子」，是人文之更進於自然。亦可謂聖人更過於天地。蓋天地亦僅為自然師，不得為人文師。為人文師者，必待於人中之「聖」。

〈中庸〉又言：「自誠明，謂之性；自明誠，謂之教。」天地生人亦猶水之下流，人而希聖，聖而希天，則猶溯流而上，以求達其源。故性則人人具有，而教則非聖莫屬。中國人重學，更過於重教，「禮有來學，無往教」是也。孔子無常師，又曰：「三人行，必有我師焉。擇其善者而從之；其不善者而改之。」則人盡吾師矣。孔子下學而上達，其所下學皆學於眾，無常師；其所上達，乃人不知而不慍。故可謂孔子乃受當時之社會教育。其實孔子以下，亦無不然。惟周公與武王，其父文王，則兄弟皆以其父大聖為師，可謂乃即家庭教育，而亦已是大學教育。周公不為王，孔子慕周公，乃求不居王位而亦以修道明教，故孔子遂為至聖先師。

孔子之教其子伯魚則曰：「學詩乎？」「學禮乎？」學詩學禮，即為人之學。「詩」與「禮」定於周公，乃王者之教，但亦即當時之社會教育，即小學，即大學矣。孔子以小學之道教其子，能自立志，自向上達，則大學之道亦即在是矣。捨小學，又烏得有所謂大學？師之為教則如鐘，大叩則大鳴，小叩則小鳴。叩有大小，鳴斯隨之。不叩而鳴，此為不得已。孟子語曹交曰：「子歸而求之有餘師。」能求之詩，求之禮，又能反而求之己之心、己之性情，自能尋向上去，自能好好為一人。而大學之道則又不盡於此，故孟子曰：「乃所願，則學孔子也。」如此乃始為大人之學。

後世學孔子，尤必學顏子。濂溪《通書》所謂「學顏子之所學」是矣。孟子常在教，顏子則始終於學。中國人從來皆稱「學者」，能學斯為至上矣，而不以師自居。惟唐代之韓愈作〈師說〉，乃以師道自居。在愈之當時，亦有其不得已。但曰：「弟子不必不如師，師不必賢於弟子。」則其旨深遠矣。今之俗則大變，自小學至大學，年未三十即已畢業。是孔子而立之年，而今人則學業已畢矣。自此乃為人師，直至六七十，又必依法退休。實則亦可謂僅有教業，而無學業。其人不當稱學者，當稱教者。能於教者中得一學者，則成為一不尋常之事。教又限其年歲，不許其教不倦。蓋今世之教，則亦僅為謀生之一職業耳。不知中國古人惟有學業，無教業，終其身惟有一大事業斯曰「學」，而謀生有所不顧。故孔子曰：「士志於道，而恥惡衣惡食者，未足與議也。」

近代學校又如一百貨商店，分院、分系、分科，教師數百人，各以所能為教，一俟來學者之選課。故每一學者可得師數十人，而每一師則僅教來學者所需之一部分。蓋近代之學重在求知，知必向外求。如治生物學，或求之蠅，或求之蟻。為師者則或知蠅，或知蟻，以待學者之求。此非一百貨商店為何？中國之學則重在學做一人，為師者即其所學之典型與榜樣，學者即學其師之為人為學，而知識則僅為學之一部分而已。孔子曰：「吾無行而不與二三子者，是丘也。」是孔子之所以與人，即孔子生平為人為學之全，而豈一項專門知識之謂乎？今大學課程中又特設「教育學」一門，人之無學，乃專以教人為學。中西文化傳統其意義之大相違異，亦即此而見矣。

然則中國傳統之所謂學與教，豈不有近於西方之宗教？是又不同。宗教重在教人以信仰，非教人以學，此又與孔子之學不厭、教不倦不同。故中國之學與教，既非宗教，又非為謀生之職業。而與人之為人，即人生之全部，又得密切相配合。此則又中國社會之特異於西方社會處。今社會變，斯則教育學之傳統又不得不隨而變。學僅以求知，教僅以謀生，但不能有如西方之宗教。宗教乃在西方社會中特補其所缺。牽一髮動全身，求變求新，當前之中國社會又豈可於西方之宗教獨無求！

《中庸》又言：「尊德性而道問學。」若如本篇上文所分析，則「尊德性」實乃一種群眾教育，即家庭教育、社會教育，實亦即小學；「道問學」乃始是大人之大學，然大學必栽根於小學，以成全其開花結果之終極目標。孔子之教，其主要亦終於教人以為人之學而止。而人則有「小人」、「大人」之別，學亦有「小學」、「大學」之別。故《大學》言：「自天子以至於庶人，一是皆以修身為本。」而天子則應是一大人，其學不止於修身，必上達於治國、平天下。而《大學》八條目則以格物、致知為先，格物、致知即道問學。則求知之學，又為中國《大學》中主要一條目。在其本末先後之間，與其一貫會通之處，意之誠待於知之致，即凡天下之物，莫不因其已知之理，而益窮之，以求至乎其極，而後始得豁然貫通。知之致而後意誠而心正，故格物、致知乃亦為大人之學。豈不仍待於學，而教則僅以發其志，引其端而止。故孔子曰：「不憤不啟，不悱不發。」此因治、平大道仍是一種性情之學。憤與悱，而其志始立，乃可從事於所謂學，又豈得人人而謂之能立志好學乎！

今人則又謂孔子生兩千五百年前，烏得預知兩千五百年後事而教我。不知孔子亦僅教其及門七十子而已。孔子曰：「後生可畏，焉知來者之不如今也？」孔子非自任於教後生，今之後生志不立，不好學，不憤不悱。使孔子又重生於今世，亦惟不知其所以教，而默爾以息耳。於孔子又何尤！

略論中國教育學　三

中國人言「明體達用」，「明體」近靜一邊，「達用」近動一邊，但動靜一體，體用一源。苟無體，何來用？苟有用，即見體。體屬內，乃和合性；用屬外，乃分別性。中國人偏重明體，西方人偏重達用。用必隨時、隨地、隨事、隨物而變，故用於希臘，不適用於羅馬，而羅馬人必自創新用。中古時期以及歐洲現代國家皆然。當前美、蘇對立，仍當別創新用。故全部歐洲史，不易見其會通和合之一體。

中國人則不然。中國與中國人，古謂之諸夏，乃會通和合成為一體。堯、舜禪讓，湯、武征誅，此皆中國人之建成此一中國之大用所在。中國古人會通和合，明其為一體。武王伐紂，伯夷、叔齊叩馬而諫，恥食周粟，餓死首陽之山，中國古人又會通和合之，而認其為一體。此下秦、漢郡縣制與唐、虞、三代之封建制，顯有分別，而中國人仍會通和合為一體。漢、唐、宋、明，朝代不同，甚至五胡、南北朝、遼、金、西夏，以至蒙古、滿清入主，中國之為中國，中國人之為中國人，古今五千年間，仍能會通和合以為一體。經、史、子、集，歷代著書，論道講學，皆屬一體。此可謂之明體之學，明其體而達之用。其分別處，在中國人觀念中，認屬次要。一切人事作為，必歸本之於「心性」。心性乃其體，一切作為乃其用。而「心性」又分體用，「性」屬體，「心」屬用。故中國人論心，必求其體，是即性。性乃天賦，一和合。心附於身，乃一分別。心之同然始見性，故心之會通和合乃為性。中國人又謂萬物亦各有性，亦會通和合於天。惟心則為人類所獨有，故曰「人為萬物之靈」、「明心而見性」，則人而上通於天。此之謂「通天人，合內外」。

「用」較具體，易見；「體」則抽象，難知。孔子曰：「知之為知之，不知為不知，是知也。」則知與不知，亦會通和合，知其不知，斯為知矣。天不易知，中國人不強不知以為知。西方宗教、科學之言天，豈得謂之誠知天？顏淵曰：「夫子步亦步，夫子趨亦趨。」「既竭吾才，如有所立卓爾，雖欲從之，末由也已！」一步一趨，孔子之行與用，其事易知。所立卓爾者，乃孔子大聖之體，惟顏淵知其不易知不易從，斯顏淵乃為孔門弟子中知之最高者，是即孔子謂「不知為不知」之知也。

中國人每連言「道德」。「道」屬用，見於外，尚易知；「德」屬體，存於內，不易知。孔子曰：「天生德於予。」此即其所立卓爾者。孔門弟子日常接觸孔子之言行，即孔子之道。能接觸孔子內存之德者，顏子其庶幾矣。中國人之教，則重在教其所不知。如堯、舜禪讓，湯、武征誅，皆有事功，有用可見。伯夷、叔齊之事功則不可見，乃若其無用，而其德則與堯、舜、湯、武同。孔子曰：伯夷、叔齊，古之仁人也，「求仁而得仁」。斯言其體，亦伯夷、叔齊之所立卓爾者。叔孫豹分立德、立功、立言為三不朽，功與言皆具體，皆有用而易見；德則抽象，乃至無用可見，然有大用，更超於功與言之上。抑且德存於內，轉易得；功與言見於外，非可常有。中國人之教育宗旨與其教育精神，其主要乃在此「德」字上。

孔子又言，殷有三仁焉：「微子去之，箕子為之奴，比干諫而死。」是孔子贊殷周之際仁者五，伯夷、叔齊與殷之三仁，言行各不同，各無大作用，皆無救於殷之亡。中國人所重，亦可於此五仁而見矣。西方人重「知」，皆求其有用；中國人重「德」，乃為人之體，而未必有可見之用。孔子言仁必兼知，或兼及禮。知與禮皆有其用，而孔子言之，則皆在仁之下。又孔門四子言志，子路、冉有、公西華皆志在用，獨曾點無用世之志，子曰：「吾與點也。」後世類是者多矣。故中國人之教育宗旨、教育精神，主要乃為一「全人」教育，首在培養其內心之德。苟其有德，則其對人群自必有其貢獻與作用。天地生人，本不為供他人之用，供人之用者當為物。但人之為用與物之為用大不同。物之為用，在其機能；人之為用，則在其德性。近代如電腦、機器人之類，論其機能之用，則遠甚於人矣，但無德性可言。其創造各種機械者，亦惟尚才智，不本德性。人類苟無德性，則缺了最大一部分之用，而且並有害。此乃今一時代之風氣，儻自後一時代人視之，又不知當作何評價。中國人言「經師不如人師」、「言教不如身教」。今人又謂西方教育重啟發式，中國教育重填鴨式。以上引二語證之，亦可謂適得其反矣。惟一崇西化，以彼所知，強吾所不知，則非填鴨不可，而更何啟發可言？

略論中國政治學　一

政治學是近代西方傳來一門新學問，大學法學院必設政治系。青年初進大學，何從識得政治？或進研究院，獲得碩士、博士學位，尚未入仕，對實際政治毫無經驗，但已是一政治學專家。試問近代西方各國政治人物，又幾人曾讀過大學政治系？

中國文化傳統極重政治。欲研討中國文化，孔子自為其中心主要一人物。但研討孔子，一為兩千五百年前之孔子，一為兩千五百年來之孔子，此兩者，不可缺一，否則不足以見孔子之全貌。

兩千五百年前之孔子，主要見在《論語》一書。但孔子卒，墨翟即起反對。繼之有楊朱，又反墨翟。孟子繼起，曰：「乃所願，則學孔子也。」又曰：「能言距楊墨者，聖人之徒也。」然《孟子》七篇中言論，已顯與孔子有不同。舉其一顯者，子貢言：「夫子之言性與天道，不可得而聞也。」今見《論語》者，言性惟「性相近也，習相遠也」一語。而孟子道性善，則為其立論一要端。今可謂，《論語》所言乃孔子當年之本意，《孟子》七篇則《論語》之引申義，由本義加以發揮，而益使之充實光輝。孟子語不啻猶如孔子語，惟時代先後有變而已。

莊周與孟子略同時，既反孔，又反墨，別創道家言。《老子》書繼之，其他尚有百家競起。而荀子獨宗孔，為〈非十二子篇〉，則其較孟子之距楊、墨，乃益見複雜而多端。然荀子亦反孟子之性善論，而主性惡論，乃成儒學中兩大對立。後儒多尊孟，少尊荀。但除此性論一端外，孟、荀要為戰國時代儒學兩大柱，其於宏揚孔子同有功，不得謂荀子語非承孔子來。

秦代焚書，儒學大衰。然焚書之議起於李斯。李斯乃荀子門人。又韓非亦同為荀子門人，而其書乃為秦始皇所愛好，則荀子之主性惡，其流弊尚小，而荀子之主法後王，則其弊更大。孔門之學分四科，孟子直承德行科，亦可謂之「心性學」。荀子乃偏在政事文學科。孔子晚年自知道不行，故其教後進門人特重文學一科，顏子所謂「博我以文」。不得行道於當世，亦當傳道於後世。荀子在政事、文學兩科，似更勝於孟子。至於言語，則不僅國際外交，如孟子之好辯，荀子之持正論，皆可以當之。

秦代有兩大儒書出，一曰《易傳》，一曰〈中庸〉。此兩書皆特言天道，乃兼採道家言。同時又有〈大學〉一篇，列舉格物、致知、誠意、正心、修身、齊家、治國、平天下為八條目。下至宋代，以〈大學〉與〈中庸〉並重，並與《論語》、《孟子》同稱四書。可見中國孔子儒家之學以心性為基本，治平為標的，一切學問必以政治治平大道為歸宿。故曰：「仕而優則學，學而優則仕。」「仕」與「學」兼重並進，未有學而不能從政，仕而不經由學者。此一傳統，乃為兩千五百年來孔子儒學之大傳統。但中國向來無政治學一名稱。

西方自始即有哲學、科學、文學諸別，但自初亦無政治學一門。凡從政，皆尚術不尚學。至晚近世，西方學問，分門別類，益增益多，乃有政治學之出現。然豈可捨卻其他各門學問，而可以專門有一項政治學？又豈在大學四年過程中，以一青年初學，即可從事此項學問，而可以有其獨立之成就？此則與兩千五百年來中國孔子儒學之大傳統大相違背。亦可謂，依中國觀念言，乃無說以通者。中國之學，彌傳而彌廣大，乃益見其會通。西方之學，愈後而愈分裂，乃互見其衝突。此亦一例。

中國教育分小學、大學兩階層，亦可謂修身、齊家乃小學、大眾之學；治國、平天下，則為大學、大人之學。治、平大道，當先通經史。經學尚在孔子前，孔子《春秋》是經學中最後一書。司馬遷以下，中國乃正式有史學。治亂興亡，多載實際政務，政治思想、政治理論皆本實際政治來。此與經學無大異。故中國經史之學，可謂即中國之政治學。

中國政治最重實際經驗，故仕途必自卑升高，重資格，重履歷，不次拔擢之機會則絕少。中國人稱「四十強而仕」，則其登入仕途，年資已不淺。而宰輔重任，則斷非年少新進所能希。姑以西漢言，經郡國察舉，始得進國立大學肄業，攻讀經學一年後，分發中央或地方政府之基層下部服務，然後得遞升。唐代則先經禮部考試及格後，得為僚吏，再經吏部試，始得正式入仕，但亦盡在政府之下層。亦可謂學校教育已全由民間任之，政府則操有考試權與分發任用權。而政治學之重在實際練習與經驗，亦居可知。

中國之所謂「士」，無不重政治學。中國傳統政府可謂乃一「士人政府」。其考試與分發任用，則全由先進之士操之，而其間乃有一大問題出現。士人在野，早於政治上之傳統大理論，及歷代之治亂興亡，有相當之知識。目睹當前政治實況，心懷不滿。於是進入政府下層，與政府上層乃時有意見相左。而上層人物又極知看重此層，於是遂特於直言極諫倍加獎勵。實則所謂直言極諫，不只是臣下之對君上，尤其是政府下層之對其上層，即後進之士之對其先進。此乃中國政治一傳統精神，適切配合於中國政府之實際傳統體制，而寓有一番極高明之甚深涵義。

如西漢初之賈誼，其上〈陳政事疏〉，此亦一種直言極諫。其對政治學早已具有一番極高造詣可知。文帝甚重之，但終不能驟加拔用。又如東漢有鄭玄，網羅群言，囊括大典，為當代經學一最高大師。政府特徵召，而鄭玄終不赴，老死講學於鄉里。此其對當前政治，必有其一番意見，而不願直言者。此兩例，後世不斷有之。故抱有極高政治見解之士，或淪沒下位，或隱逸在野。

於是中國之政治學，與實際政治，實常分裂而為二，此不足以全歸罪於政府。或可謂中國人之政治學，常必有超於實際政治之一種理想之存在。此當為研究中國學術史者所更值注意之一事。

如北宋，胡瑗專務講學，而王安石則親操政治大權。胡瑗所講，曰經義、曰時務，實皆政治學。其門人弟子登入仕途，皆有成績。而胡瑗則終身不仕，未嘗參預實際政事。當時人評論胡、王兩人，更重胡，後世更然，因政治終必為實際所限，不能全符理想。則中國之政治學，自深一層言之，其重理想尤更重於經驗，亦斷可知矣。惟中國人之政治理想，仍必本於實際政治來，非憑空發揮為一套政治哲學之比，此則當明辨。

即如孔子，亦可謂當時一政治學家。孔門四科，曰德行、曰言語、曰政事、曰文學。言語即今之國際外交，則四科中之二、三兩科，全屬政治。德行一科，乃抱有更高政治理想，用之則行，捨之則藏，非一意於仕進，而更多恬退；其文學一科，則不汲汲於仕進，而更用心在古籍中，熟悉歷代政治往蹟，培養政治理想，主要則仍在政治上。然則孔門四科，其最高目標，豈不全集中在政治上？但謂孔子乃一教育家，更屬近似；謂孔子乃一哲學家，則差失已遠；謂孔子為一政治學家，豈不貽笑大方乎！是則中國學問，最重在政治，而獨不有政治學一名，是誠大值研尋之一問題矣。

墨翟繼孔子而起，其學主要亦為政治學。莊、老道家繼起，反儒、墨，實則其所講，主要亦為一種政治學。惟墨家主進，道家主退，儒家則兼主進退。道家重無為而治，可謂墨家重有為，儒家則兼主有為、無為。故儒家乃中道。後代儒林人物則多兼採道家言，故儒林必重政治，而又多主隱退。至少能退者之地位，則更高於能進者。知進而不知退，則不足掛齒矣。如北宋司馬光，當王安石為相行新政，彼則寧退不進，以十九年精力成《資治通鑑》一書。名曰「資治」，是亦史學即政治學之一證。南宋朱子，承其書為《通鑑綱目》，所爭在「正統」一問題上。是即政治學必上通史學一明證。有道統，有學統，亦有政統。一代一朝之政治必有統，而又必上通於歷代歷朝之統，此又政治學必上通文化學之一證。此又中國政治最高理想之所寄。朱子為宋代理學集大成，近人以朱子比之西方之康德，此又如以孔子比之希臘之蘇格拉底，皆所謂擬不於倫矣。

中國儒林一意主退者，最多在元、清兩代。如顧亭林、如黃梨洲、如王船山，皆以明遺民在異族政權下決心不出仕。然其治學，則可謂仍以政治為重，此為不失儒林之真傳。亭林有兩書，一為《天下郡國利病書》，一為《日知錄》。前書備列明代地方政治利病所在。以近代專門之學言，或治農、或治礦、或治工、或治水利與道路交通、或治刑律、或治兵治商，可以各不相顧。然主持地方行政，此諸事皆當兼通並顧。故以今人讀亭林此書，則鮮不倦而怠矣。或治社會史、經濟史者參考及之，然鮮知此書之終為一政治學要書也。至於《日知錄》，亦多詳於下層地方政治，通其古今得失。近人則或不以史書視之，而更少認識其乃為一政治學之書矣。

黃梨洲早年即為《明夷待訪錄》一書，備論古今政治史上之大得大失所在。亭林先見此書，故其為《日知錄》，乃偏詳下層地方政治。而梨洲晚年，則為《明儒學案》，此書亦深具作意，當試闡之。蓋明初太祖廢宰相，成祖以十族罪誅方孝孺，故明儒亦承元儒遺風，以不仕為高。陽明例外，然謫龍場驛，幸免一死。後為江西巡撫，乃幾以平宸濠亂獲罪。其生平講學，亦鮮及於政治。其及門大弟子如王龍溪、王心齋，相率不仕。遺風所播，不免多病。東林起而矯之，謂為儒則必當有志於從政，此始不失儒學之正統。梨洲師劉蕺山，蕺山一意盛推東林。而梨洲為《明儒學案》，則顯有違背師門處。蓋梨洲為《明儒學案》，亦顯有提倡不仕之意。其門人萬季野，應召赴京師，參加編《明史》工作，猶自稱布衣。其一時師、弟子意見，亦從可見矣。

王船山偏居三湘，與中原儒林少交接，然亦終身不仕。但其學則源自東林，亦終生不忘政治。觀其最後著作《讀通鑑論》、《宋論》兩書，今人皆以史論目之，不知其乃一部政治學通論，於歷代政治上之大得大失，以及出仕者之大志大節所在，闡發無遺。下及晚清，革命前，梨洲《明夷待訪錄》及船山此兩書，經《國粹學報》重刊，幾乎盡人傳誦，其有助於革命事業者至鉅，此亦治近代史者所宜知也。又《明夷待訪錄》尚遠在法國盧騷《民約論》之前，而其〈原君〉、〈原臣〉、〈原法〉諸篇，明確有歷史證據，明確係往聖陳言，明白平允，遠出盧騷《民約論》之上。則中國傳統政治思想，顯有未可一筆抹殺者。奈何迄今僅七十年，國人已早加鄙棄，求變求新，進步之速，此亦難以理解也。

乾、嘉諸儒之經學，訓詁考據，又立漢學、宋學之分。實則當時諸儒，乃一意反朝廷承襲元、明以朱子《四書章句集注》為主之科舉功令。先有呂晚村，於朱子書中發揚民族大義，開棺剖屍。乾、嘉諸儒，遂改而貶抑宋儒，與呂晚村貌相反而意實同。此下乃有所謂今文經學。時清政府壓力已衰，而儒生乃重談政治，直迄清末，而有康有為變法維新之主張。

又晚清大儒曾國藩，有〈聖哲畫像記〉，羅列各代聖哲，多數與政治有關。其於清代，則舉顧、秦、姚、王。顧、秦乃顧亭林、秦蕙田。蕙田編《五禮通考》。余嘗謂中國傳統政治重禮治，吉、凶、軍、賓、嘉五禮，關涉政治諸大端，與杜、馬《通典》、《通考》備詳制度者分占重要之一部分。乾、嘉諸儒以義理、考據、辭章分學術為三方面，義理專重人生，而獨缺政治。國藩又增「經濟」一目，經國濟民，正為治、平大道，即政治學，與近人以財貨為經濟者大異其趣。而國藩乃以居鄉辦民團，弭平洪、楊之亂。但國藩之自稱，則曰「粗解文章，由姚先生啟之」。是國藩亦自居為一古文家，終不自承為一政治家。從來亦未有以古文名家而不通治、平大道者。抑國藩苟非丁憂家居，即無機緣辦團練，成立湘軍。清廷之派兵命將，亦決不之及。故中國自古聖哲，亦絕少以政治家自命，乃亦決不專以政治為學。惟果細研中國一部儒學史，必知與政治聲息相通，難解難分。而治中國政治史，苟不通儒學，則於歷代制度之因革以及人物之進退，必無可說明。

今人則不讀儒書，於傳統政治惟有借用西方術語，一言蔽之曰「君主專制」。以廣土眾民之中國，而君主一人得專制其上，亦當有妙法精義宜加闡說。一筆勾消，明白痛快，而又得多數之同情，但豈得亦謂之政治學？

民國以來，猶有通舊學者，當以梁任公為殿。任公著《中國六大政治家》一書，惟王安石可入儒林，張居正已非其比，其他四人皆非儒。然安得謂凡主變法即屬大政治家？抑且全部中國政治史，其變多矣，變而不覺其變，斯為善變。新莽與王安石皆非善變，史蹟昭然。以如此胸襟如此見識求變，亦淺之乎其言政矣。任公師康有為主張變法，而曰求速求全。清德宗儻能加以任用，則亦必為新莽、王安石之繼矣。其後任公議論漸趨中正通達，創為《國風報》，知一國有一國之風。則中國之為政，又豈能盡效英、美。其所見識，已超同時提倡新文化運動者之上。又曾親預討袁之役，終為於政治史上有貢獻。其後又能退身仕途，一意為學。惜其不壽，否則論史論政，並世無出其右，其為學終當有得於儒學之傳統矣。要之，晚清若康有為、若章太炎、若梁任公，皆一代傑出人物，惜其涉身政治太早，又以領導政治最高理論自任，而未得優遊潛心完成其學。孔子曰：「加我數年，五十以學《易》，可以無大過矣。」孔子自知其不久或當涉身於政治，乃更期數年之進學。故惟超其身於政治之外，乃始得以深入政治之堂奧，以知其利病得失之所在，而有以成其學。大聖人之言如是，亦良可謂語重心長矣。

孫中山先生亦略受康、章論政影響，而聰明天賦，乃唱為「三民主義」、「五權憲法」。於眾所共崇西方民主之立法、司法、行政三權分立外，又特加考試、監察兩權，此皆中國傳統政治所固有。惟有考試權，則西方分黨競選之制可變。惟有監察權，則西方國會議院不僅立法，又兼議政之制亦可變。而後採用民主，乃得配合國情，良法美意有因有革，但亦在其隱退滬上積年深思之所得。惜乎國人已無人能知中國政治之舊傳統，此兩權終成虛設。繼自今，吾國家吾民族四五千年來相傳之治、平大道，政治大規模，惟有學步西方，作東施之效顰，其他尚復何言。中山先生已早有「知難行易」之歎，又謂中國乃一「次殖民地」，更次於殖民地，亦可謂言之沉痛矣。

西方政教分，政學亦分。其為學又主分，乃有政治學一專門，其實際政治則尚術不尚學。中國則「仕而優則學，學而優則仕」，必政學相通。尚術則為人所不齒。惟其尚術故必變。法國戴高樂言：「無二十五年不變之外交，亦無二十五年不變之內政。」西方民主政治尚多數，多數亦何知，惟大聖、大哲、大賢人、大學者，乃能知多數之所欲知。治、平大道，於以建立。中國之通儒達哲，聖之仁者，乃庶能知吾當前國人之所欲知而未能知者，所以謂「先知先覺」、「聖人先得我心之所同然」。即歷代帝王，亦莫不奉孔子為至聖先師。使必服從多數，則何煩有聖哲？中山先生之知難行易，今國人亦莫之知，莫之從。求能真實解說一部三民主義者，亦難其人。乃以美國林肯「民有、民治、民享」為解說，則自然使我國人心悅誠服，無敢再作異辭矣。若有之，則仍必求之國外，如毛澤東之所法馬、列是矣。如是之國家，如是之民族，為之立心立命者，乃在國外，不在國內，而猶必主張國家之獨立，此非一次殖民地而何？誠可悲之尤矣。

略論中國政治學 二

子路曰：「不仕無義。……道之不行，已知之矣。」「不仕無義」則孔子之學不忘出仕。子夏曰：「仕而優則學，學而優則仕。」則「學」與「仕」本屬一道。學以學其道，仕以行其道，則學與仕，義屬一貫。後代中國乃成一士人政府，凡學人多出仕，凡仕者亦多能兼於學。其所重則曰道，乃別無一套政治學。

今姑從中國歷代政治史言之，包犧、神農、黃帝，邃古不論。試言堯、舜，其時以氏族社會行封建制度，各部落各酋長即各為一國之主。堯則為天下共主，為天子，然亦僅管理其國內事。洪水為災，堯非有權力責任，必以治水為務。而堯使鯀治之，災益厲。堯乃訪用舜，並使攝政。舜改任鯀子禹治水有效。就鯀、禹兩人之名推測言之，蓋亦一氏族，以治水為業。則堯之用鯀，非其罪；舜之用禹，亦非其功。水患既滅，堯亦老，其子丹朱亦非有惡名。使堯告其子繼位後仍當任用舜，丹朱亦非決不聽。而堯竟捨其子而讓位於舜，非出外力所逼，乃堯之內心自願如此。洪水既平，亦舜任用禹之功，舜子商均亦非有罪惡，舜乃亦讓位於禹。此亦非外力所逼，亦出自舜之內心。實則堯、舜之為君，亦並無其他功績可言，故孔子曰：「蕩蕩乎，民無能名焉。」但此「禪讓」一德，則永為後世尊崇，其影響於此下四千年中國傳統政治心理者至深且大，難以詳闡。但堯、舜以前，亦非先有此一套政治哲學之提倡，故陸象山言：「堯、舜以前曾讀何書來？」孟子則曰：「堯、舜，性之也。」蓋堯、舜此一禪讓之美德，乃純出自堯、舜之內心。而此心則由天所賦，乃人性之本有。縱其為天子，為天下之共主，亦非有一套預定學說可為其作一切行事之張本，亦惟依照其內心天賦，亦可勝其任而得其道矣。政治正其一端。此乃以下中國人群所信奉之大道，但亦根據於古人往蹟，所謂歷史事實，故孔子曰：「述而不作，信而好古。」而何待有分門別類種種專家之學之競相創造乎！

此下倡言中國傳統政治哲理者，最備於《小戴禮記》中之〈大學篇〉。首謂大道「在明明德，在親民，在止於至善」，此為三綱領。又有八條目曰：「格物、致知、誠意、正心、修身、齊家、治國、平天下。」其實三綱領則只是一綱領，即「明明德」。親民即是明明德，亦即是至善，非有他矣。八條目中，最先「格物」一目，最起爭論。實即《易‧繫辭》所謂「開物成務」之「物」。

朱子注：「物，猶事也。」此「事」字亦即《易．繫辭》開物成務之「務」。「格」字可有兩義，一為限止義，一為標準義。政治乃人群中最大一事務，寧有不接觸實際事務之政治。凡事則必及物，又烏得有空無一物之事。事物則隨時隨地有變。孟子曰「堯、舜性之」、「湯、武反之」，湯、武所接觸，已非堯、舜之舊。只以堯、舜當時居心反之己心，乃知當征誅，不再禪讓。此下事物又變，非實際接觸又何知所以為應？則惟僅憑己心，又必格物致知，而後誠意正心以應，此即所謂明明德。非親民則亦何以明此明德，明德即至善之標準。孔子曰：「子帥以正，孰敢不正？」心正而身修，則齊家、治國、平天下之道，一以貫之矣。心不正，身不修，又烏能齊家，烏能治國、平天下？此義孔子已先發之，為數千年來中國共同所信。故「心性之學」，乃為一切事之本源，亦為一切事之中心，乃亦無一切學之分門別類，各自發展之可能與必要。後代中國人，則稱此曰「理」。

近代國人崇慕西化，乃以為國人傳統重心性，偏於主觀，不知有客觀。此又不然。中國人主合內外，內在之心性，必見於外在之事物。格物致知，此知又何嘗非客觀。「形而上者謂之道，形而下者謂之器。」器外在，易見，即屬客觀；道不易見，不易知，發於內心，屬主觀。惟道即見於器，器必存有道，主觀客觀，乃和合而為一。西方科學重物質上之試驗，主客觀；宗教在內心信仰，實主觀；哲學中有形上學，無形下學，故分主觀客觀而為二。中國人謂人心有同然，故心與心相通，有同情。孔子謂此同情心為「仁」。此同情心之見於事物上，則為「禮」。孔子重仁亦重禮。但曰：「人而不仁，如禮何？」則更重仁。仁在內心，當屬主觀，形而上；禮在外面事物上，為客觀，形而下。中國人則和合此兩而為一，而更重其內在者，如是而已。

今姑專就政治一端言。中國古人言：「天生民而立之君。」人群聚處，則必當有管理統治此群眾之事而為之君者，此亦一客觀。希臘人不知有此客觀，乃不知有君，乃亦無國。希臘人之客觀，則惟以個人之經商財貨為主。可謂僅知形而下，不知有形而上，不知有大道，乃亦不能成大器。「國」之與「君」，則實人群之「大器」。今人謂西方人重功利，其實中國人重道義，乃功利之尤大者。然則西方乃由內在主觀而定其外在之客觀，故有個人主義。中國則以外在客觀通於內在之主觀，又以內在主觀為外在客觀之中心，則心亦猶一物，個人則為大群之中心，故主仁，而有禮。仁在內為主，禮見於外為客，主客一體，而有內外之分。西方則反客為主，身為主，物為主，心為物役，而轉為之客。則西方所重之客觀，宜與中國之客觀有別矣。

人心又有「理」、「欲」之分。欲屬形而下，理屬形而上。欲則附著於外在之事物上，故心為客，物為主；理則超脫於事物之上，故心為主，而物為客。國之有君，以一人高居萬人之上，有權有勢，人心誰不欲為君。中國乃以一氏族社會，而擇其氏族中之尊長者為之君。孰為尊長，則有一客觀存在，人莫能爭。又君位世襲，父以傳子，子以傳孫，此亦一客觀，亦復無與相爭。故中國之君位尊嚴，實乃定於一客觀。

惟既在萬人之上，高踞君位，其內心仍不能無所欲。〈大學〉言：「為人臣，止於敬。」中國則有敬君之禮，以滿足其君求尊之欲。人有同情，斯為君者亦可啟發其對臣下之愛，故曰：「為人君，止於仁。」而君臣上下之間，乃得相通相安，而政事不致於大壞。苟使為臣者不盡其敬，則為君者或可憑其權位以肆其自尊之表現，而為臣者亦無以止之，國政乃不免於大亂。又為君者深居簡出，乃以表顯其君位之尊，此亦一禮，而濫用君權之害，亦隨以減。故中國重禮治，不重法治。君一位，臣一位，同在政府負一職位，即同在一禮治下，有其尊卑，亦有其平等。中國政治上禮之規定，莫不寓有深義，亦可謂其事乃大成於周公。

周公制禮必兼樂，其間皆寓深義。諸侯朝覲天子，多為天子祭拜宗廟而特來陪祭。是則非尊天子其人，實乃尊其祖先。如周文王、如后稷，乃舉世共尊，而因以尊及其後代現任之天子。文王、后稷之德，臨祭而歌其頌辭，即不啻對其繼位者以一番大教訓。而在位為天子者，亦知己之見尊，乃由其祖宗積德來，孝思亦油然而生矣。諸侯歸其國，亦各祭其祖先。其意義亦近宗教，又近教育。讀《詩經》諸〈頌〉及〈大小雅〉各篇，可知朝廷遇事必有禮，遇禮必有教。禮之外貌在敬，而禮之內涵則在教，寓教於敬，從人心所歡處誘之教之，是則中國之禮意。此之謂「政教合」。

故中國天子雖受在下位者至高之尊敬，而實亦同在禮之下，同受禮之約束，而不得輕肆其一己之私欲。後世此禮繼承，而中國乃得成其為廣土眾民大一統之民族國家。政府雖有君王，高高在上，而庶民在下，乃盡得有寬放安寧之自由。

尊為一國之君，不得輕出都城一步。乃有巡狩封禪諸禮，登高山，臨大河，而以不擾民為主。為君者不僅不出都門，抑又不出宮門。今人巡覽北京清故宮，觀其建築之壯麗偉大，認為惟帝王專制，乃得有此。不知中國乃廣土眾民之一統大國，帝王之尊，亦宜可有此宮殿。而為帝王者，乃不啻幽禁此宮中。禮以顯其尊，亦以嚴其防。其君傑出優異，固亦仍有所作為。中材庸主，則亦可以其尊貴自足。最下者越禮自肆，亦多淫佚，而少暴虐，但亂亡亦隨之矣。

古人又有言：「禮不下庶人，刑不上大夫。」此又若封建時代之顯分階級。但在當時社會，下層亦有禮，如讀〈二南〉與〈豳風〉，皆在周初，何嘗得謂禮不下庶人？其次列國〈風〉詩亦皆有禮存。惟政治上層與社會下層有不同。刑不上大夫，亦非社會下層乃以刑治，而指朝廷君臣間，則有禮無刑。其風直至西漢之初，貴為三公，有罪不下獄，乃賜自盡。今之說者，乃據以為中國傳統政治帝王專制之一證。不知此亦一禮，非以尊君，乃以尊臣。循至後世，賜自盡之制衰，而大臣下獄之事卒亦少見。細讀歷代之禮，其用心所在亦可見矣。

中國重禮治，一切人事皆重禮，政治只其一端。為君、為臣、為民同為人，斯君道、臣道、民道同一道。大學之道，即在教人以為人之道，即上通於為君之道，故曰：「自天子以至於庶人，一是皆以修身為本。」治道即人道，一如圓顱方趾，同在一體，雖高下有別，而生氣貫注，血脈流通，而亦有貴賤勞逸之別。於不平等處有大平等，於大相異處有大相同。禮者，體也，豈得謂一身乃由一腦所專制。中國傳統政治之主要精神乃在此。

西方重法治，雖稱法律之前人人平等，但法與人已不平等，司法官與受訊人終不平等。耶穌乃上帝獨生子，凱撒得判其上十字架。後世教徒極意推行律師制度，但律師為受判人辯護，亦仍待司法官判決。司法官一依法律而裁判，此見法之尊於人。然法律亦由人制定，此制定法律者，又是何等人？耶穌創教，使人人盡在教會之下。誰何人制定法律，又不斷改造，乃使人人盡在法堂之下？現代民主政治，立法、行政、司法三權分立，司法權乃外於立法、行政權而獨立存在，大總統犯罪，亦得受法庭裁判。是人權終低於法權。今人又稱民主必爭法治，則法在上，民在下，顯分高下。要之，人生尊嚴則有限，信仰上帝遵奉法律皆其限。惟違犯上帝，乃死後靈魂事，渺茫而難知；違犯法律，乃生前當身事，具體而可證。但西方人除法律有明文規定外，一切又儘可自由，縱蕩放肆，惟意所欲，無復再有防止，此之謂人權，豈不可畏！

中國人言法，亦如言禮。乃一種規矩，一種制度，一種模範，一種律則。天地運行皆有法，君有君法，師有師法。孟子曰：「上無道揆也，下無法守也。」在下所守，即在上之道，是法亦道也。苟其人而可為法於天下，為法於後世，斯非聖君聖師莫屬矣。而人之有法可守，則一切日常言行皆有法，亦可謂法即人生，人生即一法。西方之法，在人生之外，人生不當犯此法。不當犯，與當守，其義又大不同。西方人重外在，其法其政，皆外在於人生；中國人重內在，其政其法，則皆在人生之內。此又其文化精神大不同之明顯可證之一端矣。

中國法家亦主立法以限制人。商鞅作法自弊。道在引導人為善，法在防止人為惡。一積極，一消極。故法終不為國人之所重。沛公起兵，與民約法三章：「殺人者死，傷人及盜抵罪。」此乃全國通行之普遍法。漢武帝行鹽鐵政策，乃針對某一事之特殊法，引起全國之爭論，歷久未衰。正因法必本於道，而道則必兼通於各地各時之一切事變，故中國不能言法治，於道統政統之下，乃始有所謂法。

中國有刑律，有制度，皆稱法。而一代之制度，則尤為一代之大法。設官分位，各授以職，皆由制度規定。君一位，亦一職，亦在制度中。又稱王制、王道，俗稱「王法」。此猶西方之所謂憲法矣。王位最高，非謂由此一王乃可定此道，制此法。王亦在法之中，非能超乎法之上。記載此歷代制度沿革者，唐有杜佑《通典》，宋有鄭樵《通志》，元有馬端臨《文獻通考》，後人稱為「三通」。朝代有更換，而其道其法則古今一貫，故謂之「通」；或稱「典」，或稱「文獻」，「文」即文章典章，「獻」則指賢人言。中國政治尚賢，故曰賢君、賢相、賢臣，惟其賢，乃能制法定法，亦能守法行法。亦惟賢，乃能不專制。今國人不讀三通，乃謂中國有君主無憲法，故其政體為「君主專制」。不讀書，輕發言，亦非治學之賢矣。

中國政治不專為治國，亦求平天下。同此人，能盡人道，同為一國，斯其國治。同在天下，斯天下亦自平矣。唐、虞、夏商周三代封建政治，為天子者，僅治其邦畿千里之內，而列國諸侯盡來朝，盡相和，斯即當時之平天下。秦、漢以後，改為郡縣政治，全國統一。然非無鄰邦，非無國防，非無兵爭，而和平睦鄰相處之道，則傳統不絕。近代國人又稱漢帝國、唐帝國，以比擬之於西方中古以前之羅馬帝國，乃及晚近世之大英帝國。中西歷史各有記載，不詳加比較，烏得一以西史作準繩，一以國史作注腳。

今再綜合言之。中國傳統政治僅亦言人道，中國全部古籍，經、史、子、集，亦主在言人道。故非兼通《四庫》，略知中國文化大義，即不能通知中國之政治，而又何專門成立一政治學之必須與可能？

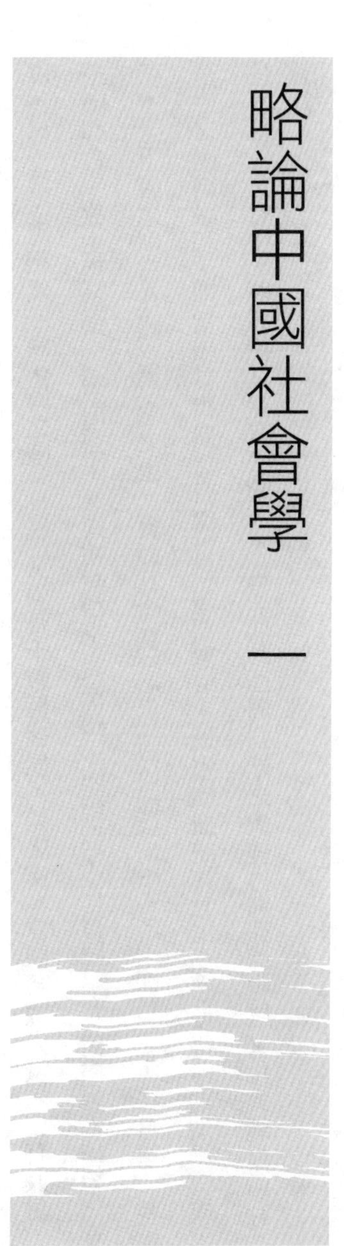

略論中國社會學　一

(一)

中國人稱「身、家、國、天下」。人生各有身，又有家。家之上乃有國，有天下。人生不能離此四者以為生。身、家、國各有別，天下則盡人所同，故更無駕天下之上者。

人生乃一會合。身有五官、四肢、六臟、百骸，即是一複雜之組合。惟身之組合皆屬物，可謂乃一自然人。家國天下，則人與人相會合，乃為文化人。凡其會合皆有統。身統於心，實則家國天下亦皆統於心，故人心乃人生最主要一統會。

所謂家，乃由夫婦組合。上有父母，下有子女。而父母以上，更可有祖父母、曾祖父母、高祖父母，以上推於無極；子女下有孫子女、曾孫子女，以下遞於無窮。而其歷代皆可有兄弟姊妹，又各別成家。故中國人言家，則必言族。又婚配之女家為外家。內家謂之親，外家謂之戚。家族親戚，關係牽連，乃成人文一大群。如姬、姜兩族通婚，互為外家，家擴大而為國，國擴大而為天下，皆由夫婦之配合始。故曰「夫婦人倫之始」。夏禹時號稱「萬國」，其時疆土僅在黃河兩岸，所謂「國」，蓋僅一部落，古人所謂「化家為國」是也。

雖萬國林立，而同有一共同朝向歸往之天子。列國有相爭，每朝向此中央之天子而求其排難解紛，俾列國間常得和平相處。然此為萬方諸侯排難解紛之天子，尚德不尚力，其勢不可久。堯、舜禪讓，湯、武征誅，眾心朝向之此一中心，則常有代而起者，故中國人又必連稱「朝代」。唐、虞、夏、商、周相代。商、周之際，其時當尚有千數百諸侯，較之虞、夏間國數大減，亦有兼併，多則和合。故生齒益增，治道益平。周初封建，興滅國，繼絕世，在當時已有一歷史大傳統之存在，天下觀念則常在國之觀念之上。實即社會觀念常在政府觀念之上。中國乃一宗法社會，每一宗族之團結融和，則常賴其祖宗之有德者。親親尊尊，以宗族血統建其本。必使每一宗，每一族，凡其祖先之有德，則必使其存有一國而不亡。此乃西周封建之大義，而亦即中國文化大義之所存。稽考古史，此一義殆無可疑。

西周東遷，中央失其眾所朝向之地位，而無與代興，乃有霸者。王、霸之別，仍在其道，不在其力。迄至秦代，不再有封建，天下共戴一中央。秦始皇帝之大誤，乃在其以為天子之位可以一世、二世以至萬世，永傳不絕，而不知有代興。豈得以一家永在萬家之上？則秦始皇乃對宗法觀念上有誤。但亦終不得以帝國征服之西洋傳統說之，則比較中西史跡而可知。

秦以下，有朝有代，有分有合。而國之上有天下、國之下有家之一傳統觀念則無變。要之，身、家、國、天下四階層之遞累而上，而人之各自之身則為之本。故中國人觀念，自身以達之天下，所謂修身、齊家、治國、平天下，其道一以貫之。而中國社會之宗法精神，則始終不變。

故欲治中國之政治史，必先通中國之社會史；而欲通中國之社會史，則必先究中國之宗法史。由血統而政統而道統，此則為中國文化之大傳統。今人一慕西化，身之上忽於家，國之上又不知有天下，乃惟知有「法」，不知有「道」，無可與舊傳統相合矣。

(二)

中國本無「社會」一名稱，家國天下皆即一社會。一家之中，必有親有尊。推之一族，仍必有親有尊。推之國與天下，亦各有親有尊。最尊者稱曰「天子」，此下則曰「王」、曰「君」。王者眾所歸往，君者群也，則亦以親而尊。人同尊天，故天子乃為普天之下所同尊。

人生在天之下，地之上。中國有「社」，乃土地神。十室之邑乃至三家村皆可有社。推而上之有城隍神。一國之神則稱「社稷」。「稷」為五穀神。中國以農立國，故「稷」亦與「社」同親同尊。中國人觀念，凡共同和合相通處皆有神。故不僅天地有神，山川有神，禽獸、草木、金石、萬物亦各有神。人心最靈，最能和通會合，故亦有神，而與天地同稱「三才」。則人群社會亦必有神可知。今可謂社會可分天下與地上之兩種。西方社會為地上社會，非天下社會。故多分別性，而少共同性。

佛法有世界觀。世屬時間，屬天；界屬空間，屬地。故佛教之世界觀近似中國人之天下觀。西歐人獨富地上觀，所居住之地既各別，乃不相親不相尊，故其社會組織有國而無天下，而其國亦各別為小國。近世英、法、德、意，皆僅如中國之一省。其他諸國土地更小，有同一民族而分為異國，亦有異民族合成一國。其國不專以民族為本，亦不專以地理疆域為本，又不專以歷史傳統為本。其立國之本，殊難言。或馬克斯唯物史觀，庶乃近之。

猶太人不成國，乃似有一天下觀。古代有耶穌，自稱為上帝獨生子，其教徒乃共同尊親上帝與耶穌。近代有馬克斯，乃改從地上觀。主唯物史觀，分西方社會為農奴、封建、資本主義與共產四階層，其所重盡在地上之物。但專言社會，不言國，雖亦不言神，而與耶穌有其共同相似處。

西歐人獨缺一和通共同觀，故耶穌、馬克斯乃同得西歐人崇奉。但亦多變質，僅成西歐傳統中之一部分而已。

中國人之社會觀，乃使「天下」與「地上」共融為一，既信有神，亦重有物，而人為之主。如山川社稷，亦皆合天地神物而為一，乃各加祭拜，各加尊親。故人必尚群，而無個人主義。群則本於人之德性。今人好分公德私德，孔子曰：「志於道，據於德。」又曰：「天生德於予。」韓愈言德「足於己，無待於外」，則德乃私而即公，又何公私可分？中國觀念不僅人有德性，天地萬物亦各有其德性。德性則大同。人之有德，乃知有尊有親，故能尊親其家其群，又必尊天親地，而人群乃可安可樂。此始為中國人之社會觀。故中國人言社會必好言「風」，此乃一天下觀；又好言「俗」，此乃一地上觀。言社會，則必言「風俗」；猶之言人生，則必言「天地」。天、地、人三者之會合，即「自然」與「人文」之會合。耶穌教徒譏中國崇奉多神為迷信，共產黨徒則譏中國為封建社會，此皆不得中國之真相。

近人又多稱政府為上層，社會為下層。實則中國乃以社會組成政府，非以政府組成社會。果其政府能知社會之在其上，則其政無不治。若使政府認為其乃高踞社會之上，則其政無不亂。人之於群，中國觀念重職任，非權位，細讀一部二十五史自知。即如蒙古、滿洲以外族入主中國，此乃中國社會暫時承認此兩族之統治，而非此兩族能來改造此社會。顧亭林言：「國家興亡，肉食者謀之。天下興亡，匹夫有責。」言天下，即猶言社會，其地位尚遠高出於政府之上，而一士人一匹夫可以直接負其責，而政府之事，可置之於不問。朱舜水流亡日本，亦猶如孔子之周遊列國，欲居九夷，思行道於天下，亦猶顧亭林之所謂「匹夫有責」也。此乃中國文化傳統之大義所在，豈僅知有國不知有天下者之所能知。

近人又好言自由、平等、獨立。但就中國觀念言，個人處大群中，非可有德性外之自由。德有大德、小德，知有大知、小知，亦非平等。人生在大群中，亦非可有獨立。伯夷、叔齊可謂獨立不懼、遁世無悶之最高榜樣，但孔子稱之曰「仁人」。則伯夷、叔齊乃在大群中獨立，非離群以獨立也。故中國社會最富和合性、共通性，乃有其大同之理想。大同乃得太平。人處太平世大同社會中，乃各有其自由、平等、獨立之可言。

西方人僅知有國際，不知有天下。最近始有國際聯盟之組織。其下有一教育、科學、文化聯合機構，此三者皆具有天下性。但近世只有國民教育，無「天下人」教育，此乃教育上一大病；有戰爭科學，無「為天下保和平」之科學，此又科學上一大病；有民族文化，無「天下人共同」之文化，此又文化上一大病。因此國際聯盟下此一機構，亦仍趨於政治化。所謂政治化，乃仍保國別性，而無天下性。美國人最近乃主退出此機構。其實不僅此一機構難有實效，即整個國際聯盟亦然。國際會議亦主少數服從多數，多數無財力無武力，豈能得少數服從？中國人則言：「得道者多助，失道者寡助。」平天下有道，而其道則實從最少數之先知先覺者「唱之」，次多數之後知後覺者「和之」，而後絕大多數之不知不覺者乃相與「從之」。〈大學〉謂「明明德於天下」，此即平天下之道即從少數之先知先覺者起。曾國藩〈原才篇〉謂：「風俗之厚薄奚自乎？自乎一二人之心之所向而已。」一二人心之所向，此即一二人之明德。則天下大群社會之基本，乃在最少數一二人之心上。此則為中國最高之社會學。故曰：「天下一家，中國一人。」此義大可深思。

(三)

中國乃一氏族社會，或稱宗法社會，其本則為家。家與家同處一地，曰鄉黨鄰里，曰都邑。其上有國，有天下。家、國、天下，皆指人與人之關係。其關係或屬天，或屬地，而初無「社會」一名。社會一名，乃傳譯西方語。西方人在社會之下有個人，在社會之上有國，輕視家，又無天下觀。

中國之家，必有親長。親其親，長其長，乃人之性情，出於自然，亦可謂乃天道。化家為國，其道亦只在「親親」、「長長」。人之性情同，則道同，可推至於天下，為大同。同在此光天化日之下，同在大自然中，實無大不同可言。西方則認為個人結合為社會，社會結合成為國，皆賴法，其相互內在間之性情關係則較為淡薄。

中國人為人，始於在家中為幼童時，曰「孝」、曰「弟」。成年為家長，仍貴不忘其本初。孟子曰：「大人者，不失其赤子之心者也。」推而至於家之外，則曰「忠」、曰「信」。孝、弟、忠、信，乃中國人為人之大道，處家、國、天下皆然。

西方人以個人處社會，不見有孝、弟、忠、信共遵之道，故曰自由、曰平等、曰獨立，實皆為個人言。中國觀念，幼童處家中，皆賴父母親長之教養，何得自由，亦不平等，更無獨立可言。若如西方，則待成年而一變，人生割裂為兩截。晚年又成一截。乃謂「幼年如在天堂，中年如在戰場，老年如在墳墓」。此惟西方社會有此情況。

今人好分個人與大群，此亦西方觀念。若在中國，一家融成一體，即無個人與群體之分。鄉國天下皆然。人之為人，有為一家之人，有為一鄉一國之人，有為天下之人，獨不得為個人。孟子分聖之任、聖之清、聖之和。但即伯夷之「清」，亦非個人主義；孔子惡「鄉愿」，鄉愿亦非個人主義；老子主「小國寡民」，各安其鄉，樂其俗，老死不相往來，亦非個人主義；釋氏主出世，但同樣非個人主義。中國人只稱人生天地間，不稱人生社會中，此猶謂人生大自然中。即太古原始人，其時尚無家，尚無社會，但亦無個人主義。中國人稱人生一家之中，則已為一「文化人」。必謂人生社會中，乃有個人主義。

嚴格言之，亦可謂中國初無與西方人相似之社會觀。近代國人，乃將西方人對其社會一切之意見與討論移來中國，則宜其一無是處。尤甚者，莫如謂中國乃一封建社會。但迄今亦無議其非者，其他則復何言。

(四)

中國社會有兩大義，一曰「通財」，一曰「自治」。其見之歷代書籍記載者茲不詳。晚清之末，鴉片戰爭，五口通商，國人震於西化，乃唱實業建國。而江蘇省之南通、無錫兩縣，乃群譽為全國之模範。

南通主持於張謇季直一人，季直狀元及第，退而在野，提倡實業。自南通推及於近圍之淮河流域，自煮鹽、植棉、紡織、碾礱創為種種工廠外，又興辦學校，設置圖書館、戲院，以及育幼院、養老院等，一縣之文教設施，幾乎全出張氏一人之手。地方長官承意唯謹，而江蘇一省之督撫藩臬，亦不加干涉。

同時無錫則並無如張季直其人。其西北鄉多營小鐵工業，在滬設廠為生。一日，有三四人同遊西湖，晚宴於湖濱之樓外樓。席散下樓，夜已深，群丐圍乞賞。諸人一時感動，謂無錫亦有此俗，儻能多設廠招群丐為勞工，豈非大佳事。乃歸而各設工廠，或在滬，或在錫。營業有得，亦各辦私立學校，或在城，或在鄉。一時興業辦學之風，乃更駕南通而上之。

余家無錫東南鄉之蕩口鎮，鎮上有華氏義莊，其莊主亦興辦一小學，余兄弟皆肄業於此。義莊始於北宋之范仲淹，一千年來，其風遍全國。此亦尚通財之一例。而通財不僅為濟貧，又兼之以宏教。曰「養」、曰「教」，皆社會自為主持。而其他一切自治，亦皆由此一意義推擴而來。

無錫實業家之興學建校，又不限於小學、中學。唐蔚芝以清末郵傳部大臣出長上海之交通大學，老而退休，無錫唐氏某家聘其來創辦一國學專修館，其規模乃似一大學研究所。又特為建宅第。蔚芝崑山人，移家來，人遂誤傳蔚芝亦無錫人。抗日戰爭後，無錫榮氏又創立江南大學於太湖之濱，規模恢宏。共產政權起，始停辦。

專就南通、無錫兩縣論，其興業辦學之盛，皆在袁世凱及北洋軍閥時代。果使政治安定於上，則其他縣邑，不乏慕效而繼起。歷數十年，中國當可早臻於現代化。近代中國，實非社會亂於下，乃政治亂於上。乃政治使社會不長進，非社會使政治不安定。中國傳統文化亦自有其安定向榮之一途，民初新文化運動乃主盡變其舊，而全國乃無寧靜之望矣。

余避赤禍至香港，曾遊新加坡與馬來亞，乃見海外僑民社會之一斑。其地皆有會館，國內以貧窮單身來者，皆得一暫時安身處，並為介紹職業。此亦社會通財之一端。經商贏利，亦競辦學校。新加坡初辦私立大學，群情歆動。教授自外埠來，街上車夫拒不收車費，理髮店拒不收理髮費，店鋪購物則廉價，社會重視教育之風有如此。但司教者則必尚西化，於國人加鄙恥。此誠為近代中國社會一悲劇。新加坡、馬來亞，皆在海外，非能受國家之庇護，而歷明、清兩代五六百年之久，仍能保持一中國社會之風貌，此非中國社會有自治潛力一明證乎。

又如辜鴻銘，誕生於檳榔嶼。幼受西教，長而博通西歐文獻。乃宏揚儒統，闡中國學，獲西方學術界之信重。歸國授教北京大學，則為當時新文化運動所掩沒。陳嘉庚兄弟，隨父經商新加坡，其父業敗，其兄弟乃再起。又回國興學，自集美小學、中學以至廈門大學，為同時全國各地私家興學之冠。陳嘉庚晚亦傾向共產主義。國內社會未能作國外之領導，則國外社會之影響國內者，宜其微矣。然如此類人，亦殊值重視。

其他如泰國、如越南、如美國舊金山，乃及各處海外華僑社會，不遑舉。即如美國紐約之有丁龍其人，豈不更大值重視乎！其他為國人所不知而實值稱道者又何限。孫中山從事革命，得海外僑民之助，甚深甚大。中國古人言：「禮失而求諸野。」今則民族文化傳統失之國內，而猶可求之海外之僑民社會，此亦中國社會具自治潛力，能通財、能宏教之一證。而中國傳統文化之未可厚非，亦即由此見矣。

略論中國社會學 二

(一)

中國本無社會一辭,故無社會學,亦無社會史。然中國社會綿延久,擴展大,則並世所無。余嘗稱之曰「宗法社會」、「氏族社會」,或「四民社會」,以示與西方社會之不同。古代封建制度即從宗法社會來,察舉考試制度即從四民社會來。在中國,政治、社會本通為一體,因亦無顯明之分別。

今論中國社會,應可分四部分,一城市,二鄉鎮,三山林,四江湖。古代都邑有城,秦、漢後即為一縣，乃政治上一最低單位。西漢全國有一千多縣，即一千多城，同時即是一商業集中區。有持續兩千年，至今大體無變，而日趨繁盛者，如江浙之蘇州、杭州兩城，俗稱「上有天堂，下有蘇杭」。考論中國社會，必先注意其城市。其次如江蘇之揚州、廣東之廣州，商業尤旺。揚州為國內南北交通商業集中區，廣州為對海外商業集中區。四川之成都、河南之開封、山東之濟南，皆所不如。中國自古以農立國，然商業早興。今國人每稱中國為一農業社會，實不符情實，稱「四民社會」較為妥當。

城市四圍為鄉鎮。鎮亦一市區，但無城，在政治組織上隸於縣，其起源亦甚早。如江西有景德鎮，河南有朱仙鎮，尤著名。鎮之四圍乃為鄉村，大抵村民多聚族而居。余幼年所歷各鄉，全如此。即各鎮各縣亦大體如是。故稱中國為宗法社會、氏族社會，實歷三四千年而未變。

城市鄉鎮之外為山林。其重要不下於城市，主要乃為宗教區。「天下名山僧占多」，名山勝地與僧寺結不解緣。佛教影響中國社會至大，山林為其根據地。其次為道院，尤其如元代之山東嶗山，影響亦遍全國。儒林中亦有終身在山林者。如東漢初嚴光，隱居富春江上，影響後世千五百年而未已。宋初孫復、石介在泰山，亦影響迄今千年。清初有王夫之，亦終身山林，其影響當與前舉相伯仲。其他山林名儒不勝舉。要之，亦可謂中國山林多寓有社會文化精神，與近代所謂觀光遊覽區者大不同。

又次為江湖。其與山林，地域難分，而情況則別。中國古代有游俠，富流動性。山林人物富靜定性。在山林而具流動性者，則謂之江湖。其勢時起而時衰，彌後而彌盛。明初小說《水滸》梁山泊，其故事遠起北宋。及宋室南遷，北方民間抗金故事流傳，即《水滸》忠義堂之前影。此乃謂之江湖。此下《七俠五義》、《小五義》等皆是。即如洪秀全、楊秀清起於廣西山林中，亦皆江湖。晚清之義和團及民國以後之毛澤東，亦莫非江湖流派。中國主要乃一靜態社會，而江湖則為其靜態下層一動態，其人多豪俠，其名亦多為忠義，而其趨勢則常歸於亂不於治。亦有江湖勢力侵入城市，則如清代之幫會。五口通商後，乃以上海為大本營。又如晚起之共產黨，乃借西方政黨名義，在北京上海各大城市潛伏發展。就中國傳統言，亦即一幫會，一江湖。中國社會現代之幫會，遠自明代運河勞工之組織始，仍是一種江湖義俠傳統精神，與西方工廠勞工團體之結合仍有其大相異處。當從幫會本身以求其意義之所在，影響之所及。此亦研究中國社會一主要項目。

《史記》、《漢書》有〈貨殖〉、〈游俠〉、〈儒林〉三傳，《東漢書》有〈逸民傳〉，〈貨殖〉、〈游俠〉兩傳無繼起。「游俠」一項轉入傳奇小說中，而「貨殖」一項，則後世甚少稱述。此四項人物，正可代表上述城市、鄉鎮、山林、江湖之四部分。「逸民」可與「儒林」相抗衡，而實亦出於儒林，為其別支。故儒林之在城市，亦多慕為隱逸者。惟貨殖人物，則較視為卑下。中國常多連稱「農工」，商人最居四民之次。此正中國城市山林化，而資本主義絕不能形成之一大好說明。

合此城市、鄉鎮、山林、江湖四者，乃見中國社會之全貌。亦可謂中國社會，乃分別成為此四部分。中國各省府縣之地方志，實亦可當中國之社會史。正史較詳「政治」，地方志較詳「社會」。中國人本不為政治、社會作嚴格分別。可謂正史則多詳全國性，方志則多詳地方性，即各地之分別性。方志較晚起，始於宋代。亦因宋以前五代十國，即有十國之志，宋代統一，乃有地方志之出現。其後乃演化為省志、府志、縣志。今欲搜集地方社會史料，則方志其首選矣。

亦有鎮鄉之志。最佳之例，當首推吾鄉之泰伯《梅里志》。僅就前清金匱一縣中，東南方數十鄉鎮，彙記其文物故事，詳其古今演變，而成一書。亦有一山林自成一志者，如《廬山志》。亦有一寺廟一書院自成一志者。更有專就某一觀點，成為一書者，則如顧炎武之《天下郡國利病書》。雖綜合全國，而專就經濟觀點，各地分別記載成為一書，乃為明代社會史之極佳材料所在。此皆治中國社會史者所當注意。

中國文化傳統既與西方不同，則中國社會狀態亦自當與西方有異。今國人乃率據西方社會學來觀察評論中國社會，則胥失之矣。如言西方為商業社會，中國為農業社會，不知中國社會之工商業積兩三千年來，皆遠勝於西方。直至近代西方科學發達，情況始變。而中國始終不能有資本主義之產生，則為中西雙方文化之大相異處。國人又稱中國為封建社會，則又大謬不然。中國社會兩千年來，工商業皆極盛，何以終不產生資本主義？此乃一大問題，可自上層政治措施上論，亦可自下層社會情態上論。如蘇州，乃兩千餘年來一大城市，而頗亦趨向於山林化。其城外附近四圍山林人文化之日趨旺盛，姑不論，專就蘇州城內言，遠自唐代，近迄清代，其園亭建設之勝，冠於全國，亦可謂其超出於全世界。清之晚季，日本逼開商埠，乃劃城南區與之，但蘇州人迄未予以開發。及滬寧鐵路興建，又在城北闢成一新商業區，而城內舊形態依然保守不變。果使國人有遠識，能永保此蘇州城內之舊形態，則可供全世界人參觀欣賞，當遠在意大利文藝復興時諸城市之上，亦可活現出中國社會自古相傳之一種特有面貌。而惜乎最近數十年之改變，今已無可期望矣。此誠一大堪惋傷之事也。

中國文化之最高理想，與其最高精神，乃在「通天人，一內外」。以今語言之，則為「人文」與「自然」之和合成體，即「人文」之自然化，「自然」之人文化。而城市之山林化，乃為中國全社會所同心嚮往之一事。尤其如帝王首都，中央政府之所在地，如長安、洛陽、開封、餘杭、金陵、北平諸城，惟開封一城為自然形勢所限外，其他諸城盡皆城市而山林化。宋都開封，其人文薈萃，則轉在洛陽。今此諸城，雖長安、洛陽已趨衰敗，而往年景象，猶可依稀訪求。杭州、南京、北平三城，則景象猶存。即如山西大同之雲岡石刻，以及《洛陽伽藍記》之所記載，亦可見當時鮮卑人之華化，亦求其京師之山林化。此真治中國社會史者所更當留意，更當研討者。

分論各省，則西南諸省如四川、廣西、貴州、雲南等，更易體認。而雲南一省尤然。以其自然地理與其開發之較遲，稍加現代條件之修繕，惟求不傷舊狀，即可成為世界一瑞士，而實可為城市山林化之更高象徵，亦中國文化理想最高一楷模。所謂「天地之化育」，此實可作一最佳具體之說明。

中國社會尤有一值得注意者，則為其有「化外」之一部份。中國自古即華、夷雜居，所謂戎、夷，實多與華夏同血統，特以人文生活即文化為分別，故曰「夷狄而中國，則中國之；中國而夷狄，則夷狄之」也。兩漢廣遷塞外異族入居中國，是即夷狄而欲中國之。明、清兩代，西南諸省乃有「土司」制度。如何以相異民族，而能在同一地區和平共存？此又為研究中國社會學者一項大值注意之問題。即如臺灣，亦有高山族居民，但無如大陸之有土司制度。而有如吳鳳其人者出，此亦中國文化中國社會中之特有人物，為其他民族其他社會所未有。

今國人則專就西方社會學眼光來治中國社會，強異以為同，其不能深入瞭解往昔中國社會之真相，殆無疑義。專就城市論，中國城市皆求山林化。而西方城市，以中國人觀念言，則可謂乃趨向於江湖化。山林化求靜定，而江湖化則易動亂。西方動亂多起於城市。即如法國之巴黎，最為西方人豔稱，然巴黎亦多見江湖化，少見山林化。西方人之江湖，更擴大而為海洋。西方國際亂源，亦多起於海洋。其實西方各國疆域，亦僅如中國之一省一府而止。西方鄉鎮人群之趨赴大城市，亦可謂其乃趨於江湖化。近代美國人，群喜從大城市遷居附近諸鄉鎮，則亦使附近諸鄉鎮同趨江湖化，而轉漫失其原有山林之情狀。

故在西方城市，幾盡屬貨殖人物。政府、宗教、學校，或可以比中國之儒林，而盡必附屬於貨殖。因西方不重人物，僅重事業，而事皆需財，財則掌於貨殖之手。而貨殖則趨於江湖化，於是曰「流動」、曰「競爭」，乃成為一資本主義之社會。隱逸一流，則甚少，幾乎無之。西方亦有山林，而無中國之山林氣象，徒供人遊覽或探險，亦可謂全成商業化，江湖化。此誠中西雙方文化大異處，亦社會大異處。

近代美國人中，有西歐白人，有猶太人，有非洲黑人，有東方中國、日本人，亦異族共處，成為西方文化體系下有一嶄新形貌之社會。但其多人雜處，如一大賭場，如一大戲院，各有所求，各有所爭，若在靜定中而不勝其動亂性，縱占富強，亦不易得安定。周濂溪《太極圖說》：「太極動而生陽，動極而靜，靜而生陰，靜極復動，一動一靜，互為其根。」又曰：「主靜立人極。」宇宙大自然實為一「動」，而人文化成則當為動中一「靜」。自然為人文之根，而人文亦可轉為自然之根。今可謂西方社會富陽動性，乏靜定性；近於自然現象，而少人文理想。中國社會則在自然陽動中，必求以人文理想之靜定為目標。今則受西方商業威脅，乃亦失去其靜定性。若求全世界人類同歸靜定，同臻安樂，首當限制資本主義，勿使商業在其社會中一枝獨秀。但若改採馬克斯唯物史觀共產主義，則將更深陷於自然窠臼中，而其違反人文理想將更大，更無人類相處之真性情可得矣。中國四民社會，商人最居末，農工在其上。亦可謂農工在靜一邊，而商則在動一邊。中國社會非無動，而靜為主，故信義通商，終不失人類相處之真性情，遂亦不產生資本主義，此又中西文化之相異。

中國人認為生產多屬天地自然一邊事。人之從事生產，又須分工合作。故不主私，不主專，而有一種通財公產觀。孝、友、睦、婣、任、卹，乃人群相處居心所宜之大道。故在中國不能有農奴社會、封建社會、資本主義社會。封建在中國，乃一政治制度；西方封建，則仍重在財富之分別占有。則中國宜亦不能有共產社會。馬克斯創為「唯物」史觀，中國當稱「唯人」史或「唯心」史，實則乃「唯德」、「唯性」。西方人生注重在外面物上，中國人生注重在人之內在德性上。換言之，西方人用心在物，中國人用心在己，即己之心。西方人亦知有心，中國人亦知有物，惟主客輕重則大不同。

共產主義為害中國，今已人人皆知，乃欲改稱社會主義。則當知中西社會有不同。中國社會摶成，不仗財力，亦不仗武力，故中國人無權力觀。齊家、治國、平天下，皆不能仗財力、兵力，乃在人與人之性情之相感相通，而成為一體。此種性情之培養，則貴在「心」，貴在先有一段靜定生活，在人則貴在未成年期，在地則貴有一山林生活，此兩者皆屬天。能知此，則知天、地、人本屬一體，即自然與人文之本屬一體矣。如原始人之洞居，實即山林生活，亦即人類未成年時之生活，此為自然生活。而人文社會之生活，即本源於此。人文社會生活之最後歸宿，則仍應為一種自然生活。總之，人類逃不出物的生活，而以心生活為之主宰。若如西方人，以心生活投入物生活中，物為主，而心為奴，心生活不長進，惟求物生活長進，則與中國為大異矣。釋、老皆重心生活，但又太輕忽了物生活。惟有儒家，執兩用中，心、物並重，而又會通和合，融為一體，始為人生之正途。故欲知中國社會，又須兼通中國經濟史，並須兼通中國思想史。要之，即須先通中國文化史。若分門別類，專一求知，則中國究為何種社會，誠難以一言盡矣。

重物，則其大群生活乃自下而上，由分而合；重心，則其大群生活乃自上而下，由合而分。西方社會重多數，中國社會則特重一領導中心，此則必屬少數。四民首重「士」，即此意。但此下中國社會中「士」之一階層將漸消失，重少數將轉為重多數，則心社會自不得不轉為物社會。此乃中國當前一大問題。孫中山先生提倡知難行易，分知為先知先覺、後知後覺、不知不覺三階層。「行」屬多數，「先知先覺」必屬少數。「易」屬多數，「難」屬少數。「分門別類之知」，亦屬多數。而「會通和合之知」，則仍屬少數。社會無一中心領導，此終屬一危途。而此中心領導階層，又如何產生，又如何得大眾之承認？此則為治中國人文史者最當注意研尋之一問題。

然此事實亦不難。須使人先知心生活重於物生活，則自然尋向上去，識得自己性情，同時即識得人類性情，則已把柄在握矣。心生活何以重於物生活？其事亦不難知。反身以求，當下即是矣。中國古人之高瞻遠矚，而又切己體察，此亦執兩用中之一道也。吾國人其勉之。

(二)

夫婦和好，父子慈孝，即中國之所謂道。〈中庸〉言：「苟無至德，至道不凝焉。」「道」即凝於「德」，宇宙大自然萬物散布，非德則無以凝聚。德又有大小之分。〈中庸〉言：「小德川流，大德敦化。」川流則猶有形象可尋，如結為夫婦，生育子女，生命無窮。中國乃一氏族社會，父子祖孫世代相傳，亦即小德之川流。孔子為中國之至聖先師，其道不僅傳於家，不僅傳於魯，並傳於兩千五百年來之全中國，斯則為大德之敦化矣。兩千五百年來，疆土日廓，生齒日繁，同為一中國人，此生同，此心同，乃有同德同道。今日此世界則同有電燈自來水，以色列人、巴勒斯坦人同樣生活在此燈水中，而有不可同日生之勢。又如宇宙大自然，渾然一體，本無區別。此身乃生命一時所附著，其魂氣則可離於肉體，而還歸宇宙大自然之渾然一體中，即其生命之依然存在。乃不朽，非復活。

宇宙大自然之渾然一體，此乃一大生命。人類生命即由此大生命中分得，中國人謂之德。三不朽以立德為首，德不在身，而在心。聖人先得吾心之同然。人人之心，皆可同於聖人之心。故聖人之德，亦長在人人之心中。此即中國古人之生命不朽觀。立功立言，則較落於外面形象上，然仍必歸於心，故同得為不朽。是則中國人之生命觀乃在心，心則非器物，無形象。故言靈魂，世人之靈魂觀，仍可有分別。中國言心，則有同然，無分別。如言夫婦父子，自身言，亦各有分別。然夫婦和好，父子慈孝，自其內心之德言，則可無分別。

俗云「說法」，此「法」字，亦猶文言所謂之「名義」。顧名思義，正名定義，一名則必有一義。師出有名，則非無義。即猶俗語每一事必該有一說法，即如登山玩水，亦該有法可說。古代帝王登泰山，行封禪。封禪是一名義，登泰山觀日出是一實情，然實情必當有名義可說。無錫附郭數里外有惠山，山有泉，稱天下第二泉。蓄泉為池，坐池旁二泉亭，觀池中大紅鯉魚結隊游泳，品茗玩賞，其樂何如。然人生不該專以登山品茗為樂，仍該有一說法。縣人皆於山麓建祖先祠堂，又建歷代名賢祠，如唐代張巡、許遠祠等。每逢春秋佳節，縣人登山，先祭拜祖宗祠堂，又瞻拜先賢群祠，乃赴二泉亭。則登山品茗乃有名義，乃有說法。余少年時即喜讀韓昌黎〈張中丞傳後序〉一文，反復朗誦不忍輟。及瞻拜張、許祠，益增崇敬嚮往之情。余之於國家民族歷史文化往聖先賢之有其一番真摯深沉之感者，此乃由社會風氣，亦即社會教育之培養，有不知其然而然者。余家五六華里外有讓皇山，相傳乃吳泰伯讓國至此。又名鴻山，因東漢梁鴻、孟光夫婦亦隱居在此。實只一小土丘，無林泉之勝。而環繞十華里內居民，每逢清明佳節，群來瞻拜。余幼年即隨族中長老前來。余之對國家民族歷史文化往聖先賢有其崇高之敬意，實早由幼年植根。及余初來臺灣，環遊全島，至今逾三十年，記憶猶新者，在臺南拜孔廟，謁鄭成功祠。在嘉義謁吳鳳廟，感動尤深。古人云「行萬里路，讀萬卷書」，此兩者亦同有名義說法，主要則在學「為人」。余未來臺灣，初未知有吳鳳其人，故其感余心者尤為深厚。三十年來臺灣觀光遊覽區日益開闢，索忍尼辛來，全國上下仰崇，陪其遊覽，卻不去吳鳳廟。蓋人心已變，名義說法亦不同。觀光遊覽僅為尋開心，同時亦為經商贏利。風氣既別，古今人不相及，但其間高下得失實仍堪尋味。中國人言社會，必先問其「風氣」；西方人言社會，則必論其「經濟」。則又何「小德川流，大德敦化」之足云。

(三)

今日國人爭言知識，此時代亦稱為知識爆破的時代。一幼稚園兒童，其所知，為余九十老翁所未知者亦多矣。然以中國傳統觀念言，則知識中最有意義、最有價值者，乃「知你自己」，所謂「自知之明」是也。又稱「知人知面不知心」，又曰「人之相知，貴相知心」。所謂自知，乃在自知一己之心。孔子十有五而志於學，三十而立，至於七十而從心所欲不踰矩，此即孔子自述其七十年生命中，為學之心路歷程。顏子曰：「如有所立卓爾，雖欲從之，末由也已！」此所立卓爾欲從末由者，即指孔子，實指孔子之心之德。孟子曰：「我四十不動心。」亦即如孔子之「四十而不惑」。中國人之重其心，重自知其心有如此。

重自知，又貴知己之一家。父母、兄弟、姊妹、夫婦、子女，一家相聚，互不知心，他復何言。自家而推之鄉，推之國，推之天下，同此人類，實即同此一社會，皆貴能互相知心。故中國人言「民情風俗」，又言「人心天理」。若言中國亦有社會學，惟此乃其主要之一端，為最所當知者。

余幼居蕩口鎮，樓下大門旁有一酒釀鋪，酒釀美味，馳名全鎮。鋪主老夫婦兩人，年各六十許，日製酒釀兩大鍋，日未夕，即賣完。有子三人，年在二十上下，每日下午各擔一缸酒釀，分赴鎮上他處路售，亦均未晚即歸。一家衣食已足，樂以悠悠。闔鎮知者，無不稱羨。其鋪最少亦歷數十年之久。

及余長，任教蘇州中學。城內玄妙觀前一街，最所知名。然一街店鋪最多不過四十家左右。其中有稻香村、采芝齋兩鋪，皆賣小食品，乃馳譽全國。余家本在七房橋，距蘇州城四十里，有小航，日開一次。每月必託小航購買兩鋪食品，幾乎全村皆然。至是已逾二十餘年，乃知此兩鋪僅皆小門面，一小長櫃。不只蘇州人競來爭購，京滬鐵路過客幾乎無不來購。後余轉赴北平任教，亦可得此兩家食品。避赤禍來香港及臺北，亦仍有此稻香村、采芝齋之店鋪。其實此兩家自數百年前明代已有之。不知此兩家歷代相傳，生齒日繁，生計何以維持？要之，此兩家則依舊一小門面小店鋪，無分店無擴張，則盡人皆知，無足疑者。

抗戰時，余在成都華西壩任教。一友常在圖書館相候，謂余，君喜治理學家言，當時一理學家日讀書幾何，予等每晨閱報章字數當已超之，而生活營養又遠遜，健康豈可忽。西門內八號花生米，馳名全城。此物富滋養，佐飲濃茶，不患不消化。必偕余往購，兩人各一小袋，同坐華西壩溪上品茶暢談，至晚而散。此八號花生鋪，亦如余家蕩口大門前酒釀鋪，大小花生皆裝大袋銷各地散售。其場面當亦歷數世不變矣。

及抗戰勝利，余重蒞昆明，乃知昆明有一月餅店，亦播譽全省。在中秋前一月即停售，謂當為他家月餅業留一地步。在其停業期間，即航空遠銷京滬。其他月餅店乃亦賴以維持。

抗日勝利後，余返無錫任教江南大學，乃知無錫肉骨頭，有某街一家特佳。門外設一鍋，晨十時銷售到午即畢，不再售，需待翌日。傳說此鍋滷汁必日有留賸，歷數百年之久，故其味終為他處所不及。適余弟家居此街，故得知之。其味乃為余自幼五十年來屢嘗所未及。然其家亦歷數百年，仍為一小家。

以上偶舉飲食一小端，自小鄉鎮至大城市，廣達全國，其業長有歷數百年不變者，亦以見中國人一種安足之心情，安常守故，安分守己，知足常樂，安居樂業。中國人言「心安理得」、「足於己無待於外」，此一「安」字、「足」字，乃寓甚深妙理。吾中華民族之得五千年綿延迄今，廣土眾民一大結集，一大和合，則亦惟以此一「安」字、「足」字得來。今日國人則爭相詬厲，斥之曰守舊不進步。則姑舉開新進步者言之，如西歐之古希臘，遞變遞新，而乃有後代之大英帝國，又有現代之美、蘇對立。而當前之希臘人又如何？英倫三島人又如何？有新無舊，有進無退，則無安足可言。即如吾家在無錫東南鄉嘯傲涇上之七房橋，亦已自明迄清六七百年一舊家庭，直至最近推行共產主義，始大變，大異其舊。有一美國人讀余〈八十憶雙親〉一文，大生慕戀，為之傳譯，來書囑余為五世同堂家宅作全圖。又進而通讀錢氏家譜，將進而為無錫全縣之研究。中國人言：此心同，此理同。在此同處，亦未嘗無一番妙理，思之而得，則此心自安自足矣。

近代國人一意慕向西化，治社會學，則必以西方社會為藍本。群謂農村必進步為都市，則試問人類豈能僅有都市而無農村之社會？故西方之資本主義，必進而為帝國主義，以殖民地為農村，乃始可耳。今則帝國主義之時代又已過去，而農業國之購買力則必日退，乃有經濟不景氣之新興現象。試問又何從而得解決？

西方人為學，好分別專門。但政治社會緊密相關，合則兩得，分則兩失。馬克斯亦不免此病。或因其乃一猶太人，無權過問歐洲白人之政治。上帝事耶穌管，凱撒事凱撒管，馬克斯乃專論社會經濟，置政治於不顧。則試問共產主義又何得成其為一世界性？列寧借其說，向尼古拉帝皇專制作革命。一共產國家新興，又何得與並世資本主義之富強國家並立？史太林乃繼列寧，而仍遵帝俄之帝國主義以前進，迄今而核子武裝海空軍備乃超美國與西歐之上。論其實，則仍是一西方政治大傳統。此豈馬克斯提倡社會主義時所知？

近代吾國人或專治經濟學，或專治社會學，亦每置政治問題、國際問題於不顧。已往三十年之毛政權，今可勿論。但當前之大陸，又豈專治經濟學、專治社會學者所能措手加以改進？孫中山先生三民主義首為「民族主義」，則不可不顧及五千年來中國之人文大傳統。最後為「民生主義」，則如余此上所舉蕩口鎮之酒釀鋪以及無錫城中之肉骨頭鍋，此亦民生，而有自安自足之民族心情、民族文化之甚深傳統涵其間。豈得與西方社會相比，又豈得以一專家專論經濟問題社會問題，又必以西方之經濟理論與社會理論為準繩，而謂吾民生乃得由此而安而足，而和而樂乎？

西方傳統中，有兩度加入猶太人思想而得廣為流傳者，古代為耶穌，近代為馬克斯。耶穌主上帝事由他管，凱撒事則凱撒管。唯其不管凱撒事，故猶太人終不能立國。而凱撒亦終釘死耶穌於十字架，但耶教則終得流行。馬克斯主張剩餘價值由無產階級取而分之，則資產階級失其存在。然非謂資產階級乃人類之剩餘，而不許其存在，特不許其專擁經濟之剩餘價值而已。此一百年來，西方資本社會盛行社會福利政策，勞工有罷工之自由，失業者得公貲撫養，此即承馬克斯之遺意。

馬克斯亦並未主張將資產階級斬盡殺絕，而推行無產階級之專政。俄國地處寒帶，又慣受帝王專制之暴政，其性情異於其他歐洲人。列寧創造共產政府，則實非馬克斯之初意。

世人僅知猶太民族乃一經商民族，然不知在猶太人中，資產階級乃永能救濟無產階級。馬克斯思想實早已存在於猶太民族中，故猶太民族雖永久流亡，而其民族經濟則常得旺盛。以色列乃歐洲人代為立國，而在政治上則沾染了西方思想，只求自己立國，不許其他民族亦同樣立國。中東和平，大受干擾。馬克斯則僅一經濟思想家，非一政治思想家。亦如耶穌僅一宗教主，非凱撒，亦非一政治思想家。穆罕默德以政治混入宗教，而回教民族乃永無和平可言。亦如列寧以經濟思想混入政治思想，而蘇維埃之立國乃亦永無和平可望。故原本屬一專門者，即不宜輕易擴大為通義。必認清馬克斯共產思想非一政治思想，其流弊乃可減，其遺禍乃不深。耶穌教亦必堅守其凱撒事凱撒管之初意，乃庶可仍得流傳。中國人則主「政教合」，又主「政經合」，則與西方自不同。西方人主分別，耶穌、馬克斯雖專論宗教信仰與經濟，但其言偏近和合性，為西方人所無。故西方人不得不採用此兩人思想以資調劑。中國人本亦主和合，倘加進此兩人思想，則非全部改造不可。故言現代化，則必求其「傳統」之現代化，而非可現代化其「傳統」。此一層，現代國人更當深究。

略論中國文學

中國文學亦可稱之為「心學」。孔子曰：「辭達而已矣。」不僅外交辭令，即一切辭，亦皆以達此心。心統性情，性則通天人，情則合內外。不僅身、家、國、天下，與吾心皆有合，即宇宙萬物，於吾心亦有合。合內外，是即通天人。言與辭，皆以達此心。孔子曰：「言之無文，行之不遠。」言而文，則行於天下，行於後世，乃謂之文學。何謂文？此涉藝術問題。故文學亦即是一種藝術。

古人生事簡，外面侵擾少，故其心易簡易純，其感人亦深亦厚，而其達之文者，乃能歷百世而猶新。後人生事繁，外面之侵擾多，斯其心亦亂而雜，其感人亦浮而淺。抑且時地事物雖已變，而人心猶常，後人為文，遂多援用古人語，實獲吾心，言之不啻若己出，則三復之而不厭矣。今國人疑其為蹈常而襲故，務守舊而不開新。實則全部中國文學史，遂如枝葉扶疏，潛而尋之，一幹一本。此心既猶故常，言辭又何待開新。

人之性情必有所向。先之則父母子女之長幼相依，兄弟姊妹之平等相隨。繼之則有夫婦男女之異性相戀。實則一家即一己生命之往前而擴大，兄弟姊妹或缺或無，人則必由父母而生。年長則必有婚配，始得為成人，有意義有價值，以異於他人而成其為一己。或生而父母喪亡，長而未有婚配，則為人生一憾事、一不幸。

人之性情，實即人之生命。而父子、夫婦兩倫則最見性情之真。至於身，則僅生命寄存之工具。食、衣、住、行，視、聽、言、動，為我生命之維持與表現，非即我生命之內涵。生命必與生命相接觸，而有家、國、天下，乃有父子、夫婦、兄弟三倫外，復增有君臣、朋友兩倫。生命接觸不止人與人，乃有宇宙萬物，禽獸、蟲魚、草木，山水、土石。人之性情亦多接觸於此而發，乃若此等亦同有與己相類似之生命。吾之生命乃若無往而不在，故「君子無入而不自得」。

以上所言，可讀古詩三百首而得之。亦貴本於以上所言以讀古詩三百首。此下中國全部文學則盡從此《詩》三百來。故中國古人又稱「文心」。文心即人心，即人之性情，人之生命之所在。故亦可謂文學即人生，倘能人生而即文學，此則為人生之最高理想，最高藝術。

西方人則馳心於外，中國古人所謂之「放心」。心放於外，則所見盡為事事物物，而不見有一己之生命。自古希臘之小說戲劇起，直至於現世，亦大體無變。重生命，言性情，則無可盡言，無可詳言，並有無可言之苦，實即無可言之妙。抑且有心之言，則心與心相通，亦不煩多言。故中國文學務求簡。陶淵明詩：「此中有真意，欲辯已忘言。」此最中國文學之至高上乘處。

《詩》三百，首〈關雎〉，第一句「關關雎鳩」四字，「關關」乃雎鳩和鳴之聲，而雎鳩雌雄戀愛之情，亦即此而在矣。如古希臘之小說戲劇，言及男女戀愛者何其詳，何其盡。抑且此一對男女之戀愛，與另一對男女之戀愛，又必求其相異而不同，乃得成其為另一篇小說與戲劇。此之謂文學之開創。中國詩人只言「關關雎鳩」四字，即人類男女戀愛之真情蜜意，亦已一語道盡，可無多詞。故中國古人婚禮，必誦〈關雎〉之詩。今人乃謂中國人不知戀愛，故文學中不言戀愛。實則中國人文非不言戀愛，乃從生命深處性情深處言，乃可一言而盡耳。

而且中國文學，必求讀者反之己身，反之己心。一聞雎鳩之關關，即可心領而神會。如讀西方小說戲劇中戀愛故事，則情節各異，不相類似。故西方文學貴創作，人各說一故事，說了千百件，件件不同，而讀之不厭。但各故事盡在外，非本之作者一己之性情。中國則不然，一切文學皆自著者一己之性情發出。讀者不反之心，而求之外，則若千篇一律，無新奇、無創造，乃若其陳舊而可厭。

西方文學從外面事物求其獨特奇異，而多出捏造，離奇曲折，緊張刺激，挑動人心，而實出於人之性情之外，乃必如是以為快。中國人貴從內心同處言，尋常平實，而其可樂可喜，可哀可怨，有更深入更生動者。孔子即以詩教，宋代理學家言「喫緊為人」，亦無不知欣賞文學。即如周濂溪「光風霽月」，程明道「如坐春風」，人生即如文學。而理學家之能詩能文，超出於一般詩人文人者亦多。此見中國文學實即一種人生哲學。今必分文學、哲學而為二，斯其意義與價值，惟各見其減，不見其增矣。

中國道家言實多通於儒家。而中國文學中尤多道家言，如田園詩、山林詩，不深讀《莊子》、《老子》書，則不能深得此等詩中之情味。是則欲深通中國之文學，又必先通諸子百家。故曰「徒為一文人，斯無足觀」。今人則一慕西方，專治文學，欲為一文學專家，以此治中國文學，寧得有當？

佛法東來，中國高僧出家，多為慈悲救世，不為生老病死而厭世。其僧院修行，亦多中國情味。翻譯印度經典，及其創為經論，如《大乘起信論》等，皆絕精妙之散文。禪宗號為「不立文字」，但其故事則可謂皆成極高尚之文學小品。如慧可向達摩「求心安」一則，苟以羼入《世說新語》中，亦可為上乘之選。慧能則儼是一傳奇人物，《壇經．行由品》亦顯見為一極佳之短篇小說。此下禪宗諸派大師，亦莫不傳奇化。其故事流傳，亦莫不小說化。即身成佛，立地成佛，亦皆諸禪師一種出格之文學人生，即藝術人生，亦即哲學人生矣。是則宗教亦成文學化、藝術化、哲學化，而相通為一。要之，則是中國之人生。寒山子以詩人為僧，即以僧人為詩，而其詩乃為後代所愛誦。其他僧人能詩者，歷代皆有。韓愈最闢佛，而當時僧人登其門乞討一詩一文者不絕。柳宗元尤多佛門文字。韓愈之徒李翺，則以古文闡佛義，後人或推尊其在韓愈之上。而如歐陽修、蘇東坡，皆自稱居士，此即如居家為僧。唐三藏法師玄奘，更許其徒不出家為僧，從事翻譯，轉為其門下一高僧。為僧為儒，為佛為聖，皆從性情中出，此仍中國傳統。故中國僧人亦皆好中國文學，而中國文人亦好誦佛書，交僧友。如劉勰之著為《文心雕龍》，即其最佳一例證。

中國人生既求文學化，文學亦求人生化。佛教東來，但為中國人生增闢一新途徑，亦為中國文學創立一新境界。此須深通中國文化內在深義，乃能認識其相通處。僅從外面形名貌相上，慕效西化，好作分別，則無可得之。故道、釋兩家之在中國文學史上，雖不能與孔孟儒家成鼎足之三，但亦有其文學上之成就。今日專意欲為一文學家，封閉其一己之意識，摒棄一切舊文學於不顧，則亦無以語之。

小說家在先秦為九流十家之一，此後演變，亦漸成為文學之一部分。然後起小說，仍不失古代小說家言之傳統。中國之集部，本源先秦之子部，此亦其一例。唐代人應科舉，先作溫卷，好為傳奇，投之先達，期能上公榜。而佛家如「目蓮救母」等故事流播，則為近人所稱俗文學、白話文學開先路。宋代如《三朝北盟彙編》諸書，則史書而亦幾近小說化。於是乃有元季施耐庵《水滸忠義傳》章回小說之出現。其稱「忠義傳」，則小說而慕為史書化。中國人好求通，為學亦然，此亦其一證。清初金聖歎乃有「六才子書」之選，以《西廂記》、《水滸傳》上媲屈、莊、司馬、杜。文不論雅俗，體不論古今，一部中國文學史先後承續一貫會通。聖歎所見，為治舊文學者所不同意猶可，而今日國人提倡新文學者讀《水滸傳》，聖歎批注乃擯不閱，是亦其自我意識好自封閉之一例。

元曲承自宋詞，又演為戲劇，又繼之以明代之崑曲，清代之平劇，於是小說與戲劇，乃成為中國文學中之一部分，一支派，而盛大流行。其實亦可謂平劇亦上承古詩三百首而來，〈風〉、〈雅〉、〈頌〉亦有演有唱，其與後起戲劇依然是一貫相通，一脈相承。必當認識中國文學之生命，乃能認識中國民族之文化生命。今人則一刀兩斷，元曲以前稱之曰「舊文學」，元曲以後始稱之曰「新文學」。舊文學死去，新文學始誕生。但實是同一生命，姑不論。而今日國人之提倡新文學，實視元曲以至平劇一段之演變，仍屬舊文學。必承續西方乃得謂之新文學。是則中、西之分，即新、舊之分。凡中國皆屬舊，凡西方始是新。「周雖舊邦，其命維新」，今日中國以後之大命，則惟有繫之西方矣。從器物觀點言，則有新陳代謝；從生命觀點言，則當繼續成長。父子相傳，亦同一生命，故中國人講孝道。若必除舊布新，認父為舊，子為新，除了父，何來子，又何家祚可傳。西方乃一工商社會，故「貴創」。今尚創，其古亦早尚創，故古希臘亦仍為今西人所尊。中國乃一宗法社會，故「貴襲」。今吾國人欲襲西方，乃怪古人不能襲希臘，乃轉自今來承襲希臘，如模倣奧林匹克運動會而以聖火導其先，乃始得謂之新，謂之是人生，是文學，是藝術，豈不大可怪乎！

大體言之，中國乃廣土眾民大一統之民族國家，所謂「統」者，乃自上而統下，故其文學亦自上而下；古希臘小市寡民，其文學亦自下而上。中國人重生命相通，故其文學亦重心性，自內而外；西方人重事物相異，故其文學亦重於異，鄙其同。即言平劇，臉譜服裝，臺步動態，歌唱道白，皆於相異處會通和合同為一體，主要在其劇情。而劇情則主在人之心性。孝、悌、忠、信，凡屬人心，無不皆同。西方劇情則重外在之事物，必求其相異。平劇中臉譜亦非人生之真面目，其歌唱亦異於人生之真言辭，則臉譜與歌唱亦即是一創。宋代理學家「氣象」二字，乃可為之說明。理學家重要在指出聖賢氣象，平劇則表演尋常各色人之氣象。此亦一氣相通，有其大傳統之所在。

晚清曾國藩編有《古文四象》一書，亦以氣象論古文。然非逐篇朗誦，以聲音貫通之，則不易得其陽剛陰柔分別之所在。觀氣象，又必兼以辨音聲，斯則古文亦與平劇用意相通。其實自《詩》、〈騷〉以來，辭賦詩詞何一不重音聲，又何待至於戲劇而始然。此又中國文學古今傳遞一共通點。今人提倡白話詩、白話文，唱之、誦之，無聲調，無情味。又模倣西方人為話劇，把日常現實人生依樣葫蘆搬上舞臺，重事不重情，事非真事，則情亦非真情，與中國文學傳統之意義價值乃迴異。中國人生則期望其能文學化，藝術化，亦即可謂期望其能戲劇化。人生而真能如戲劇，現實人生一如舞臺人生，豈不迴腸盪氣，可歌可泣，為人生大放一異彩乎！此誠中國人生、中國文學一至高之意義價值所在，戲劇亦其顯明之一例。

故居今言文學，果真欲提倡新，莫如復興舊。古代《詩》、〈騷〉乃其含苞初放期，唐、宋則其群艷燦爛期，明、清則其凋謝零落期。然終為同一花朵，同一生命。器物可以除舊布新，生命則有起死回生。貞下起元，循環往復，一陰一陽之謂道，此惟中國人能知之，能言之。韓昌黎言「好古之文，好古之道」也，昌黎能文起八代之衰，今人提倡新文學，宜當於昌黎有所師法。昌黎又言「不平則鳴」，今人提倡新文學，亦若於古人舊文學有不平，惜乎其不能鳴，則待後起能鳴者再鳴之。果有能鳴者，亦恐非若今之新文學之所為矣。

大匠能與人以規矩，不能與人以巧。中國人之道，即是一規矩，時時地地人人事事所不能離。〈中庸〉言：「道也者，不可須臾離也；可離，非道也。」文學亦不能例外。自古文學中演變出平劇，乃為文學與藝術一大結合，而其規矩乃益顯。每一劇之出場人員，自跑龍套以至於生、旦、淨、丑諸角，乃至於二胡三弦鑼鼓聲樂，全由一規矩中來。自其登臺，一步一坐，一振衣，一舉手，一顰一笑，無不在此一共同規矩中演出。劇中主角則為此規矩之中心。如譚鑫培、梅蘭芳，演技各有千秋，此皆在規矩中見巧。他人雖同規同矩，卻不能有此絕技，有此奇巧。中國之藝術然，文學亦然。推而廣之，無大無小，以至於修、齊、治、平，同無不然。天地自然乃是一大規矩，聖人合德，乃是一大技巧。莊周所謂「神欲行而依乎天理」，孔子所謂「知天命而從心所欲不踰矩」，皆是也。今人則欲打破傳統，創造新格，文學如此，其他一切全如此。乃視修、齊、治、平亦如寫一篇白話文，務求人人能之，又務使人人不蹈襲故常，惟意所向而能之。此非人人為一天帝，人人為一創造主，又何以達此理想。

西方人不重傳統重創造，故能於科學外又創造出哲學，又創造出文學，而此諸學則又不斷各有其創造。韓昌黎識古書之真偽，如屈原始為真，宋玉則不免有所偽。偽者，人為，而有失於道之真。屈原〈離騷〉，文與人一，其人即在其文中，始為「真」；宋玉求工其文，不能工其人，人在文外，是為「偽」。揚雄早年為辭賦，晚而悔之，曰：「雕蟲小技，壯夫不為。」乃模倣《論語》、《周易》，作為《法言》與《太玄》，此亦揚子心中一真偽之辨。如司馬相如作為辭賦，在其辭賦中，不見司馬相如其人，此即雕蟲小技。讀《論語》、《周易》則見孔子、文王其人矣。陳子昂詩：「前不見古人，後不見來者，念天地之悠悠，獨愴然而涕下。」子昂乃一詩人，詩若為文學中一小技，然前有古人，後有來者，子昂心中乃有其一大傳統之存在，為同時他人所不知，乃獨愴然而涕下。故雖文學，雖藝術，亦貴有「獨知」，為他人所不知。孔子曰：「人不知而不慍。」又曰：「後生可畏，焉知來者之不如今也？」是則必待有後生之知矣。以此心境，乃能知中國之文學，而豈不知有己徒求通俗大眾化之所能與知？

「月明星稀，烏鵲南飛，繞樹三匝，無枝可依。」此非曹孟德之詩乎！當時曹孟德統軍八十三萬，南下荊州，而東吳大敵在前，進退兩難，月夜不眠，偶此散步，閒眺林野，得此十六字。曹孟德之心情，藉以「抒寫」。此之謂「文心」，此之謂「詩情」。司馬遷言：「離騷者，猶離憂也。」曹孟德此十六字，亦其一時之「離騷」矣。

至於統軍八十三萬南下之一事，前曹孟德之生幾千年來無之，繼曹孟德之死幾千年後無之，此如天上浮雲，偶此一現。曹孟德只自寫心情，何暇寫此身外事。抑且中國傳統，身外事待後人執筆，不許當事人自有敘述。屈原〈離騷〉，亦僅寫屈原當時一己之心，不涉及屈原當身其他之事，此乃中國文學一特徵。

後曹孟德八九百年，乃有蘇東坡，謫居臨皋，築為一雪堂，往來其間。偶逢月夜，漫遊赤壁。曹孟德當年此十六字之心情，則正亦蘇東坡此刻之心情。曹孟德、蘇東坡，其人其事互不同，而其一時之心情則同。蘇東坡漫遊中，憶及曹孟德此十六字，不啻若自其口出。中國人所謂之立言不朽，此亦其一例。

「客有吹洞簫者，倚歌而和之，其聲嗚嗚然，如怨如慕，如泣如訴。」蘇東坡當時正有此一可泣可訴，有怨有慕之心情。客之洞簫聲，乃與曹孟德此十六字之詩，同樣即是東坡之心情。乃歷近千年之人間世，與此廣大無垠之宇宙而融凝如一。則東坡之賦赤壁，同時即賦此廣大無垠之天地，賦此悠久之人生，而豈僅賦其一己一時之心情！故孔子曰：「《詩》，可以興，可以觀，可以群，可以怨。」無此心情，則無興、無觀、無群、無怨之可言矣。

抑東坡遊赤壁，乃一己私人事，故可賦。屈原之與曹孟德，其及身事涉政治，不限私人者，則不可賦。其實蘇東坡之居臨皋雪堂，亦有事涉政治，不可賦者。後人為東坡詩文筆記編年，合而觀之，乃見東坡此遊之真實境況，而此賦中之心情乃益顯。此之謂文學中之考據，亦即據其背景而考其心情。若考蘇東坡遊赤壁非即曹孟德當年之赤壁，則無當文心，無當詩情，所考亦非所必考。

如讀《論語》，「子曰：『學而時習之，不亦說乎？』」讀《孟子》，「孟子見梁惠王。……曰：『王何必曰利，亦有仁義而已矣。』」豈不已情見乎辭，何必別待詳考。然讀司馬遷《史記》〈孔子世家〉、〈孟子荀卿列傳〉，詳考孔、孟身世，其為人，其處境，而《論》、《孟》兩書中逐章逐句，乃盛見孔、孟心情之所在。人之心情，則必於其身世中見。浪淘盡千古英雄人物，曹孟德之為人，則已為時代浪濤所淘去，然其在八十三萬大軍中，一時不安之心情，有合於人心之同然，則不為浪淘以盡。故讀蘇東坡引曹孟德詩，乃可瞭解何以來治中國之文學。

西方文學不見作者內在之心情。如《魯濱遜飄流荒島》，非作家自有此心情，乃偽造一魯濱遜之心情。讀者所激動，乃一偽造心情，故所激動亦不深。僅為一時消遣，非如讀中國文學，乃一如讀者自己心情之抒寫。今讀者自無心情，僅求消遣，則宜讀西方文學，視為新而可喜。

子貢言：「夫子之文章，可得而聞也。」凡孔子平日告其弟子，詩、書、禮、樂，皆文章也。即後世經、史、子、集《四庫》之書，亦皆稱文章。不僅如此，即如堯、舜之禪讓，湯、武之征誅，一國之典章制度，乃至如一賢人一君子之出處言行，如屈子之沉湘，董子之三年目不窺園，揚子雲之下簾寂寂，嚴光之垂釣富春江，諸葛孔明之六出祁山，鞠躬盡瘁，此亦莫非一時代之大文章，豈止詩歌辭賦，駢散為文，乃始謂之文章乎？孔門四科，游、夏文學，亦乃為文章之學，乃稱文學，而亦豈詩歌辭賦駢散諸文之始為文學乎？故中國，如屈、宋乃至如司馬相如諸人，為「辭賦家」；陶、謝、李、杜為「詩家」；韓、柳為「古文家」。而獨無「文學家」之稱。今日國人之稱文學，則一依西方成規，中國古代學術史上無之。此雖一名稱之微，孔子曰：「必也正名乎！……名不正，則言不順。」今日國人競稱中國文學，乃亦以文章為文學，則其厭棄舊文學，豈不並孔門游、夏文學一科而亦加厭棄？此又不可不辨。

略論中國藝術

(一)

欲論西方文化，姑以中國所遭受者言。英國人來中國販賣鴉片，林則徐加以拒絕，引起戰禍。當時英國國會亦有反對，而戰氛終起。至今英國人不肯稱為「鴉片戰爭」，則其內心亦知歉疚。中國割香港賠巨款求和，又開五口通商，英國人占盡便宜，但仍不滿足。貪慾無饜，又求關稅權。貨物低稅進口，即可通行全國。治外法權與不平等條約之訂立，使中國蒙受莫大災禍。英國人則仍不以此為滿足。繼之有英、法聯軍與八國聯軍之舉，非陷中國於滅亡，則其進終不已。

中國人亦非全無知。謀求整頓國防，乃派留學生赴英學習海軍。福建青年嚴復在其選。彼乃認西方富強不僅經商、講武兩事，其學術思想有關治、平大道者，亦當研求。歸國後，乃盡瘁譯事，有穆勒《名學》、斯賓塞《群學肄言》、赫胥黎《天演論》、亞當斯密司《原富》，以及法國人孟德斯鳩之《法意》諸書之傳譯。繼之有胡適之諸人之新文化運動。此見中國人用心之廣大開通。

西方人為學主分門別類，而嚴氏之譯則通以求之。胡氏慕西化，惟主民主與科學，對其宗教與哲學則擯棄不論。此皆中國人意見，無當西方文化之大體。

西方文化亦非有利而無病，有得而無失。當時遭受其害者，又何止一中國。知進而不知退，知爭而不知讓，乃啟鬩牆之爭，歐洲內部遂有第一次大戰之興起。幸得平息，而西方人曾無覺悟，和會中對德國之虐待，可謂無微不至。乃有第二次大戰之繼起，大英帝國之命運乃終告停止。而似仍無體會，仍無領悟。最近復有英、阿福克蘭群島之戰。西方文化之病態，即可專據英國一百四十年來之往事為例而見。

中國人言家、國、天下。西方人有身無家，有國無天下。古希臘人即依商為生，迄於現代，海上自由，仍為一大口號。科學發達，交通便利，今日人群相處可謂已達「天下一家」之境地。不論人與人，單論國與國，苟無一種友誼存在，則國際相爭，何有寧日。英、阿之爭，美國竭力調解，又繼以國際協商聯合會議，凡為英國之友，無不望英國不採武力之一途。而兵禍終難免，國際友誼復何在？

國與國不能有友誼，其病乃從人與人不能有友誼來。科學發展，益增人與人間之爭奪。現代禍亂，胥由此起。中國人言「忠恕」之道，不論為人謀之「忠」，己所不欲，弗施於人之「恕」，實為西方所無。繼自今，中國文化已可供當前世界以大用。

西方文化主要在對物，可謂是「科學文化」；中國文化則主要在對人對心，可稱之為「藝術文化」。中國人重禮樂，即是中國人之一種藝術。中國人重道義，其實亦即是中國人之一種藝術。當前英、阿之爭，我姑稱之曰「不藝術」。以前兩次大戰，亦可稱之為不藝術。果使人與人相處相接，能有一種藝術，則戰爭宜可避免，縱或不得免，其禍害亦可減至最低度。

西方藝術僅供娛樂。果使人生有意義，有價值，有前途，有遠景，則其本身即是一樂，何待另求娛樂？抑且西方人為富貴、權利、名譽、地位而有爭，即其藝術亦不免。繪畫必求當眾展覽，音樂必求集會演唱。更如運動會，必求爭取冠亞軍，更不得謂是一藝術。天地大自然中演化出人生，可謂亦天地大自然一藝術，但不得謂乃天地大自然一科學。藝術有樂趣，科學無之。人生本體即是一樂，於人生中別尋快樂，即非真藝術。真藝術乃始得真快樂。周濂溪教二程尋孔、顏樂處，此乃中國藝術人生之最高境界。濂溪並未教二程尋孔、顏道義。明道教人則曰「喫緊為人」，不曰「喫緊為道義」。此即人生藝術尤高出於道義之上。故樂天知命即道義，即藝術。孔子教人曰：「志於道，據於德，依於仁，游於藝。」中國人論道皆必「據德依仁」。德與仁乃人性，即人生藝術所本。未有違於人性而得成為藝術者。亦可謂西方科學、宗教、哲學亦皆從人性中來，亦皆人生一藝術，惟未得其全，僅得其偏，未見其和，僅見其別。《莊子・天下篇》又曰：「道術將為天下裂。」孔門之「游於藝」，得人性一大自由，亦即人生一大快樂，乃為人生一大道義。今姑以現代化名辭言，則曰「人生藝術」。亦豈有藝術而違於心性，又無當於道義者？求快樂而要不得，即此之由。而中國文化大傳統亦即在是。孔、顏樂處亦在是。欲罷不能，死而後已，而豈「吾與點也」一意之所能盡？

故西方藝術其用意仍在外，仍有求取，仍有爭，乃成為一專門職業。中國人之禮樂，禮即兼賓主、人我，融人生為一體，而樂亦自在其中。禮樂即藝術，即道義，亦即是人生。非於人生道義外，有爭有求，而成為一藝術。而藝術則更超道義而上之。故中國藝術不僅在心情娛樂上，更要則在德性修養上。藝術價值之判定，不在其向外之所獲得，而更要在其內心修養之深厚。要之，藝術屬於全人生，而為各個人品第高低之準則所在。即言戰爭，禮樂藝術亦寓其內。試讀《左傳》兩百四十年大小諸戰事，當時之禮樂，亦無不隨以流露。孔子曰：「君子無所爭，必也射乎！」射御為當時戰爭所必需，而亦為當時人生藝術精神之一種表演。無禮無樂，不論勝負，人競鄙恥。

此下全部中國歷史，死生關頭，成敗要點，仍亦有禮樂，即人生藝術之存在。如沛公之鴻門赴宴，項王之垓下受困，亦莫不流露一種超成敗超死生之禮樂精神。即如諸葛亮與司馬懿之五丈原對陣，其餽贈問候，亦莫不有一種禮樂精神。而尤如文天祥被囚，從容就死，其忠君愛國之道義精神，固已表現無遺，而更撰〈正氣歌〉，此即其超道義之一種藝術精神之流露。其感動人心，則更有遠超於其從容就死之上者。西方人則從不見有此一項藝術修養。即如拿破崙兩次軍敗投降，幽囚海島上，除圖再起外，更無其他表現，而永為法國人所崇拜，即其例矣。故余稱中國人生為藝術人生，乃本之中國歷史文化傳統，固非特創一新名詞，以求驚世而駭俗。

今再進而言之，科學、藝術皆本之自然，皆從邃古原始人生來。惟科學偏向外，藝術偏向內；科學偏重物，藝術偏重心；科學僅為人生一工具，而藝術則為人生之本體；西方藝術亦科學化，而中國則科學亦藝術化。換言之，西方人視天地大自然亦如一物，求以科學來加以征服；中國人視天地大自然則如一大生命，一流動歡暢快活之大全體，科學亦當為藝術之用，乃庶盡其功能。果使藝術亦待科學而完成，則非藝術之真矣。

人以核武器來，我亦以核武器往。縱謂此非無道，此非不義，但以殺人手段相對付，終非一種最高藝術。即以近一百年論，西方一切戰爭皆以增添問題，並不能解決問題。則戰爭決非一種人生藝術，而核子戰爭之違反人性，更不待論。違反人性，即無當於道義。然而何以得廢止此核武器之使用，則須有一種人生最高藝術。西方人分門別類，務求專，不求通；務求別，不求和，則無以語之。中國文化之所長則正在此「通」與「和」。

中國人自古以農立國，常與天地大自然之生命體相接觸，而人類生命亦寄存在此大生命中。故此一人生藝術最高境界，惟中國人可以不言而喻。心知其意，乃不知其手之舞之，足之蹈之，而心與之一，此所謂樂天知命，安天順命，是即中國人之一種藝術精神。

今日世界已到一無可再前之困境，以藝術濟之，此正其時。果使世人皆知禮樂，貧而樂，富而好禮，則資本主義、共產主義皆可轉向，而帝國主義亦隨以消失。國防武裝，成為次要，亦可不必要，而核武器乃可不禁而自絕。其轉變樞紐，則全在人心上，非科學技巧所能為力。然則又誰為之開先作領導，恐非中國人則無足以當此大任。

一則惟中國乃積有五千年來之藝術文化傳統，二則惟中國乃今世界廣土眾民之惟一大國。果使中國自對日抗戰勝利後，即能和平統一，美、蘇對立，中國儘可以中立姿態，以忠恕之道，與美、蘇交，而潛消其相互之敵意。美、蘇以種種計量，又誰肯先與中國樹敵以自增一重負？今日中國則一師美，一師蘇，先自分裂，互為敵對，是亦不藝術之甚矣。

求退不求進，求讓不求爭，乃中國人生藝術最先一步伐。天佑中國，天佑人類，退讓未必即禍害。而即此仰望天命之一心，亦為中國人之最高一藝術境界，亦最高一藝術心情。幸吾國人其善體之。

(二)

昔俄國文豪托爾斯泰有言，科學乃發現，藝術則是創造，此辨極具深義。科學發展，人類已能登上月球。但此種種可能之理，實是早已存在，不得謂由人類智力所創造。凡屬科學真理皆然。藝術則不然。如一樂曲，天地間原無此樂曲，乃由人類創造而有。如中國人畫山水，並非天地間真山真水，乃由藝術創造而成。

藝術有創造，亦有模倣，但模倣亦是一種創造。如伯牙鼓琴，乃是模倣天地自然之高山流水而成。伯牙之琴聲，但已淨化其模倣之痕跡，非鍾子期則不知其深趣。

中國藝術境界，創造更勝過模倣。如畫山水，一山一水，乃經畫家百方觀察，心領神會，其模倣工夫亦已融化脫盡。躍然紙上者，乃其意境之創造，但亦不得謂與天地間自然山水有不同。

不僅山水，即畫人物、禽獸、蟲魚、花鳥，亦莫不然。如畫人，頰上三毫，傳神阿堵，主要在能傳其神，不在其貌。傳其貌，此是素描工夫；傳其神，則須畫家之心領神會，精靈相通。則仍是一種創造，而非模倣。

照相又不同，憑一機械，惟妙惟肖，只是表現，非創造。創造乃人類心靈上事。人生實更近於藝術，而較遠於科學。一切人生活動，決不限於物質與機械，而更貴其有精神與心靈。天地自然生人，本只生一自然人，亦可說乃一素樸人。繼此以下，則貴人類自創自造。固不能違反脫離於自然之素樸，但求加進心靈作用，有所融化，有所改進，以自赴人生之理想。此乃謂之人生藝術。

今天的科學，已能創造出機械人，但決非一自然人。又想創造出自然人，如人工受孕之類。但亦僅是一自然人，絕不能創造一理想人。人生理想則須其人進入社會，長大成立，種種教育，種種指導，並經其一己之努力進修，乃得完成其理想，亦可稱為一文化人。此則仍須藝術創造。

科學家之創出自然人，其種種真理亦早存在，仍是發現，非創造。藝術創造則不僅個人，乃及群體。故必藝術始是理想真人生，而科學則外於人生而僅加以利用。故欲求人生真能贊天地之化育，則必當是藝術，非科學。

中國人在自然科學方面，或較西方落後。但就藝術言，中國人成就更高，非西方可比。換言之，中國人有一套人生理想，即是本於人之自然賦予，而釋回增美，以完成一文化理想人。中國古人在此路嚮上指導人者，已成為一套極精美之人生藝術，此亦可謂乃中國文化大傳統之精意所在。

中國人罵人，乃說「如你般像不像人，算不算人」、「你真不是人」，如是等等嚴酷的呵斥，實有深意存在。圓顱方趾，五官四肢俱全，就中國人觀點言，有時不算是一「人」。此似無理，實是有理。人須進入大群，但有人則不入群，正如山水花鳥不入畫，便不在畫家筆下。其人不入群，則摒諸四夷，不與同中國。故中國人言「人」，乃指群體生命之全總體而言，不專指各別一軀體言。此亦中國人生藝術一主要宗旨所在。

今再進一步言之。則藝術亦僅有發現，乃在發現人性可能，天地大自然一切可能，乃依隨其可能以求演進，非能於自然與人性外可別有所創造。則科學與藝術之相異，仍當更端別論。

(三)

孟子曰：「可欲之謂善，有諸己之謂信，充實之謂美，充實而有光輝之謂大，大而化之之謂聖，聖而不可知之之謂神。」《孟子》此條，歷言人生理想諸境界。人莫不有所欲，然有可欲，有不可欲。其在物者，如飲食、衣服、宮室、車馬，其可欲程度皆有限。過此限，則不可欲、不為善，而為惡矣。人之所欲在人世界，更親切深密於其在物世界。如居家，賢父母，賢兄弟姊妹，賢夫賢妻，此最可欲，亦為最善。此善在己，如我得為一賢父母，賢兄弟，賢姊妹，賢夫賢妻，能自信，斯對方亦信之。若我無自信，則人亦於我無可信。一言一行善，而充實之，斯為美。孔子曰：「吾未見好德如好色者也。」色固有美，而德則更美，更可好。居家如此，居鄉、居國猶然。其德充實光輝，則為一大人。人能有此可欲之德，而充實光輝之，通之人生之大全體，則為聖人。聖人有不可知處，乃為神。顏淵讚孔子曰：「如有所立卓爾，雖欲從之，末由也已！」顏淵最善學，而猶有「欲從末由」之歎，此即孔子之聖而不可知處，乃如一神人矣。故中國人生理想乃本於可欲而達於神。

今則舉世務於物欲。父母子女暫合即離，各組小家庭，可以不相聞問。兄弟姊妹更不論。結為夫婦前有戀愛，仍是欲。為時亦甚暫。結婚即為戀愛之墳墓，又可自由離婚。今則男女同居，可省一切手續。所欲盡在外，在物不在心。擁有財利，則為富；擁有權位，則為貴。一富人之下，必有數百千萬之勞工，故人人皆欲富，而不再計及他人。乃有共產主義，分人為有產、無產兩階級。有產階級，可殺可誅；即無產者，而具有有產階級之意識形態，則亦可殺可誅。其衡評人心，亦皆以物為標準，而乃以無財為最可欲，亦可怪矣。

論富，必有家別。推行人民公社，則可無家別。論貴，則又有國別。貴於一國之內，不能貴於一國之外。猶太人兩千年來無國，今幸有國，不及四十年。但即欲他人無國，蹂躪巴勒斯坦人，推及於全中東，極其能力之所至，當使舉世僅有一以色列，此亦如共產主義之世界化，有己無人始為貴。其實並世列國居心皆然，而核子武器則為達此境界之最高憑藉。

今世競創電腦，又競造機器人，無人性，無人情，無人心，盡已化人而為物矣。繼此益進，當成一物世界，人類世界末日來臨，斯世則盡為電腦機器人所宰制。其果有此一日乎？上帝不管凱撒事，則又誰知之。

中國人教人不求富，不求貴，只求為一聖，為一神。求此人生為一聖與神之人生，求此世界亦為一聖與神之世界。求為聖與神，當先求可欲與可信。聖人先得吾心之同然。為父母者，皆欲有孝子孝女；為子女者，皆欲有慈父慈母。孝慈人人可能，人人慈孝，則國治而天下平，亦可無他求矣。今人則競求利，慈與孝若不如電腦、機器人、原子彈之更有利。《論語》：「子罕言利，與命與仁。」物極必反，使今世界來一第三次大戰，原子彈、電腦、機器人皆不為利。孔子之言重見信，亦見孔子之仁。而孔子則一若預見有今日，此即孔子之智，亦可謂之神通廣大矣。

實則電腦、機器人、原子彈非可欲。擁有一電腦、機器人、原子彈，而此心仍不安不樂。苟得父母之慈，子女之孝，則此心安樂。故科學非可欲，人之可欲，則主要在求之人，求之心。物與物不相通，惟人與人、心與心能相通。「聖」本訓「通」，通則成其「神」，斯謂之「神通」。如人坐電燈下讀《論語》，則可神通孔子。此與坐油燈下讀《論語》，亦何異？儻以電腦代人腦，則烏得有通神之妙？故以電燈代油燈，此亦可欲；以電腦代人腦，則不可欲。可欲在人在心，而不在物，亦可不煩論而知。

自己不學好好做一人，卻欲做出一機器人。教人做出一機器人，何如教人學聖與神。此乃一藝術，非科學。做一機器人，違反自然；學聖與神，則依順自然。科學違反自然，藝術則依順自然。中國人重藝術，修心、養性、齊家、治國、平天下皆藝術，非科學。

故於中國藝術中求加進西方科學，其事易；於西方科學中求加進中國藝術，其事難。如何好好使用人腦外，再加進電腦，如何好好做人外，再加進一機器人，則可，又易；反之，非不可，但難。

余嘗有「質世界」與「能世界」之辨。西方科學重物質，乃為質世界；中國藝術重心靈，則為能世界。從質世界言，則人亦一物，其地位至為卑微；從能世界言，則人為萬物之靈，天工人其代之，人之地位乃見其高。西方科學自物質不滅轉入電子，則亦已開由質轉能之端，即當由科學而轉進於藝術。但其事難。中國人主神通廣大，此非近代西方科學之所能。西方科學又從三度空間轉到四度空間，亦可謂由科學轉進到藝術一開端。中國人最重時間觀，求可久，則電腦遠不如人腦，機器人亦遠不如自然人。非有人則電腦、機器人皆不可久，而原子彈則更要不得。惟有只顧目前，只在三度空間內，此三者始見為有利。從朱子〈格物補傳〉之「格物窮理論」中，再加入近代西方科學觀念，則其事易；若從西方科學觀念中，要加入朱子格物窮理之理論，則其事難。換言之，中國孔、孟傳統觀念中儘可加進西方科學。晚清儒有「中學為體，西學為用」之主張。若必依樣葫蘆，一尊西方科學，則孔、孟自宜在批反之列。

西方科學又與其宗教相對立。然西方社會亦不能只有科學，無宗教，故兩者仍並存。宗教亦近似中國人所主心靈之通，但終非一最佳之可欲與可信。故宗教亦近藝術，而終非一最高之藝術。中國古人兼言魂魄。魄屬物世界、質世界，魂則在能世界、心世界中。人死則魄滅而魂存。故中國在人世界中，又能涵有鬼世界。抑且鬼世界更悠久，實可謂鬼世界涵有人世界。中國五千年歷史，盡已成一鬼世界，但仍包涵有後世之人世界，不能分別作兩世界看。惟鬼世界無可改造，而人世界則仍可改造。中國人正貴此改造。為子者，貴能「幹父之蠱」。秦始皇焚書坑儒，此下兩千年歷代君主，再不重蹈其覆轍，此即亦為改造歷史。中國人教人做人，重要在改過遷善。以前種種譬如昨日死，以後種種譬如今日生。故鬼世界不為一至善可欲之世界，而人世界則可期望其達於至善可欲，而其本源則仍從鬼世界來。則鬼世界中乃有一神世界。故中國之史學，乃亦成為一最高藝術，非科學，非宗教，非哲學。而亦即科學，即宗教，即哲學。故得成為一神通廣大之最高藝術。

中國文學亦可以此意通之。凡中國文學最高作品，即是其作者之一部生活史，亦可謂是一部作者之心靈史。此即作者之最高人生藝術。其他中國一切藝術品，亦必見有其作者之心靈。西方人則放其心於文學藝術中，非能存其心於文學藝術中，此又當辨。

中國人主「通」，而名則在於「別」。老子曰：「名可名，非常名。」但非孔子所謂「必也正名乎」之「名」。如父母、夫婦、兄弟、君臣、朋友，乃成為中國人倫之大道，正此名，乃可超乎實質人、自然人之上而可常。故孔子「正名」亦即一人生藝術。中國人生與西方異，亦可謂皆從孔子正名之義來。而其主要用心，則仍即孟子之主可欲與可信。

（四）

西方人分宇宙大自然為真、善、美三項。哲學、科學求其真；宗教求其善；藝術求其美，故亦稱美學。中國人不主分，不特立藝術美學一名目。但中國人非不知美。姑以女性言，《詩》曰：「巧笑倩兮，美目盼兮。」其美不在目與口，乃在盼與笑，更在盼與笑者之心。使其盼與笑不真不善，則亦無美可言。又曰：「窈窕淑女，君子好逑。」窈窕非色，乃其行，其心，其德。故曰：「未見好德如好色者。」孟子曰：「充實之謂美。」中國人論美，在德不在色。

東施效顰。西施之笑非不美，而顰則尤美，故東施效之。人生有笑有顰，有憂有樂。西方人以悲劇為文學之上乘，然西方人生則終以求喜求樂為目的。求之不得，乃成悲劇。中國則不然，孔子曰：「《詩》，可以興，可以觀，可以群，可以怨。」「怨」乃人文心理中之更高級者。心憂則有顰，怨則更不止於顰。儒家人生最高理想不當有怨。孔子稱伯夷、叔齊：「求仁而得仁，又何怨？」屈原作〈離騷〉，司馬遷釋之曰：「離騷者，猶離憂也。」儒家人生理想亦不主有憂。孔子曰：「人不堪其憂，回也不改其樂。」周濂溪教二程尋孔、顏樂處，樂則人生本體，當為人生一最高境界，最高藝術。

道家言人生藝術，較儒家為次。莊周〈德充符〉舉四兀者，非謂人生殘廢乃最樂、最上品，特謂人生即殘廢亦有可樂，亦得居最上品，然不如儒家言之平實。宋玉作〈悲秋賦〉，以為一年四季惟秋氣為可悲。後世詩人承其說，歷二千年不變。此亦莊生〈德充符〉特舉四兀者之意。

深一層言之，中國人重憂、重哀、重怨、重悲，乃更過於喜與樂。儒家理想則求化憂怨而為樂。孔、顏樂處，亦非一般人之所謂樂。王昭君之出國琵琶，蔡文姬之歸國胡笳，非即琵琶與胡笳之吹彈為藝術，亦非即琵琶聲與胡笳聲之為美。此兩人之人生藝術之美乃在其心，乃在其心之有怨。怨何在？就兩人生平即知。然不怨天，不尤人，此兩人之怨乃在自怨己命。「怨命」二字，已成俗語，人人能言，不知其中乃有人生最高哲理，人生最高藝術，亦即人生最高之美德。近代國人則僅知尋樂，不知怨，更不知怨命。孔子所謂「可以怨」，則誠難與今日國人言。

歷代相傳，貞女節婦皆有怨。即賢妻良母，亦多有怨。苟其平居歡樂自得，喜氣洋洋，亦將不顯其賢良之所在。此誠中國人生藝術之甚深處，所當縝密體會者。即如觀平劇，凡涉女性，其高出尋常處，皆在其有所怨，而又非今人所謂不得其所欲之謂怨。可欲而不得，始可怨。多欲而怨，非孔子所謂之可怨。

女性如此，男性亦然。放翁詩：「不如意事常八九，可與人言無二三。」此亦不可謂無怨。放翁為人，亦可謂能放任自樂一賢人。讀其詩，自知其心中之亦有怨。凡中國之大詩人大賢人，果能知人論世，當知其心乃無不有所怨。即大聖如孔子，亦不得謂之獨無怨，「欲居九夷」，此亦有怨。但可怨，僅怨己身之遭遇，而對家國天下，則仍可安可樂。故又曰「樂天知命」，斯可安分守己。中國之最高人生藝術即中國人之最高修養，最高德性，當於此等處求之。

中國人於淺近日常人生方面，亦非不知其到處有美，並能用種種藝術以完成其美。即如烹飪，舉世莫及，至今猶然。〈中庸〉言：「人莫不飲食也，鮮能知味也。」此即以知味教人。「子在齊聞〈韶〉，三月不知肉味，曰：『不圖為樂之至於斯也！』」是孔子亦考究肉味，惟聞〈韶〉而知為樂之更甚於肉味。而人生之樂則猶有更甚於聞〈韶〉者，此當逐步尋之，乃知其更高境界之所在。

中國詩人好言美酒，唐人詩：「葡萄美酒夜光杯，欲飲琵琶馬上催。」此詩亦有怨；「勸君更盡一杯酒，西出陽關無故人。」此詩亦仍有怨。中國詩必及飲，但「禹惡旨酒」；孔子「惟酒無量」，而「不及亂」。可知飲酒為歡，非即人生藝術之深處。中國絲織品之美，早已馳譽國外，然中國為衣冠之邦，其美乃更有超乎其質料之上者。居住之美，則尤不勝言。園亭已駕宅第之上。行旅之美，山水之勝，則尤盡宇宙之佳景。然皆由人文化成，非僅自然而止，此則為中國之最美、最藝術者。然並無藝術家、美學大師著為專書，暢發其趣。非通於中國文化傳統之大全，則亦無以領會之。

今國人言藝術，則必以西方藝術為準，乃有其風馬牛不相及者。姑言繪畫，如竹，食衣住行，家具器物多賴之，而不可一日居無竹。庭園欣賞，幾於無處無竹。以其挺而直上，虛而有節，歷四季之變而不失其常，不開花，不結果，而即此以止。植物中有竹，乃不啻為中國人之至親密友。畫中有竹，尤所常見，乃有專以畫竹名者。西方何嘗有此。人之有心，自求以己心感他心。中國詩辭文學皆然。故誦其詩辭，必欣賞及其作者。西方小說戲劇皆以其故事之緊張刺激感人心，觀者讀者亦惟愛其故事，與作者無關。繪畫亦然。中國人看一畫，必欣賞及其畫者。西方人則惟賞其畫，不及其人。最多亦賞及其作畫之技巧。故一唯心，一唯物。若論書法，則更成中國藝術一特色，非通中國人文之妙，宅心之深，則又何以言書法？其他若絲織，若陶瓷，為中國藝術特色者又何限，皆可以見中國人之心，乃始可以見中國人之巧。非以其巧迷他人之心以求售，乃以己心感他人之心而相賞。是則皆技而進於道矣。至如西方科技發明殺人利器，求威脅人心以強其屈服，則又違道之甚矣。

一國人，一項學問，必由其自己獨特處著眼用心。一意抄襲，則誠如東施效顰，效其貌不知效其心，則顰與笑亦復何異。東施自東施，西施自西施，可以移心易性，但不得改頭換面。惟今一世人盡知效西方人之笑，不知效西方人之顰，則恐將為東施所笑。而西方人亦僅知有笑，不知有顰，則又恐為西施所笑。要之，笑不如顰，則又誰歟知之？

略論中國音樂　一

余嘗謂中國人重和合，西方人重分別，此乃中西文化大體系歧異所在。隨事可以作證，即論音樂，亦不例外。

中國古人稱「絲不如竹，竹不如肉」，絲竹乃器聲，肉指人聲。中國人亦知分別人聲、器聲，而樂則以人器聲和合為上。金、石、絲、竹、匏、土、革、木，器聲中有此八類分別。但金聲玉振，則和合此八類，有首有尾，有始有終，會成一體。而器聲又必和合之於人聲。古詩三百首，必於人的歌唱聲中和合以器聲。此乃中國音樂之主要所在。自《楚辭》、漢樂府以下，實皆以人聲為主，直迄近代無變。西方人則器聲、歌聲終不免有分途發展之勢，此則雙方不同之顯然可見者。

但和合中仍必有分別，而分別中亦仍必求和合。西方樂器中如鋼琴，即在一器中亦可演奏出種種分別來，而和會為一，故鋼琴可以獨立為一聲，而自見有種種和合。相傳西方鋼琴乃由中國之笙傳入後演變而來。但笙之為器在中國，則數千年無變。雖亦可獨立吹奏，然其聲簡單，無特別可甚深欣賞處，終必和合於其他器聲中，乃始見笙之為用。其他樂器皆然。

如琴為中國主要樂器。《詩》曰「鐘鼓樂之」、「琴瑟友之」，則琴亦每和合於其他樂器以為聲。若其單獨演奏，如伯牙之鼓琴，下至於嵇康之〈廣陵散〉，非不擅一世之名，而其傳則終不久。又如後代之琵琶，亦可獨立演奏，上自王昭君之出塞，下至潯陽江頭之商人婦，琵琶聲非不飛揚震動於人心，然琵琶聲亦終必和合於歌聲。而且亦終不能以琵琶聲來作中國音樂之代表。故其分別發展終亦有限，較之如西方之鋼琴，則遠見其不如。

故中國音樂之發展，則必在其和合上求，不能在其分別上求。但在和合中必有一主。西方音樂主分別，在其分別中亦多求和合，而在其和合中則不再有一主，此又雙方一大分別。如鋼琴可奏種種音種種曲，但其為主者則只是此音此曲，不能在此音此曲外更有主。西方之大合奏，集種種樂器，但所奏只是此曲此調，非別有主。中國音樂則於會合成樂之外又有主。此乃中西文化體系一大分別所在，不可不加以嚴格之分別。

西方重個人主義，但亦必有社會和合。而於社會和合上，則不能再有主。即如今之所謂民主政治，此非一大和合而何？而於此和合中，則必盡存一切分別。即如大總統，乃政治上一最高領袖，亦必在立法、司法、行政之三權分立中，盡其有限之一分權力而止。又有年限，一任四年，再任八年，則必退。故居總統位者，雖有才能而不能盡量呈現其才能。斯可見西方政治理想中，似亦並不以政治人物之才能為主，更無論其德性。即如西方音樂中之大合奏，積數十百人、數十百器以為奏，誰一人誰一器為之主？故惟此奏與彼奏有分別，而每一奏則分別各為一奏。

中國平劇，雖是一大和合，然必以人聲為主，而一切器聲皆其副。在器聲中，又必以京胡為主，而其他盡其副。即論鑼鼓聲，亦以一小鼓為主，而其他鑼聲、鼓聲盡其副。即就人聲論，亦有主有副。如「四郎探母」，此劇中角色極多，但以四郎為主，此外如鐵鏡公主等皆其副。又如「鎖麟囊」一新劇，出場角色儘多，但以薛湘靈一角為主，其餘則皆陪襯而已。中國劇本盡如此，亦惟如此，乃可謂之真和合。

〈大學〉言齊家、治國、平天下，豈不在求家、國、天下之和合？然曰：「自天子以至於庶人，一是皆以修身為本。」則各自以其「身」為家、國、天下和合之本，即以己身為家、國、天下之中心。〈中庸〉言：「致中和，天地位焉，萬物育焉。」天地萬物仍不失其分別之存在，以位以育，則成一「太和」之境。然和之內，仍有一「中」，乃始得成其和。苟無中，斯亦無和可言矣。莊子曰：「得其環中，以應無窮。」一環即是一和，環有大小，而皆有一中心。使無中心，亦不成環。余此文所言之「主」，則即是莊子所謂之「環中」也。

中國乃一士、農、工、商之四民社會，以「士」為中心，故社會得和合。士志於道，孝、弟、忠、信，仁、義、禮、智，乃人道之大者。惟以「道」為中心，則人群乃永得其和合。西方個人主義，個人與個人間無道，何得有和合？西方有宗教，然凱撒事凱撒管，政教分離，則宗教亦人生中一分別。西方音樂主要在教堂內，或則在娛樂場合，即中國亦大率如是。惟中國之迎神賽會，以及一切社會之群眾娛樂，必求融洽在大道中。而西方則缺此一大道，雖亦仍求和合，終不得一真和合。民主政治乃以兩黨分立為標準。美國共和黨競選，獲大多數，得舉出一大總統，而民主黨則依然存在與之對立。民主黨競選獲大多數，舉出一總統，而共和黨復依然存在與之對立。其他有並不能兩黨對立，而多黨紛立者，則亂常多於治，其政治安定更不易。以此為例，又何從產生出一大和合之音樂來？

但中國平劇，本亦是一種衰世之音。故其情節及其歌唱皆非和平中正之音，乃多哀怨苦痛之聲。即如「四郎探母」一劇，楊四郎被俘番邦，正為欠缺一死，隱姓易名，以求倖存。又得番邦優遇，登駙馬之榮位，嬌妻之奉侍，可謂已享受了人生無上幸福，難以復加。然而在四郎之內心深處，則天良未盡泯滅，尚有其前半世故家祖國之追憶。事隔十六年，忽聞其老母與其弟又復率領大軍近在邊境，渴思一見，苦悶萬狀。而其番妻既悉其夫之隱祕，竟為之盜取令箭，縱其出關。四郎獲見其母弟妻妹。而番妻之情深義重，四郎亦不得不重返番邦。蕭太后亦竟赦其盜令偷關之大罪，使重享駙馬之榮，再留富貴之位。但四郎內心自此以下，將永不得安靜懽樂之一日。統觀此劇，處處見深厚之人情味，如母子情、母女情、夫婦情、兄弟情，一皆深厚無比。然在極懽樂中，透露出極苦痛來。則正為楊四郎之欠缺一死，大義凜然，乃於劇中絲毫不露。而楊四郎一人之悲情哀思，說不出，唱不盡，聽劇人亦僅與以深厚之同情而止。即此可見中國文學與中國音樂之深厚處。

西方文學重事不重情，中國文學則重情不重事。如魯濱遜飄流荒島，如何為生，其事描寫難盡。然魯濱遜亦僅求度生，無深情可言。至如楊四郎坐宮一唱，令人低徊往復，而以前十六年往事則在不言中交代過去矣。至其前妻，十六年守寡孤苦，劇中亦不見。只在重見四郎之四五句歌唱中吐露。惟其西方文學重事，故音樂歌唱亦分別發展；惟其中國文學重情，乃使音樂歌唱代替了文字記敘，文學之與音樂乃和合為一。而音樂歌唱更占了重要地位，成為文學中主要不可缺之一內容。

更為重要者，乃於「四郎探母」一劇中，又出現了一楊宗保，不僅為劇中增添一小生，令角色益備。更要者，乃為楊門一家忠孝，而老成凋零，死的死了，老的老了。如四郎則陷身番邦，不得再返。乃有一楊宗保出現，接代有人，豈不為楊家將來留一無窮之希望。楊四郎心情在無限絕望中，不意獲見其姪楊宗保，較之其見老母，見前妻，見弟妹，更留有無限深情。在楊家一門之將來，可使其安慰無盡，寄託無盡，而此劇亦遂不成為一絕對之悲劇。此尤中國文學之至深妙意所在，而豈無端出現一楊宗保，為一可有可無之角色而已乎！中國平劇中寓有至深妙意者尚多，此則姑舉「四郎探母」一劇為例，加以說明。

繼此尚有申述者，中國文學重情，故能和合進音樂，而融會為一體。而中國文字又有一大特點，如詩辭之有韻是也。「關關雎鳩」四句中，即三句有韻，使吟詩者，留有餘情不絕之味。所謂「一唱三歎」，唱者一人，歎者三人，於句末著韻處增歎，遂使此詩句之韻味，益見有餘而不盡。故中國音樂乃特重音。即器聲亦然。故曰：「餘音繞梁，三日不絕。」即如平劇，唱辭已畢，而餘音則更為迴環往復，曲折不盡，乃更見唱工之妙。樂聲如是，情事亦如此。如「探母」一劇中之楊宗保即是其例。中國文化大傳統，乃更見其有餘不盡之深妙所在。

西方文化如希臘、如羅馬，皆及身而止。豈能如中國之春秋、戰國，如漢、唐諸代之有餘不盡。西方則有唱而無歎，中國則歎更深妙逾乎其唱。音樂可以代表文化，此亦其例。以中國音樂言，古詩三百首乃是唱，《楚辭》亦然，漢樂府亦尚然。後世之元曲、崑腔、平劇則終是歎，今樂不如古樂，是則然矣。亂世衰世，人心之哀怨多於和樂，故如平劇所唱，乃亦使聽者心中得一大解放，一大安慰，音樂仍不失其陶冶心情之功用。而歎之為用，乃有其不可忽者。余之此意，則亦於文化之大和合處發之。若專就音樂論音樂，則斷不能知此。

西方之文學與音樂，在其文化體系中，任務各別。主要在表現技巧與供人懽樂上，則惟有彼此相爭，而哀怨之情淡矣。惟男女戀愛過程中有哀怨，然事過則已，哀怨亦不深。果男女雙方皆為情死，亦有愛無怨，但已為西方文學之最高上乘。今國人慕西化，故曹雪芹《紅樓夢》遂受尊奉。漢樂府：「上山采蘼蕪，下山逢故夫；長跪問故夫：『新人復何如？』」短短二十字，哀怨之深，已遠勝讀全部《紅樓夢》。西方音樂供人懽樂則易，養人哀怨則難。惟中國以器樂和合之於歌唱，又和合之於戲劇，而後哀樂之情乃亦藉以宣達。西方惟知追尋懽樂，故其人生在一意向前。中國重哀怨之情，故其人生在懷舊戀往。一意向前至無去處絕境，則其人生亦全部終歇。如當前英、法，豈不亦將如古希臘、羅馬？惟其少哀怨，斯亦斷前境，只有待美、蘇之另闢新途矣。中國人知哀怨，則舊情常在，新境易闢。五千年文化傳統，綿延起復，其關鍵全在此。專就音樂論，衰世亂世，情多哀怨，儘宜閒居獨奏，而豈必滿堂懽樂，乃始為音樂之理想境界乎！平劇中如「四郎探母」之類，則尤其衰亂世為樂之出色當行者。

前清末，余中學同學劉天華，性喜音樂，在軍樂隊中任大鼓手，同學引以為笑。民國初年在滬習中國樂器。某冬之夜，同學兩三人，圍爐聽其彈琵琶〈十面埋伏〉，傳情傳勢，手法之妙，常在耳邊，積年不忘。及在北平奏二胡，創新把勢，一時轟動，全國慕效。然距今數十年，劉天華二胡已漸不聞人演奏。近代風氣必求登臺，滿堂懽騰，始為時髦。中國古樂器如琴、如琵琶，以至如二胡，閒居獨奏，乃以自怡悅，非以持贈人。亦如中國社會有隱君子，而時風變，眾宜異，所謂隱君子，至今則尠矣。

抑且中國人每事重其意義，輕其技巧。如「文以載道」，乃以意義言。「一為文人，即無足道」，則僅以技巧言。如劉天華二胡奏〈空山鳥語〉，能使人如聞群鳥鳴聲，但非能使人如坐空山而覺山更幽之妙。蓋劉天華亦已近西樂之尚技巧矣。空山鳥語之境界與情味，豈能徒於二胡聲中奏出。西方人則僅尚技巧，一切小說故事，傳奇劇本，乃至音樂演奏，技巧精絕，斯為上乘，而境界情味有所不論。但技巧必歷時而變。只此一技巧，歷時久，傳習多，則技巧不成技巧，故必求變求新。如境界情味則有高下、大小、深淺之別，其高者大者深者，可以歷久而不變，又何求新之有？

其時有人在西方學小提琴，返國演奏，極受歡迎。因小提琴亦如古琴、琵琶、簫、笛、二胡之類，可以單獨演奏，可以羼入中國情味，宜其獲得大眾愛好。非如鋼琴與大合奏，與中國情味有如風馬牛不相及。然小提琴傳來中國似亦閒居獨奏為宜，必求登臺出鋒頭，則自會與中國舊傳統之情味隔絕。孔子言學有「為己」、「為人」之分，孟子言有「獨樂樂」與「眾樂樂」之別，而今則有博取人樂以為樂之一途，道不同不相為謀，斯則今日國人所當知也。

然則欲求中國音樂之復興，不當在樂器上求，不當在技巧上求，主要在人心「哀樂之情」上求。有此情，斯生此音。故中國人論「樂」必先「禮」，而論「禮」又必先「仁」。即如上論「四郎探母」一劇，有夫婦、有母子、有兄弟、有家、有國，須有此情，乃有此禮，斯生此樂，斯亦可知中國禮樂仁義文化大體之所在矣。而豈拘拘於考古，乃以見禮樂，一意於哲學思維，乃以知仁義道德之真意乎？音樂亦當和合在文化全體中，則雖小道，亦必有可觀，不當分別專在此一節上求之。

略論中國音樂 二

中國古代禮樂並重，而樂必附於禮。禮必見於兩人相會，樂則可資獨處。故禮主合，樂可分。西方尚個人主義，群聚則賴法，禮非所重。音樂乃見獨尊，有音樂家，亦如文學家，憑其技巧，供人娛樂。或人問孟子：「獨樂樂，與人樂樂，孰樂？」孟子曰：「不若與人。」此言「與人樂」，即禮樂之樂。為求與人樂，故必附合於禮，不當過分發展，自不當有其獨立地位，而必有其限制。

孔子曰：「鄭聲淫。」「淫」即言過分。人生當有娛樂，然不當超於禮之外。超禮則謂之「淫」。孔子又曰：「智者樂水，仁者樂山。」水可有淫，有橫流衝決堤防以為害；山則靜止，無此患。山有阻礙交通，山之南，山之北，可以老死不相往來。然山南山北同可得安居之樂。仁者可居大群而樂，亦可居小群而樂，亦可獨居以樂。孔子之「曲肱而枕之」，顏子之「居陋巷」是矣。不能安居獨處，必求大群相聚，交通既便，淫佚隨之。讀鄭、衛之〈風〉，較之〈二南〉之與〈豳〉，其異可見矣。

西方古希臘人內感不足，遠出經商，購貨者對之無親和感，無尊敬感；獲利歸來，家居亦覺孤寂，乃外出尋娛樂，藉以消遣，並得安慰，乃有劇場、樂院之產生。經商惟求牟利，獲利以尋歡樂。歡樂之餘，再以牟利。人生分作兩截。郊外耕稼則為農奴，散居孤寂，交通不便，其人生更無足取。有奧林匹克運動會，亦希臘人一大樂事。若謂希臘人亦有禮，則必在劇院、劇場，乃及運動會中始有之。其實亦即是法，乃以便於爭，非以求得和。此一風氣，直至近代歐洲迄無變。西方人誠如智者之樂水，其常有洪水決堤之患亦宜矣。

中國以農立國，農村為居，勤勞為生，往來交通不便，但有禮樂。曾點言：「暮春者，春服既成，冠者五六人，童子六七人，浴乎沂，風乎舞雩，詠而歸。」不待有戲場、劇院、運動會之樂。下逮戰國時代，始有都市商業。然如臨淄、邯鄲，大群密集，仍少群聚尋樂之所。馮煖客孟嘗君，取鋏而歌曰：「長鋏歸來乎！食無魚。」與之魚，又歌曰：「長鋏歸來乎！出無車。」中國古人以詩言志，馮煖之歌其詩，即自歌其志，非以歌唱取悅他人。孟嘗君門客三千人，雞鳴狗盜無不有，然不聞有娛樂大會之集合。信陵君、平原君、春申君門下皆然。五口之家，百畝之田，上承祖父，下傳子孫，安其居，樂其業，安其土，樂其俗，自給自足，無憂無慮。人各自尊，而相親相合，即勤勞，即懽樂，人生本身即是一樂，更無在人生中需另求快樂一想法。

故商業社會，志相同而業不同，其所尊在各自之業；農業社會業相同而可志不同，故所尊在各自之志。孟嘗君門下食客三千人，而馮煖志不同，乃以其歌自尊自樂。荊軻去秦，送者有「風蕭蕭兮易水寒」之歌，乃以抒其敬愛哀悼之情；楚霸王圍於垓下，有「虞兮虞兮奈若何」之歌；漢高祖還沛，有「安得猛士兮守四方」之歌。凡其歌，皆以見其當時之「情志」。伯牙鼓琴，或志在高山，或志在流水，惟鍾子期知之。鍾子期死，伯牙終身不復鼓琴。伯牙之鼓琴，本非供人以娛樂，人之知與不知，亦與伯牙無關。但鍾子期死，伯牙每操琴必念及死友，徒增悲傷，故不復鼓耳。十五〈國風〉中無楚，楚俗亦有沿途歌唱者，乃有〈陽春白雪〉與〈下里巴人〉之別。屈原為〈離騷〉，則亦自述己志，自抒憂情，而《楚辭》乃成為中國傳統文學一大宗。宋玉不如屈原，不在辭，乃在志。而樂器則更非所重矣。故莊周妻死，鼓盆而歌。莊周情不能已，鼓盆鼓瑟則何論焉！

王昭君出塞，馬上彈琵琶；蔡文姬歸漢，而有〈胡笳十八拍〉。王昭君、蔡文姬之情志可尊，歌聲樂器則其次矣。「絲不如竹，竹不如肉。」肉指歌唱，絲如琴瑟，彈琴鼓瑟，須有技巧。竹如簫笛，吹奏技巧，差於琴瑟。人生不能為尋求快樂而浪耗精力，多費功夫，故音樂在中國不成一項專門學問，亦不成一專家。如絲綢陶瓷，皆關日用，精進不已，惟樂器則不求精進，但求普及，則如簫笛之代替琴瑟是矣。而歌辭則惟求普及於能聽，難求普及於能作。中國人生知有種種品級之分乃如此。

「月明星稀，烏鵲南飛，繞樹三匝，無枝可依。」此非曹孟德之詩乎？方其八十三萬大軍南征荊吳，豈不震爍一世。然而曹孟德之詩，則離鄉遠出，淒涼惶惑，乃古今一尋常人心情。曹孟德之事業為後世人鄙棄，而曹孟德之此詩，則依然為後世所傳誦。中國文化深度，當從此等處衡之。今世核武器出現，群嗟以為科學進步，乃不知舉世人亦將有無枝可依之厄乎！

唐詩宋詞普遍流布中國全社會，一詩一詞，初出手，或盛傳，或遺棄，此亦當時社會群情眾志之一種共同表現，而成為一時風氣與教化之本源之一，豈徒供一時之娛樂而已。唐代有三大名詩人，一夕同登酒樓，三女伎陪坐侍飲。三詩人各命其侍伎唱一詩，乃三伎所唱，即各是其三人之作。此三詩人乃大懽若狂。然此三伎初不識此三客。此一故事，何等動人。酒樓歌伎，皆由官設，但此等伎，亦皆有修養，其所唱皆當世負盛名之作，正見一時群情之所歸。但當時實無文學批評一名目，亦無開大會頒獎之事，亦無群輿為名歌星之事。風氣之異，亦可證中國文化傳統有其深處，為近代國人競慕西化之所難想像者。

宋代秦少游貶官，途中宿長沙驛館，歌伎伺飲，命唱。所唱即少游詞。心喜，命續唱。仍唱少游詞。又命唱，又然。問所唱三詞皆一人作，汝知之否？曰知。問識其人否？答，我乃驛館一歌伎，焉能識京師名宦。少游因問何以獨唱其詞。答，生平所好惟此。少游曰，予即其人也。今因貶官南來，明晨即行。遂相約再遇而別。及少游卒於藤，伎忽夢見少游，即送其喪於途，歸而自縊。如此伎，欣賞文學，深情獨鍾，又豈尋常可及。

元代始有劇曲，登臺表演，而劇場乃為群眾集合求樂之所。近代國人提倡新文學，乃認此為跡近西化，競相推崇，奉為中國新文學開始之一端。然此風至明初，即告衰歇。崑曲繼之，則改於家庭堂屋中紅氍毹上演出。清代繼起，劇場又興，平劇尤風行。儻無元、清兩代之劇場，則中國一部文學史，又少一項可與西方相比擬處，豈不更增國人之羞慚。然同為一中國人，生於三代及漢、唐、宋、明之盛世者，平居自安自樂，不煩再求群眾集合求樂之場所。蒙古、滿洲異族入主，人心不安不樂，乃有此等出門離家群集求樂之事，乃得與西方人相比，亦誠其意外之榮矣。

惟劇場演出，終亦以情事唱辭為重，歌聲樂器為副。樂器更無創新。崑曲以一笛為主，平劇以一京胡為主，樂器既非精製，亦不需高深技巧，而鑼鼓則更屬簡陋，豈能與西方鋼琴等器相比。近代西方維也納西樂創興，乃於舞蹈場中伴奏，獲酬賞，音樂成為一項專門學問，亦有音樂專家，實亦如一商業而止。

西方音樂重技巧，或奏彈樂器，或歌唱，個人團體皆然，非積年練習不可。中國音樂則重在情味，僧寺中暮鼓晨鐘，須何技巧？聽者心頭則別有一番情味，「姑蘇城外寒山寺，夜半鐘聲到客船」，而寒山寺一鐘，遂亦留名千古。近代日本人，偷竊以去。但放置日本全國任何去處，此一鐘亦何特別情味可言。亦惟仍放寒山寺，乃有千數百年傳統無窮之情味。又如禰衡之擊鼓罵曹，鼓非難得，禰衡一擊，此故事亦近兩千年常在人心頭，此乃為中國之音樂。白居易詩潯陽江頭之舟中商人婦，夜彈琵琶，其聲亦歷千年而情味無窮。同一琵琶，燈紅酒綠，賓客滿堂，一彈千金，然其情味則非矣。蘇東坡遊赤壁，客有吹洞簫者，其聲嗚嗚然，亦歷千年而仍在。故凡中國音樂，必和合在某一環境中，而始見其特有之情味。音樂乃實際人生中一部分，非超人生而獨立。音已散，而人生情味猶存，遂若音猶存，使人追念不已。故中國文化中之音樂，乃在中國之傳統人生中表其情味，倘離去中國文化，而獨立成為一音樂專家，則猶風馬牛之不相及矣。

余嘗謂中國人重內，西方人重外；中國人重和合，西方人重分別。惟其重在內之一心，人心相同，則易見其和合矣；惟其重在外物上，物與物不相同，則易見其有分別矣。音樂亦然。重在器上，心受限止，不得自由稱心以成聲。練習技巧，愈見工深，心則全在器上，乃更不見其本心之存在矣。故中國音樂必和合在其整體人生中，如牧童在田野牛背上，俯仰天地，一時心感，捫笛吹之，此笛聲即牧童心聲，即牧童當時之全體人生聲，亦即古往今來全體人生中之一聲。一旅客之「長笛一聲人倚樓」，亦如此矣。樂器愈簡單，而樂聲愈自由。聲相感斯心相感。今雖未聞其聲，猶可由吾心想像得之。故西方音樂，可稱客觀存在；中國音樂，則必兼主觀，此亦其一別也。

惟中國音樂重在人心，故重歌唱。而一人唱更必有三人嘆，乃見其和。孔子唱於前，而兩千五百年來之中國人嘆於後。一部中國文化史，正如聽一場歌唱，不外一「和」字。西方則無此境界，無此情味，有唱無嘆，其他尚復何言。劉天華二胡即其證。最近有人吹中國笛，加入美國一交響樂團，得為主角。西方人聽之，群為醉心。蓋笛與二胡之為器，製造簡單，可以靈活使用。中西樂互為影響，此下應可有變。惟聽西方音樂，如智者之樂水。聽其一進行曲，正如有人在邁步向前。聽中國音樂，則如仁者之樂山。「水流心不競，雲在意俱遲。」天地生人，中西雙方性格不同，情味亦異。國人一意好學西方，恐終不免有「雖欲從之，末由也已」之嘆。此誠一無可奈何之事也。

略論中國音樂　三

中國重和合，西方重分別，一切學問亦然。如禮樂，修身、齊家、治國、平天下皆須禮。禮之和合範圍大，故中國人極重禮。樂則附帶於禮而見其功用，故遂連稱「禮樂」。西方人僅在各事件上分別有各套儀式，沒有一番意義，故禮亦不成一項學問。音樂則獨立成為一項專門學問，其受重視遠過於禮。

古詩三百首為後代中國文學鼻祖，實本附隨於禮。每一詩必經歌唱，則樂又附隨於詩。其所唱則辭為主，聲為副。孔子曰：「鄭聲淫。」非謂〈鄭風〉諸詩皆淫辭，乃謂〈鄭風〉樂聲過分了，使人愛聽其聲，而忽略了其辭。此是說音樂性能超過了文學性能，而漸有其分別獨立之地位，乃為孔子所不取。但孟子則曰：「今之樂，由古之樂也。」此謂音樂漸趨獨立，亦非不可，只要保留著音樂的原始本意便得。

中國「師」字即從瞽者教樂來。孔子亦常鼓瑟鼓琴，但孔子教其子伯魚則曰：「學詩乎！」「學禮乎！」可知當時為學，孔子意當先詩先禮，而樂附隨之。蓋中國人之學，主要在人與人相處，心與心相通。若專在聲音上來求，則疏失其本矣。故音樂一門，中國人終以次要視之。

孔子在衛鼓瑟，有過其門外，聽其聲而知其意者，此人終不易得。伯牙鼓琴，或志在高山，或志在流水，惟鍾子期知之。孔子曰：「人不知而不慍，不亦君子乎！」我自鼓琴，非求人知。然而伯牙心情亦可愿諒。如西漢之揚雄，北宋之歐陽修，其學有不為當時人所知，而曰：後世復有揚雄、歐陽修，則必好之矣。西方樂譜多流傳後世，而中國人之樂譜則往往失傳。如古詩三百首，亦各有譜，而後世均失傳。但誦其辭，斯知其意，樂譜之亡，未為大失。故中國文學，三千年來，猶能保存其大傳統。

春秋以下，唱詩之樂已不傳。然如馮煖之唱「食無魚」，易水之歌之唱「壯士不復歸」，項王垓下之歌「力拔山兮氣蓋世」，漢祖之歌「大風起兮雲飛揚」，當時歌譜亦皆不傳。直至漢武帝，始立「樂府」之官，搜集全國各地民謠，由官府製為樂譜。然後世亦只傳其辭而失其譜。魏晉以下，古詩復興，四言改成五言。當時可歌，亦應有譜。如魏武帝之歌「月明星稀，烏鵲南飛」，想像當時歌聲，大體亦承襲古代，但亦未有傳譜。

唐詩有律有絕，各地歌女得其辭即能唱，亦因有譜，如李白之「雲想衣裳花想容」之詩是也。後起之詞，其唱格律較嚴，每一詞必有譜，但今亦失傳。宋詞以下，又有元、明之曲，以及晚清後平劇之歌唱。今惟崑曲與平劇之譜尚傳。試就中國文學與音樂之和合成為一體言之，則古代辭之地位，實居音上。而後代則音之地位，有漸轉而居辭上之趨勢。據唱譜之傳不傳，即可知。若就中國傳統文化之理想言，則實今不如古。

國人論文學，謂中國舊文學乃貴族性、封建性、官僚性，不如西方文學為民間性，此則遠失之矣。謂中國文學乃就上層逐漸及於下層則可。然如《詩》之有〈風〉，漢之有「樂府」，亦皆自下層進入上層。中國自始即為一大一統之國家，一切豈上層貴族與官僚之所能專？故中國一切學問，實不應有上下之分，而每見其自上而下。中國學問之自上而下，則正為中國文化之特長。

今專就元、明以下言，自元劇，明代崑曲，直至晚清以來之平劇，以及各地之地方劇，可謂音樂與文學相配合，依然是承續舊傳統，而音樂歌唱方面則發展更為旺盛，已遠逾孔子所謂「鄭聲淫」之程度。然每一歌唱，則必以戲劇內容為主。而每一戲劇，又必以忠孝節義為其共同題材。則三千年後之平劇，以及各地之地方劇，實與三千年前古詩三百首與禮樂之關係，依然傳統相承，可謂無大變化。孟子之所謂「今之樂，由古之樂」，亦仍有其相當之意義矣。今人則必倡為白話詩，又提倡音樂之獨立發展，儻能熟考國家民族自己文化傳統之意義，而善加運用，則亦絕非無發展之新途徑，又何必盡捨其舊，而一惟新之是謀乎！

今再論白話。禮有灑掃應對，應對不僅當慎其辭語，亦當慎其音吐。余近年雙目盲，不能讀報，時聽電視節目，偶亦聽連續劇。劇中人對語，十六七近似嬉笑怒罵。〈中庸〉言「喜怒哀樂發而中節之謂和」，喜怒之情流露在外，最好不至於笑罵。若是放聲大笑，破口大罵，則更要不得。不中節則失其和，則並此喜怒之情亦要不得矣。孔子讚顏淵曰：「賢哉回也，賢哉回也。」孔子斥冉有曰：「非吾徒也，小子鳴鼓而攻之可也！」此見孔子之喜怒，但皆不流為笑罵。今之連續劇中之笑罵，每放聲，每破口，亦自謂其有情有理。但非禮，則終不免於不中節而失和。

魯迅為近代新文學大師，每一文膾炙人口。其為〈阿Q正傳〉，尤獲傳誦。其用「阿Q」一詞來諷刺國人，可謂不莊嚴、不忠厚之至。其尖酸刻薄，猶超乎嬉笑怒罵之上。其病在流入人心，為害風俗。此則須深通中國文化大義，乃知其不宜之所在。

余初次赴日本，遇其開全國運動會，以鳴打兩大鑼開端，繼之以西方軍樂隊。竊喜其猶能保留東方舊傳統。今日國人模倣西方古希臘，亦舉行奧林匹克運動會，必有聖火遞傳。竊謂改以大鑼，仍可遠地傳遞，而不失夫子木鐸之遺意，豈不更勝於聖火。此殆謂之善變，亦豈守舊不變之謂乎！

又在三十年前，大陸以地方劇製為電影，有「梁山伯與祝英臺」一片，以紹興調演出，轟動香港及南洋各地。香港某電影公司改以黃梅調拍攝，來臺放映，備受歡迎。兩大學老教授，一看此片七次，一看八次。片中一女名演員來臺，萬人空巷迎候。看此影片七次之老人，親持旗列隊伍中。今距此影片開始放映已近三十年，仍然在臺重映。即此一小節，可見一民族一社會，有其傳統心情在，不知不覺，牢固而不可拔，深沉而不可見，而實為其文化之大本大源之所在。非發掘到此，非體悟到此，又何得輕言文化之改革。

中國人一切皆貴一種共通性，而音樂尤然。每一吹奏歌唱，聲入心通，使吹奏者、歌唱者與聽者，各有一分自得心，更何名利權力之種種雜念存其間。即如平劇，其每一劇之製作者，果為何人，今多不可考。劇中所唱，無論為二黃西皮，孰為此調之創始人，今亦無可考。其實如古詩三百首，其作者亦多不可考，可考者惟一二人而止。其樂譜誰為創作人，更不可考。即如《楚辭》，除屈原、宋玉外，其他作者亦多不可考。如漢樂府，如「古詩十九首」，作者亦多不可考。不僅如此，《論語》編者究係何人，豈不亦不可考。《老子》作者，〈中庸〉、《易傳》之作者，《莊子》〈外雜篇〉之作者，究係何人，豈非同一不可考。此乃中國傳統中，人人必讀之幾部大書，而同無作者、編者之姓名，則中國人又何嘗重視其私人之名。

至論音樂，即在當時，歌唱聲、吹奏聲散入空間，即不復聞。其時尚無留聲機、收音機等之發明，而吹奏者、歌唱者樂此不已，此所謂自得其樂，非有他念也。近代西方音樂則每一曲調之誰為其創始人，必明白分別無誤，此亦中西雙方人心不同一明證。繼今而後，果其創造一新學說，作為一新詩文，或吹唱一新歌調，而先為自己一人之聲名計，則其內涵自必當遠異於本篇之所述，此誠不可不知。音不可傳，而辭可傳，故中國人重辭甚於重音。此乃指辭之內容傳世言，非指作者之傳名言。作辭者，志在傳其辭，非為傳其己之名。立德、立功、立言，其不朽皆在公，非在私。此又不可不辨。

故中國人重實，又更重虛。如治、平大道，最實又最虛。至於朝代興亡，為漢為唐，此起彼仆，則不足計。音樂亦最實，又最虛。《小戴禮記》有〈樂記篇〉，備論古人對樂之觀念。謂樂以「象德」，又謂樂通於「政」、通於「教」，其義深矣。〈樂記〉曰：

> （樂）可以善民心，其感人深，其移風易俗，故先王著其教焉。夫民有血氣心知之性，而無哀樂喜怒之常。應感起物而動，然後心術形焉。是故志微噍殺之音作，而民思憂；嘽諧慢易、繁文簡節之音作，而民康樂；粗厲猛起、奮末廣賁之音作，而民剛毅；廉直、勁正、莊誠之音作，而民肅敬；寬裕肉好、順成和動之音作，而民慈愛；流辟邪散、狄成滌濫之音作，而民淫亂。

樂之感人心如此，斯其所以能通於政教也。夔之司樂，其為政之意義則更大。師曠教樂，與孔子之教又不同。中國人論學尚通，亦必知其別。惟不當過尚別而不求其通耳。

平劇中有「三娘教子」，歌聲哀怨，聽者淚下。然豈得即以其歌為教？孟母斷機，即以教子，然必使其子出而從師。故謂音樂乃文化中一項目則可，即以音樂代表文化則大不可。把音樂一項目與其他項目盡作平等看，亦不可。即如書法、繪畫，與音樂同屬藝術，然仍得分別看，不當作平等看。音樂屬聲，動而虛；書法、繪畫見之形、見之色，則比較靜而實。心則動而虛，物則靜而實。物不如心，故書法、繪畫論其在文化深處，亦不得與音樂相比。中國人合稱「禮樂」，而書法、繪畫則不與焉。中國後代以書法、繪畫名家而流傳後世者多矣，然樂師傳名則甚少，但豈得謂音樂之不如書法與繪畫！即如立德、立功、立言，功與言皆有實可見，德則不能與人以共見。孔子門下如子路、子貢、子游、子夏，皆有實可見，獨顏子無可見，而顏子最為孔門七十弟子之冠。知及此，則知中國文化大傳統之精義所在矣。

今論書法與繪畫，亦皆有德可象。觀王羲之之書法，必隱約可見王羲之之為人；觀顏魯公之書法，必隱約可見顏魯公之為人。今人之學書，乃忽其德而習其術，則其於中國書法之真精神亦遠矣。畫又不如書。畫中有物，而書中無物，惟超乎象外，乃能得其環中。故中國畫亦貴能超。畫山水，非畫山水；畫鳥獸、蟲魚、花卉、林木，非畫鳥獸、蟲魚、花卉、林木。若僅求其形似，則繪畫不如攝影，今日發明了照相機，則繪畫一藝宜可廢矣。中國人畫山水，則畫山水之德；畫鳥獸，亦畫鳥獸之德。如畫中梅、蘭、菊、竹，稱為「四君子」，可知乃畫其德，非畫其形。畫中之德，實即畫家之德。中國人謂「詩中有畫，畫中有詩」，則繪畫與文學亦相通，亦通在其德。詩無德，亦非詩之上品矣。德者，得也。韓昌黎謂：「足於己，無待於外之謂德。」足於己無待於外，自安自樂，亦惟自知。音樂則在諸藝術中境界最高。故樂即樂也，外發之聲，即其內心之聲，故曰：「樂以象德。」而豈僅供人娛樂之謂乎！

諸藝術中，惟音樂為最切於人生，以其與人心最能直接相通。故音樂不僅能表現其人之個性，而尤能表現時代，於是有「治世之音」與「亂世之音」之分別。平劇起於晚清，其為衰世、亂世之音亦可知矣。斯人居衰、亂世，其心不安不樂，一到劇院，觀聽之餘，斯心稍安稍樂，又能導此心一正路，此則平劇之可貴也。如改聽崑曲，似不如平劇之動人。實則崑曲亦為衰世、亂世之音，而較平劇為稍愈。其音較平較淡，以笛聲較之二胡聲，其相異處亦較可見矣。然則又如何追復古樂為治世、盛世之音乎？從來大儒注意及此者亦不少，而惜乎皆無以達其志而成其業。

孔子曰：「志於道，據於德，依於仁，游於藝。」中國人惟重一人生共同大道。修、齊、治、平乃己之德與仁，即立己立人之本，亦大道之本也。莊子言：「道術將為天下裂。」大道貴同不貴異，即莊、老道家亦作如是觀。藝亦人生所不可無，然藝有六而道則一。孔子當時，樂即六藝之一，亦德亦仁，然亦僅為小道，僅可游而止。大道之行，必由有大德、大仁之賢人君子，為之領導而漸進。故必待治世、盛世，乃有治世、盛世之音。非可謂有治世、盛世之音，乃可領導此世以達於治與盛。故中國人教人為學，亦不以樂為先。抑且人之哀怨則易有歌，人之和樂且安，若轉不易有歌。如聽平劇，哀怨深處，即歌唱之佳處。待到歡喜團圓，則歌聲亦息。鄭聲淫，斯見其世之衰。然則亦可謂音樂正盛於衰世、亂世，乃能越乎禮而特盛。若治世、盛世，則樂亦僅附隨於禮，不能大有所發揚。故處三娘之境，乃有三娘之唱。若處境平安，又何來有此唱？然則以音樂而獨立言之，則自中國人觀念言，乃於撥亂反治處始見其功用耳。是則又為游於樂之一藝者所不可不知也。

今則音樂自成一專門之學，僅供人以娛樂，以暫忘其內心之苦悶。亦如運動會，世愈亂，則參加運動會、音樂會者日多，然皆無意於導人一入德之門。則運動日繁，音樂日盛，而此世仍可以益亂益衰，此又不可不知矣。

略論中國音樂　四

(一)

中國人非不具專門知識，如農田水利皆是，然其事皆屬公。更有屬於私者，乃更為大公之本，如修身、齊家，乃各人各家之私，而為每人每家之大公。故修、齊之道，其尊又在農田水利之上；治、平之道，更見為公，然乃從修、齊之道來，不從農田水利諸項專門知識來。中國人在此分知識之本末輕重。又如醫藥治病，亦屬專門知識，雖亦人人所需，而中國古人亦終以次等視之。算數星曆，農事所需，亦屬專門知識，中國古人亦仍以次等視之。

又如法律，亦屬一種專門知識，孔子曰：「聽訟，吾猶人也。必也，使無訟乎！」凡屬專門知識，只須專精於此，較易及格。今人進大學修法律系，四年畢業，亦即為法律專家矣，即可任聽訟之職。但如何能使人無訟，則無此一項專門知識，而其意義與價值則實遠在法律專家之上。此為中國人觀念，大值發揚。

今再明白言之，西方知識重在物，重向外求，故重分門別類之專家；中國知識重向內，向心求，故無門類可分。聽訟，專求之現行法律即可；「使無訟」，則屬「人心」問題。以己心識他心，此乃中國人所認為之第一大通識。故凡屬專家，實當屬於唯物論；通才通識，則必為一唯心論。柏拉圖之理想國，自幼童即為之分別，判定孰當治農，孰當從軍，孰當為他事，一一如機械，由人分配，此非視人如物乎？實則商人亦視對方如一物，只求贏利，對方人心情則非所重。農人視田中五穀百蔬，亦如家人子弟般，時其寒暖，調其潤枯，晨夕無忽。雙方心理不同，斯其文化傳統之所由大異也。

由於知識分別，乃連帶引生人品分別。樊遲問為農為圃，孔子曰：「小人哉，樊須也。」樊遲所問乃一種農業專門知識，而孔子譏之為小人。孔子又曰：「中人以上，可以語上也。中人以下，不可以語上也。」人分上、中、下三等，實亦以知識分。孔、孟儒家言「士尚志」、「志於道」，道則屬「通識」，非專門知識之比。後世經、史、子、集皆必歸於道，亦即歸於通識。人而不通，何以為學。凡求通，皆須本乎心。通於人心斯謂之道義。專一求之物，則為功利，非道義。此乃中西文化大異之所在。

西方一切專門之學，以「物理學」為主，而「數學」實為之基礎；中國一切通才之學，以「心理學」為主，而「音樂」實為之基礎。中國之傳統心理學，與西方近代心理學不同，不在此詳論。中國古人重禮樂，未有禮而無樂者。孔子之終日不捨其琴瑟，亦可謂之重樂矣。中國人言「知心」，亦言「知音」。中國後人或於音樂一項稍疏，未聞學人必通樂。然中國文言亦尚聲，中國之文學尤以音為重，如詩是矣。散文亦寓有音樂妙理，故讀其文、玩其辭亦貴能賞其音。高聲朗誦，乃始得之。晚清曾國藩編《古文四象》一書，分文章為陽剛之美與陰柔之美，又分純陽純陰，次陽次陰，共四象。何以識之，則貴能誦。中國古文，字句章節，長短曲折，亦皆存有音樂妙理，非精究熟玩者不能知。今人務求變文言為白話，但白話中亦有語氣，有音節，亦同寓音樂妙理，不可不知。

杜詩「吟安一個字，撚斷數莖須」，言「吟」則其重「音」可知。「僧推月下門」，推無聲，門內或不知；「僧敲月下門」，敲有聲，門內易知。推敲之辨，亦辨在「聲」。蘇東坡〈赤壁賦〉：「客有吹洞簫者，倚歌而和之，其聲嗚嗚然，如怨如慕，如泣如訴，餘音嫋嫋，不絕如縷，舞幽壑之潛蛟，泣孤舟之嫠婦。」曹孟德、周郎赤壁之戰，近千年前之歷史聲，亦可在此洞簫聲中依稀傳出。與東坡同時，歐陽永叔作〈秋聲賦〉，亦以聲音象徵人生，與東坡之以洞簫賦赤壁，用意亦相似。上推之《詩經》三百，樂聲即人生，即史聲。莊周〈齊物論〉，亦以風聲比擬人生。一線相承，大意如此。

中國音樂中尤重「餘音」，「長笛一聲人倚樓」，餘音繞梁，非笛聲之不絕，乃吹笛者心聲之不絕。中國詩必押韻，不僅賦體，其他如頌、如祭文、如箴、如銘文，皆押韻，皆「以聲傳心」。惟韓退之〈祭十二郎文〉不押韻，而哀傷之心亦傳達無遺。此乃中國散文之精妙處。故中國人常言「文氣」。氣則以聲傳。今日國人力戒言舊文學，僅知有文字，不知有聲音氣象，舊文學之精妙處，則盡失之矣。

即專論元劇崑曲，何一不主聲？流為平劇則更顯。余嘗謂平劇乃人生之舞蹈化，圖繪化，音樂化。實則更以音樂為主。人物之賢奸高下，事情之哀傷喜樂，莫不寄於聲。即全劇亦只一片樂聲而止。故謂中國人生乃一「音樂人生」，宜無不可。而平劇歌唱之最著精神處，則尤在其餘音繚繞，往復不絕。而中國古人所謂之流風餘韻，乃人生一至高境界，今國人亦復不加理會。所謂音樂人生，換言之，實即「藝術人生」，亦「唯心」的人生。西方則音樂、歌唱、戲劇各別分途。戲劇不以歌唱表達，則情味不深厚；歌唱不兼戲劇表演，則不落實不真切；音樂離了歌唱、戲劇，則僅得為人生中技巧表達之一項，絕不能使人生音樂化，或音樂人生化。西方音樂尚器，亦可謂是唯物的，乃離於人心以自見其美妙，而西方人生則亦可謂是唯物的人生。故西方人生又可謂之乃數理的人生，物則莫不可以數計也。

於是人物高低，事情大小，亦皆從數字分。財富收入多，即見其人地位之高；財富收入少，即見其人地位之低。甚至一切人生大道，孰得孰失，孰是孰非，亦以舉手投票之多少數為定。西方尚多數，而中國則尚少數。曲高則和寡，〈陽春白雪〉之與〈下里巴人〉，其多少數之所判亦可知矣。又如西方各項運動比賽，優劣莫不以數字定。兩人賽跑，所差不到一秒鐘，而勝負判。試問人生優劣勝負豈果在此？

語言亦屬聲，聲有「雅俗」，即在其所通之廣狹，故語言必求雅，文字亦然。如古詩三百首，今一小學生尚有能誦而通其意者，此之謂「大雅」。今國人則必尚俗，不尚雅，是必令人唱〈下里巴人〉，不許人唱〈陽春白雪〉也。人群相處，自一家至一國，乃至一天下，莫不有公亦當兼有私，不能有公而無私。數字計算客觀屬公，音聲欣賞主觀屬私，必令人尚公而無私，乃為近代國人提倡西化之主要點。然吾中華民族積四五千年語言文字不變，而摶成一廣土眾民大一統的民族國家，此惟尚雅不尚俗之故；而西方則語言屢變，文字各異，疆土分裂，以有今日，則為尚俗不尚雅之故。今日國人對此「雅」字亦惟知厭惡，而不知其所解。故今日國人亦惟倡「時代化」，不倡「歷史化」。時代即是一俗，歷史乃成一雅。聲音亦以雅化人生，此乃人生之最高藝術。今日國人則並此而不知矣。

聲音亦發自物，目視、耳聽主要仍在取於外物以為用，惟喉舌發聲，乃為其生命之自表現。鳥獸耳目其功能有勝於人者，但其喉舌發聲不如人，斯為下矣。馬克斯論人生，主要僅在「兩手」，亦為其運用外物。而不知「口」之為用，其於人生之意義價值為更大。兩手仍偏在物，惟口始轉進到心。西方人亦非不知心，其文學必高談男女戀愛。然中國之《詩》則曰：「關關雎鳩，在河之洲。」「關關」乃雎鳩和鳴之聲，則中國人言戀愛，亦首及聲。又曰「琴瑟友之」、「鐘鼓樂之」，是中國人之夫婦人生，亦當如一音樂人生。此則西方人所不言。《詩》又有之曰：「呦呦鹿鳴。」中國人言朋友，亦以鹿鳴為比。蘇東坡又言：「大江東去，浪淘盡，千古風流人物。」此亦謂千古英雄人物淘盡在大江之浪聲中。若謂江浪可以淘盡千古人物，則為唯物觀念矣。中國人生乃為一音樂之人生，故好言風聲、風氣，又言聲氣。近代西方社會學又寧及此一「聲」字、「氣」字，於是中國人言「風氣」，遂亦為西方所不解。

中國言「教化」，亦譬之於音樂。如「天將以夫子為木鐸」是也。僧寺中有暮鼓晨鐘，做一天和尚撞一天鐘。又手敲木魚，木魚聲亦即佛法所在。唱聲「南無阿彌陀佛」亦即佛法所在。是宗教信仰亦重在聲，故有「觀世音菩薩」之稱號。今人則僅知觀物，不知觀音矣。要之，生命在音樂中透露。宇宙乃一大生命，亦即一大音樂場。人生亦宇宙之化聲。大聖大賢，即天地之知音。

於何悟人？則「古詩三百首」以下騷賦、文辭、詩詞、劇曲亦其選矣。

王維之詩有曰：「雨中山果落，燈下草蟲鳴。」枯坐荒山草廬中，雨中果落，燈下蟲鳴，聲聲入耳，乃使我心與天地大生命融凝合一。誦中國詩此十字，亦如讀西方一部哲學書，又兼及自然科學、生物學。著語不多，而會心自在深微處。此為音樂人生與數理人生、物質人生之境界不同，亦即雙方文化不同之所在也。

余在對日抗戰期中，曾返蘇州，侍奉老母，居耦園中。有一小樓，兩面環河，名聽櫓樓。一人獨臥其中，枕上夢中，聽河中櫓聲，亦與聽雨中山果、燈下草蟲情致無殊。乃知人生中有一「音」的世界，超乎「物」的世界之上，而別有其一境。

余又自幼習靜坐，不僅求目無見，亦求耳無聞，聲屬動而靜，色則靜而動，無聲無色，又焉得謂此心之真靜。佛法言「涅槃」，乃人生之寂滅，非人生之靜。中國人理想所寄，在「靜」不在「滅」。故中國禪宗必重「無所住而生其心」。心生則聲自生，故中國佛法終至於「禪淨合一」。一聲「南無阿彌陀佛」亦不得不謂中國文化人生中一心聲矣。但中國文化人生尚有其最高第一層心聲，讀者幸就本文再審思之。

(二)

中國人重聲，乃亦重名。名亦聲。孔子曰：「必也正名乎。」夫婦、父子、兄弟、君臣、朋友五倫，皆重名。舜父頑母嚚弟傲，皆以殺舜為快，而舜終以成其大孝之德。後世有「百孝圖」，父母各異，子女各異，而其孝行則一。故孝乃為抽象名詞，有其共通性，而具體事實則各不同。

老子曰：「道可道，非常道。名可名，非常名。……同謂之玄，玄之又玄，眾妙之門。」是異必出於同，同則無可名，而有其常。周濂溪《太極圖說》：「無極而太極。」西方人於萬物之上求太極，則為其宗教信仰之上帝。然非無極。又於物物之上求太極，如哲學研求真理。上起蘇格拉底、柏拉圖、亞里斯多德，中有康德、黑格爾，下迄近代以哲學名家者數十百人，各持一說，然真理究屬何等樣，則無定論。如科學研求自然，發明家更多，然亦各有發明，自然究屬何等樣，亦仍無定論。則知有太極，不知有無極。

孔子為中國之至聖先師，顏子、孟子為亞聖，後儒為一世師者何限。孔子以前亦有聖，亦可師。堯、舜以前曾讀何書來？此則「無極而太極」也。當知有具體世，有抽象世。西方人謂由具體生抽象，中國人則謂由抽象生具體，此大不同。

天最抽象，一切物則皆由天生；性最抽象，一切德則皆由性立；名最抽象，一切實則皆由名成。即虛生實，無生有。故人生當由虛無中，引生出種種事態。如歌與哭，乃為情感哀樂之最真實者。同一歌，可歌出種種樂；同一哭，可哭出種種哀。即如同一孝，可演出種種行。其同處則謂之本，謂之源。

孔子曰：「執其兩端，用其中於民。」莊子曰：「得其環中，以應無窮。」「中」亦一名，非具體，乃抽象；乃虛無，非實有。中國人乃以己之一心為宇宙萬狀之中。聖人先得吾心之同然，心與心同，此一中，乃即在正反彼此之兩端一圓之四環而為中。故一歌一哭，乃可窮人生之萬態，而無不盡。〈中庸〉曰：「致中和，天地位焉，萬物育焉。」一歌一哭，而中和可致。故曰「通天人，合內外」、「人皆可以為堯舜」。此即人生之最高藝術。

故歌與哭，乃人生之太極。歌哭何由來，則人生之無極。人能善體此無極，此非最高藝術而何？

今再論平劇，劇情、角色、臉譜、道具、唱腔、道白，乃至鑼鼓、管弦，誰為之一一作規定，今多不可考。然登臺者如譚鑫培、如梅蘭芳，生、旦、淨、丑，各各擅名於一世，傳譽於無窮，此亦一無極而太極也。西方如莎士比亞，數百年演劇者莫能比，此亦有太極無無極。「實有」則人所爭，「虛無」則眾所忽。中國人言太平大同，人各一太極，實亦一無極，則又何由而得臻此？

即如運動，人爭冠亞軍。故求富，必為一資本家；求強，必為一帝國。馬克斯主唯物史觀，凡西方之藝術，必外見於物而心為之奴。一歌一哭，亦盡從外面環境特殊遭遇來。中國歌哭則從心來，從天來，從極尋常處來，此之謂「中庸」。「極高明而道中庸」，此亦無極而太極也。最中庸處乃是最藝術處，一觀中國平劇，斯可得其趣旨矣；一聽平劇中之歌哭，斯可得其玄妙矣。反之己心而自得，則斯可見其真實矣。觀西方劇，可使其心常在劇；觀中國劇，可使其劇常在心。又如戀愛，西方人把心放在所戀愛之對象身上，中國人則將所愛存之己心。此心一放一存，此亦中西人生藝術一不同。

國家圖書館出版品預行編目資料

現代中國學術論衡／錢穆著.——三版一刷.——臺北市：東大，2023
面；　公分.——（錢穆作品精萃）

ISBN 978-957-19-3306-1（平裝）
1. 學術思想 2. 文集 3. 中國

112.807　　111001058

現代中國學術論衡

作　者	錢　穆
發行人	劉仲傑
出版者	東大圖書股份有限公司
地　址	臺北市復興北路 386 號 (復北門市) 臺北市重慶南路一段 61 號 (重南門市)
電　話	(02)25006600
網　址	三民網路書店 https://www.sanmin.com.tw
出版日期	初版一刷 1984 年 12 月 二版一刷 2008 年 1 月 三版一刷 2023 年 1 月
書籍編號	E030440
I S B N	978-957-19-3306-1

東大圖書公司